다문화사회와 한류문화

다문화사회와 한류문화

2024년 1월 5일 인쇄
2024년 1월 10일 발행

지은이 | 김일태·임영언·박석강
펴낸이 | 김광석

펴낸곳 | 전남대학교출판문화원
주소 | 61186 광주광역시 북구 용봉로 77
전화 | (062) 530-0571~3 팩스 | (062) 530-0579
등록 | 1981. 5. 21. 제53호
홈페이지 | http://www.cnup.co.kr
이메일 | cnup0571@hanmail.net

값 18,000 원

ISBN 978-89-6849-997-5 (93320)

다문화사회와 한류문화

김일태·임영언·박석강 공저

Multi-Culturalism and Korean Wave Culture

전남대학교출판문화원

서 문

지금 세계는 일자리와 경제적 이유로 인구가 국제적으로 이동하는 이민과 전쟁이나 정치적 박해로부터 탈출한 난민 문제가 이슈로 등장하고 있다. 이 책은 크게 두 주제를 조명하고 있다. 첫 번째 주제는 국제적 인구 이동으로 인해 형성된 다문화사회와 이에 대한 반작용으로 발생한 반(反)다문화 현상을 분석하고 있다. 두 번째는 K-문화콘텐츠라고 할 수 있는 한국 영화, 드라마, K-POP이 일본을 비롯한 전 세계로 확산하는 한류 문화를 조명하고 있다.

과거 인구의 이동은 인류의 역사와 함께 시작하여 전쟁이나 기근으로 인한 민족의 이동 형태로 나타났다. 신대륙 발견 이후부터 종교적, 경제적, 강제적 이유로 유럽 튜턴계는 주로 북미 대륙과 호주, 라틴계는 남미 대륙, 아프리카 흑인은 미국 남부로 부족한 노동력을 채우기 위해 이주하였다. 아시아에서는 19세기 화남 출신의 중국인 화교(華僑)가 동남아시아로 이주하였다. 한국은 조선말부터 일제강점기 만주, 연해주, 하와이로 삶의 터전을 옮겼다. 최근에는 아시아, 아프리카, 남아메리카의 후진국에서 일자리를 구하기 위해 미국, 서유럽 등의 선진국으로 자발적 이동이 일어나고 정치적 압박을 피해 난민으로 이동하는 현상이 발생하고 있다.

글로벌화는 국가 간의 자본과 상품 이동은 물론 노동력의 이동을 촉진하는 방향으로 진행되어 왔다. 인구 유입국의 상황에서 볼 때 이민자 유입의 상당 부분은 저임금을 매개로 노동의 수요가 주된 이유이지만 인구학적 고려나 인도적 측면 또는 정치적 이유 등으로도 발생한다. 이런 점에서 이민자의 유입은 유입국의 경제·사회 전반에 걸쳐 광범위한 영향을 미치고 이민정책의 방향도 유동적이다. 따라서 각국의 이민정책은 집권당의 정책, 경제상황, 그리고 자국민의 성향에 따라 변하고 있다. 특히 노동력 이민에 대한 호주나 캐나다와 같은 전통적인 이민 국가나 이전부터 이민에 대해 문호를 개방해왔던 영국 등은 규제를 강화하는 방향으로 가고 있는 반면에 독일은 매우 완화적인 태도를 보이는 현상도 이런 관점에서 이해될 수 있다.

국내의 이민정책은 외국인 노동력에 대한 노동수요의 증가와 결혼이민자 및 재외동포와 같은 정주형 이민자의 유입 확대 등의 차원에서 논의되어왔다. 초기에는 주로 외국인 인력 도입의 정책이나 결혼이민이라는 사회적 현상의 제도를 마련하고 정착을 지원하는데 초점이 맞추어져 왔다. 이런 두 가지 문제가 한국에서 이민정책의 핵심적인 논점이며 외국인 인력 문제는 3D 업종의 인력난으로 국가경쟁력이라는 관점에서 그리고 정주형 이민자는 통합이라는 관점에서 정책 방향을 모색해왔다. 한국에서 이민 현상의 확대로 이민을 둘러싼 정책적 논의가 지난 10여 년 동안 지속해서 이루어져 왔다. 한국 사회는 체류 외국인이 빠르게 증가하고 있고 이민자의 사회경제적 영향이 커지고 있으며 저출산 및 고령화라는 인구절벽으로 이민정책의 중요성이 현실적인 문제로 대두되었다.

그러나 이민정책 문제는 아직 국가의 정책적 주요 이슈로 대두되지 못하고 있으며 이민 현상에 대한 일시적이고 단편적인 대응 방안을 마련하는데 급급하여 체계적인 논의가 이루어지지 못하고 있다. 또한 미래의 문제라는 인식으로 현재의 시점에서 적극적인 대응이나 논의가 쉽지 않는 상황이다. 그리고 이민정책은 출산율 제고 정책의 후순위이고 이민 현상에 대한 사회적 거부감으로 이에 대한 적극적 대응을 주저하게 만드는 하나의 요인으로 볼 수 있다. 현실적으로 이민 문제는 외국인 인력 문제, 재외 동포, 결혼이민자 등 다양한 형태로 이미 한국 사회에서 부각되고 있어 더 이상 외면할 수 없는 문제이며 저출산 및 고령화에 따른 한국 사회의 인구 구조의 변화를 고려할 때 정책의 중요성은 더욱 커질 전망이다.

이런 상황에서 이 책은 글로벌 이동의 현상으로 다문화사회의 도래와 문화의 확산, 이동으로 인한 거주국에서 언어와 정체성 혼란의 문제, 정착 과정에서 이주자들이 경험하게 될 반(反)다문화(외국인 혐오) 사회의 출현, 그리고 글로벌 이동에 따른 한류 문화의 확산 등을 중점적으로 다루고 한국 다문화사회와 한류 문화의 미래를 예측하고 방안을 제시한다. 구체적으로 한국 다문화사회의 외국인 수용 실태와 차세대 정책, 글로벌화에 따른 K-문화콘텐츠의 확산, 국내 다문화사회와 고려인 마을의 사례, 다문화사회와 반다문화의 현상의 하나로 일본 재특회(在

特會)의 사례 등을 통해 한국 다문화사회의 현재를 반추하고 글로벌 다문화주의와 함께 도래한 한류의 세계화를 살펴보았다.

특히 광주광역시의 외국인 체류유형과 분포현황, 외국인 체류자격별 경제활동 현황 등을 제시하고 세계 각국의 다문화정책 사례에 대하여 캐나다의 샐러드 볼 이론, 오스트레일리아의 백호주의와 다문화주의, 독일의 사회통합정책, 일본의 다문화공생 정책 등을 선행연구로 제시하였다. 사례로 1937년 스탈린에 의해 연해주의 조선인을 일본과의 격리를 핑계로 중앙아시아의 우즈베키스탄과 카자흐스탄으로 강제로 이주한 귀환 고려인이 거주하는 광주광역시 광산구 월곡동의 고려인 마을의 공간 형성과정, 이주 고려인들의 생활실태에 대한 설문조사 분석을 통해 한국어 능력과 정체성 분석을 통해 시사점을 제공하였다.

또한 반(反)다문화 현상의 사례로 일본에서 재특회(在特會)의 등장에 대한 사회적 정치적 배경을 중심으로 살펴보았다. 일본 재특회가 전개한 반다문화 현상의 일종인 헤이트 스피치(혐오 발언) 활동과 법적 대응의 과정, 그리고 재일동포 사회에 미친 영향 등을 고찰하였다. 재특회의 헤이트 스피치는 반다문화 현상의 일종으로 재일동포 사회 전체에 많은 상처를 주었지만 이에 대항하는 카운터 데모와 마이너리티의 연대활동도 기억할 필요가 있다. 일본의 시민단체들이 참여한 재특회의 저지(반대운동) 운동, 연대활동, 지방자치단체의 차별 조례제정 등은 일본 시민의식의 중요성을 일깨워주고 있다. 한·일 간 시민연대를 통해 재특회의 주장에 적극적으로 대응하는 시민 활동도 주목할 필요가 있다. 일본 내에서 2016년 이후 헤이트 스피치 차별법이 제정·시행되어 혐오 발언을 규제하고 있고 2018년 국제사회에서도 UN 인권위 등에서 계속해서 감시하고 있는 것은 주목할 만하다. 이러한 일본 사회의 국제적인 연대활동은 향후 한국에서 반다문화의 등장에 대한 대처와 해결책 마련에도 도움이 될 것이다.

한류의 탄생과 혐한류의 등장 배경에 대해서는 코리아타운을 방문하거나 거주하고 있는 일본인과 한국인을 대상으로 인터뷰 조사를 통해 코리아타운과 한류, 한류와 반한류의 작동 기제, 한류와 재일동포의 역할, 한류와 코리아타운 거주 일본인과 공생관계 등에 주목하여 코리아타운 거주 뉴커머와 주변 일본인과의 사회문화적 관계에 미치는 영향 등을 살펴보았다. 연구 결과, 코리아타운의 탄생과 한류와의 관계는 신오쿠보 코리아타운Koreatown이 자연적으로 형성되었다기보다는 뉴커머들의 존재가 상당히 중요했고 한류 붐의 형성에도 많은 영향을 미친 것으로 나타났다. 일본 내 한류와 혐한류의 작동 기제에 대하여 반한류의 중심에 서 있는 일본 보수 세력의 논리는 한류가 한국 정부에 의해 일본에서 의도적으로 조작된 결과라는 주장이 재기되었는데 민간차원에서 자연스럽게 발생한 한류를 한국 정부가 지원했다는 것이 더 설득력이 있는 것으로 나타났다.

다음으로 한류와 K-문화콘텐츠의 확산에 대하여 일본에서 한류 문화의 현상, 즉 단계적 성장 과정, 유행과 쇠퇴요인, 재일동포와 '파친코' 드라마를 통해 본 디아스포라적 서사구조, 파친코 드라마로 촉발된 한일 역사 논쟁 등을 고찰하였다. 일본 내 한류, 즉 K-문화콘텐츠라고 할 수 있는 한국 영화, 드라마, K-POP는 한일 정치적 요인에 의해 유행과 쇠퇴를 거듭해 왔지만, 한편으로 일본 청년층 수용자들을 대상으로 한류에 의한 한국과 한국인에 대한 부정적인 태도를 호의적인 태도로 바꾸어 주는 모멘텀Momentum 역할을 했다는 측면에서 깊은 의미를 찾을 수 있다.

마지막으로 이 책은 세계적인 열풍의 한류 문화와 BTS(방탄소년단) 현상에 대해 한국과 일본에서의 정치적 관계와 경제 문화적 관계를 고찰하였다. 한·일 간 경제적 및 문화적 관계가 정치적 관계를 극복하고 한류와 혐한(嫌韓)이 공존할 수 있을 것인지에 대한 근본적 물음에 의문을 제기하고 BTS 활동 사례를 통해 바람직한 방안을 제시하였다. 특히 세계적인 자유주의 물결 속에서 한국 문화의 글로벌화, 일본 문화의 쇠퇴 현상과 자기반성, 한류와 혐(嫌)한류의 공존 현상 등을 분석하였다. 이를 바탕으로 혐한류의 원류로서 일본에서 한국인관의 역사적인 성립 배경, 한국의 문화정책과 한류의 현상, BTS와 한류와 혐한류의 공존 가능성과 개선방안 등을 제시하였다. 일본 사회에서 한류와 혐한류는 이웃 나라 간의 역사적 갈등과 욕망에 사로잡혀 동시에 출현하는 공존 현상으로 당분간 지속될 것이다. 해결책은 한일 역사적 인식과 미래지향적인 관점에서 학계의 정확한 인식과 노력, 공교육에서의 활용과 매스컴의 유통, 시민사회의 수용과 시민 교양화를 위한 노력, 그리고 더 나아가 한·일 간 미래세대의 청소년을 아우르는 민간 교류 활성화 등이 절실하다.

마지막으로 이 책이 다문화사회 정책과 반다문화 현상, K-문화콘텐츠로 대표되는 한류 문화를 연구하는 전문가와 학문 후속세대, 이주민 정책에 활용하고자 하는 공직자, 직접적으로 다문화 관련 단체나 사업에 참여하는 시민운동가, 그리고 다문화사회의 공존을 희망하는 시민 독자분들께 조금이나마 도움이 되었으면 하는 바램이다. 이 책의 오류가 있다면 모두 저자의 책임이다. 앞으로 저자들은 조그마한 오류라도 지속적으로 바로 잡고 연구와 분석을 통해 부족한 점을 채워나갈 것이다. 끝으로 이 책이 출간될 때까지 물심양면으로 출판을 지원해준 전남대학교와 전남대학교출판문화원 관계자분들께 깊은 감사를 드린다.

2023년 12월

저자 대표 김일태·임영언

목 차

표 목차

그림 목차

사진 목차

제1장

머리말

제1절 연구목적 및 배경

제2절 연구내용 및 구성

제1장

머리말

제1절 연구목적 및 배경

인구의 이동은 인류의 역사와 궤를 같이해 왔으며 글로벌화가 빠르게 진행되고 있는 오늘날의 세계는 국가 간 이동이 보다 촉진하는 방향으로 나아가고 있다. 인구 유입국의 처지에서 볼 때 이민자 유입의 상당 부분은 노동의 수요가 주된 이유이지만 인구학적 고려나 인도적 측면 또는 정치적 이유 등으로도 발생하기도 한다. 이민자의 유입을 촉진하는 사회경제적 배경이 있지만 이주민의 수용은 유입국의 경제·사회 전반에 걸쳐 광범위하게 영향을 미치기 때문에 이민정책의 방향은 매우 논쟁적이다. 이에 따라 각국의 이민정책은 상황에 따라 달라지는 모습을 보인다. 최근 들어 노동 이민에 대해 호주나 캐나다와 같은 전통적인 이민 국가나 훨씬 이전부터 이민을 개방해왔던 영국 등은 규제를 강화하는 방향으로 나아가고 있는 반면, 독일은 매우 개방적인 태도를 보이는 현상도 이러한 관점에서 이해될 수 있다.

국내에서 이민정책 논의는 외국인 인력에 대한 수요의 증가와 결혼이민자 및 재외동포와 같은 정주형 이민자의 유입 확대와 같은 정착문제에 관심을 보여 왔다. 초기에는 주로 외국인 인력 도입에 관한 정책이나 결혼이민이라는 사회적 현상에 대한 제도를 마련하고 이들을 정착하도록 지원하는데 초점이 맞추어져 왔다. 이러한 두 가지 이슈는 한국에서 이민정책의 핵심적인 논쟁이었다. 외국인 인력 이슈는 국가경쟁력이라는 관점에서, 그리고 정주형 이민자는 사회통합이라는 관점에서 정책 방향을 모색해왔다. 이민 문제를 둘러싼 학문의 성과가 빠르게 증가하고 있는 것은 한국 사회의 이민 현상의 확대와 궤를 같이한다고 볼 수도 있다.

한국의 이민정책에 대한 논의가 어떻게 이루어지고 있는지를 종합적으로 살펴보는 것은 쉽지 않으나 지난 10여 년 동안 이에 대한 논의가 끊임없이 이루어져 왔다. 한국 사회는 체류 외국인이 빠르게 증가함에 따라 이민자의 사회경제적 영향이 커지고 있으며, 저출산 및 고령화라는 인구절벽으로 이민정책의 중요성이 더욱 부각되고 있다.

그럼에도 불구하고 이민정책 문제는 아직 국가의 주요 정책적 이슈로 대두되지 못하고 있는 게 현실이며 여전히 이민 현상에 대한 대응 정책이 기조를 이루고 있다. 이민정책의 중요성에도 불구하고 이에 대한 정책적 논의가 체계적으로 이루어지지 않고 있으며 미래의 이슈라는 인식 때문에 현재의 시점에서 적극적인 대응이나 논의가 쉽지 않는 점이 영향을 미쳤을 것으로 보인다. 또한, 이민정책이 출산율 제고 정책에서 후순위이고 이민이라는 현상에 대한 사회적 거부감이 있는 것도 현실이다. 이것이 적극적 대응을 주저하게 만드는 하나의 요인으로 볼 수도 있다. 그러나 현실을 돌이켜 보면, 이민 문제는 외국인 인력 문제, 재외 동포, 결혼이민자 등 다양한 형태로 이미 한국 사회 내에 자리 잡고 있다. 게다가 저출산 및 고령화에 따른 한국 사회의 인구 구조의 변화를 고려할 때 정책의 중요성은 더욱 커질 것으로 전망된다.

따라서 이 책은 인구의 글로벌 이동, 한국으로의 인구 이동과 다문화 정책의 주요 쟁점을 살펴보고, 광주지역 다문화 정책의 방향성을 검토하고자 한다. 특히 이 책은 저출산 고령화시대 인구의 글로벌 이동, 한국으로의 인구 이동과 다문화 정책의 주요 쟁점을 살펴보고, 광주지역 다문화 정책의 방향성에 초점을 두고 있다. 구체적으로 한국 다문화사회의 외국인 수용실태와 차세대 정책, 글로벌화에 따른 K-문화콘텐츠의 확산, 국내 다문화사회와 고려인 마을의 사례, 다문화사회와 반(反)다문화의 일본 재특회(在特會)의 사례 등 한국 다문화 정책의 방향성 설정 및 논의점을 제시하는 데 중점을 두었다. 덧붙여 글로벌 다문화주의와 함께 도래하게 된 한류의 세계화를 중심으로 살펴보고자 한다.

특히 이 책의 중심 내용은 저출산 고령화라는 글로벌 이동 현상에 따른 다문화사회의 도래와 이를 통한 문화의 확산, 이동에 따른 거주국에서 언어와 정체성 문제, 정착 과정에서 이주자들이 경험하게 될 반다문화(외국인 혐오 등), 다문화주의와 함께 확대된 한류문화 등의 문제를 다루고 있어 한국 다문화사회의 이해와 미래를 예측하고 방안을 제시하는 선제적 연구가 될 것이다.

제2절 연구내용 및 구성

이 책은 총 9장으로 구성되어 있다. 이 책의 주요 내용을 정리하면 다음과 같다. 제1장은 연구목적 및 배경에 관해 기술하였다. 연구목적은 전 세계적인 저출산 고령화라는 글로벌 이동 현상에 따른 다문화사회의 도래, 이를 통한 한류문화의 확산, 이동에 따른 거주국에서 언어와 정체성의 문제, 정착 과정에서 이주자들이 경험하게 될 반다문화 사회의 출현, 그리고 글로벌 이동에 따른 한류 문화의 확산 등을 중점적으로 다루고 한국 다문화사회와 한류 문화의 미래를 예측하고 확산 방안을 제시하는 데 있다.

제2장은 국내 체류 외국인 유형 및 현황을 파악하고 다문화사회 도래 현상을 통계적으로 제시하였다. 또한, 광주광역시의 외국인 체류유형과 분포현황을 제시하고 외국인 체류자격별 경제활동 현황을 살펴보았다. 선행 연구에서는 세계 각국의 다문화 정책사례에 대하여 캐나다의 샐러드 볼 이론, 오스트레일리아의 백호주의와 다문화주의, 독일의 사회통합정책, 일본의 다문화 공생 정책 등을 살펴보았다.

제3장은 다문화사회 외국인 유입과 다문화 정책에 대하여 한국 사회의 인적 구성변화 등 다문화사회로의 이행이 불가피한 상황에서 이에 따른 사회갈등과 문화충돌을 최소화하기 위하여, 차세대다문화의 사회적 정착을 위한 정책적 방안을 고찰하였다. 구체적으로 한국 내 다문화 현상, 이주민과 한국인사회의 사회통합문제, 차세대 다문화주의 정책 방향을 살펴보았다. 이를 통

해 한국 사회가 직면한 다문화 차세대들을 위해 상호문화 개방의 필요성, 다문화 공생을 위한 이해와 포용의 정신을 실천하는 다문화 정책이 요구되고 있음을 제시하였다.

제4장은 광주광역시 광산구 월곡동에 거주하는 고려인을 중심으로 형성된 고려인 마을의 공간 형성과정, 그들의 생활실태에 대한 설문조사 분석을 통해 한국어 능력과 정체성 관계를 분석하였다. 분석 결과, 고려인 마을은 유입인구의 이동과 대전환 속에서 향후 고려인의 정체성과 더불어 고려인 마을의 성장과 발전은 고려인 남성, 가족 이주와 거주지 정착, 청년의 유입에 크게 좌우될 것으로 추정하였다. 또한, 향후과제로 고려인 마을에서 가시적 커뮤니티의 건설과 고려인들 사이의 불가시적 정체성의 확립 형태가 향후 어떤 방식으로 출현할 것인지 제시하였다.

제5장은 일본 사회의 다문화 정책과 반(反)다문화 현상에 대하여 살펴보았다. 특히 일본에서 재특회(在特會)의 등장 배경에 대하여 사회적 정치적 배경을 중심으로 살펴보았다. 이를 바탕으로 재특회의 반다문화 현상의 일종인 헤이트 스피치 활동과 법적 대응의 과정, 그리고 재일동포 사회에 미친 영향 등을 고찰하였다. 재특회의 헤이트 스피치는 반다문화 현상의 일종으로 재일동포 사회 전체에 많은 상처를 주었지만 이에 대항하는 일본인 카운터 데모와 마이너리티 간의 연대활동도 기억할 필요가 있다. 일본의 시민단체들이 참여하는 재특회의 저지(반대운동) 운동, 연대활동, 지방자치단체의 조례제정 등을 통해 일본 시민의식이 살아있으며 향후 이들과 한일 간 연대활동을 통

해 재특회의 주장에 적극적으로 대응해나가는 시민 활동이 매우 중요하다는 점을 제시하였다. 이러한 일련의 한일 연대활동은 향후 한국 반다문화사회의 등장시 대처에도 시사하는 바가 클 것으로 생각된다. 주목할만한 것은 일본 내 2016년 이후 헤이트 스피치 차별법이 제정·시행되어 혐오 발언을 규제하고 있고 2018년 국제사회와 UN 인권위 등에서도 계속해서 관심을 두고 감시하고 있다는 점이다.

제6장은 한류와 혐한류의 탄생과 등장 배경에 대하여 코리아타운을 방문하거나 거주하고 있는 일본인과 한국인을 대상으로 인터뷰조사를 실시하여 코리아타운과 한류, 한류와 반한류의 작동 기제, 한류와 재일동포의 역할, 한류와 코리아타운 거주 일본인과 공생관계, 코리아타운 거주 뉴커머와 주변 일본인과의 사회문화적 관계 측면에 미치는 영향 등을 살펴보았다. 연구 결과, 코리아타운의 탄생과 한류와의 관계는 신오쿠보 코리아타운Koreatown이 자연적으로 형성되었다기보다는 뉴커머의 존재가 상당히 중요하고 한류 붐의 형성에도 많은 영향을 미친 것으로 나타났다. 한류와 혐한류의 작동 기제에 대하여 반한류의 중심에 서 있는 일본 보수 세력은 한류가 한국 정부에 의해 일본에서 의도적으로 조작된 결과라는 주장이 강한데 민간차원에서 자연스럽게 발생한 한류를 한국 정부가 지원하는 역할을 해왔다는 것이 더 설득력이 있다는 점을 제시하였다.

제7장은 한류와 K-문화콘텐츠의 확산에 대하여 일본에서 한류 문화의 현상, 즉 단계적 성장 과정, 유행과 쇠퇴요인, 한류 문화와 '파친코' 드라마를 통해 본 디아스포라적 서사구조, 파친

코 드라마로 촉발된 한일 역사 논쟁 등에 대해 고찰하였다. 또한, 일본 내 한류, 즉 K-문화콘텐츠라고 할 수 있는 한국 영화, 드라마, K-POP는 한·일 간의 정치적 요인에 의해 유행과 쇠퇴를 거듭하고 있지만, 한편으로는 일본 청년층 수용자들을 대상으로 한류에 의한 한국과 한국인에 대한 부정적인 태도를 호의적으로 바꾸어 주는 모멘텀 역할을 했다는 점에서 의미를 부여하였다.

제8장은 한류 문화와 BTS 현상에 대하여 한국과 일본사회의 정치적 경제적 및 문화적 관계를 고찰하였다. 한·일 간 경제적 및 문화적 관계가 정치적 관계를 극복하고 한류와 혐한(嫌韓)이 공존할 수 있을 것인지에 대한 근본적 질문에 의문을 제기하고 BTS 활동 사례를 통해 한일관계의 바람직한 개선방안을 제시하였다. 특히 세계적인 자유주의 추세에서 한국문화의 글로벌화, 일본 문화의 쇠퇴 현상과 자기반성, 한류와 혐한류의 공존 현상 등을 분석하였다. 그리고 이를 바탕으로 혐한류의 원류로서 일본에서 한국인관의 역사적인 성립 과정, 한국의 문화정책과 한류의 현상, BTS와 한류 혐한류의 공존 가능성 및 개선방안 등을 제시하였다. 일본 사회에서 한류와 혐한류는 역사적 갈등과 정치적 욕망에 사로잡혀 동시에 출현하는 공존 현상으로 당분간 지속될 것으로 보인다. 이를 위한 해결책은 지속적인 한일 학계의 관심과 정확한 현생 인식, 공교육에서의 활용과 매스컴의 정보 유통, 시민사회의 수용과 민주시민으로서의 교양 함양, 그리고 한·일 간의 건전한 민간교류 확대 등이 절실함을 제시하였다.

제9장은 맺음말로 이 책의 결론과 시사점, 연구한계와 향후 연구과제 등을 기술하였다.

제2장

글로벌 인구 이동과 다문화사회 형성

제2장

글로벌 인구 이동과 다문화사회 형성

제1절 세계 인구 이동과 다문화사회 도래

이 장은 국내 체류 외국인 현황을 파악하고 통계 기준 2016~2020년 최근 5년간 외국인 증가추세와 통계기준 대륙별 국내 체류 외국인 현황을 살펴보고 이를 통해 국내 체류 외국인 유형 및 현황을 파악한다.

표 1. 국내 이동 체류 외국인 증가 추이(2016년~2020년)[1]

(단위 : 년, 명, %)

국적(지역)별	2016	2017	2018	2019	2020	증감률
아시아주 계	1,778,486	1,892,976	2,057,152	2,193,440	1,756,621	**-0.3%**
북아메리카주 계	166,329	169,260	176,952	183,771	167,374	0.2%
남아메리카주 계	5,543	5,979	6,698	7,685	5,624	0.4%
유럽주 계	63,770	75,687	86,985	97,906	75,436	**4.3%**
오세아니아주 계	18,967	18,074	19,582	20,879	11,673	**-11.4%**
아프리카주 계	16,073	18,198	19,916	20,671	19,065	**4.4%**
기타 계	273	324	322	303	282	0.8%
총계	2,049,441	2,180,498	2,367,607	2,524,655	2,036,075	**-0.2%**

1) 통계청 KOISS(2022년)

최근 5년간 국내 체류 외국인 증감율은 <표 1>에서 -0.2% 감소추세를 보이고 있으며 2019년 기준 250만 명을 기점으로 정점에 달했으나 2020년 이후 감소세로 돌아섰다. 이는 COVID-19 이후 전 세계적인 팬데믹 현상으로 인한 일시적 감소 현상으로 보인다.

전국 기준 외국인 등록현황을 중심으로 최근 5년간 각 지역의 등록외국인 증가 추이에 대하여 등록외국인 기준 증가세와 감소세를 살펴보면 다음 <표 2>와 같다. 국내 등록기준 최근 5년간 증가추이에서 가장 많은 증가를 보이는 곳은 세종특별시로 7.9%, 제주특별자치도 4.0%, 전라북도 3.4% 순이었다. 감소를 보이는 지역으로는 울산광역시 -6.6%, 경상남도 -4.6%, 서울특별시 2.9% 순으로 나타났다. 이는 다른 지역에 비해 감소율이 큰 울산, 경남지역의 경우 지역의 기반 사업인 조선업 경기와 연관성이 있을 것으로 추측할 수 있다.

그러면 광주광역시 외국인 인구 증가 추이를 살펴보고 이들 외국인이 주로 거주하는 지역을 중심으로 외국인 인구 현황을 분석하고자 한다. 또한, 각 국가별 성별 구분을 통한 유입되는 외국인 유형이 어떤 성격을 가지는지에 대해 살펴보고자 한다. 광주광역시의 5년간 등록외국인 통계를 보면 <표 3>에서 최근 5년간 2016~2020년 광주 전체 등록외국인은 1.7%의 증가 추이를 보이고 있으며 각 기초구 별 증감률은 동구 6.5%, 광산구 2.4%, 북구 0.2% 순으로 증가하는 것으로 나타났다. 반대로 감소하고 있는 기초구로는 서구 -0.8%, 남구 -0.1% 순으로 확인되었다. 광주광역시 내 전체적인 외국인은 지속적인 증가 추세를 보이고 있는 것으로 나타났다.

표 2. 국내 이동 등록외국인 증가 추이[2]

(단위 : 년, 명, %)

행정구역(시군구)별	2016	2017	2018	2019	2020	증감률	전체 증감률
서울특별시	273,441	267,153	283,984	281,876	242,623	**-2.9%**	감소율 3위 ▼
부산광역시	41,840	42,837	45,738	45,999	40,366	**-0.9%**	감소 ▼
대구광역시	26,493	26,442	28,033	30,191	27,798	1.2%	증감 ▲
인천광역시	59,103	62,596	67,869	72,259	67,648	3.4%	증감률3위 ▲
광주광역시	19,920	21,279	22,815	23,825	21,323	1.7%	증감 ▲
대전광역시	17,035	17,431	18,184	19,109	16,895	**-0.2%**	-
울산광역시	23,457	20,513	20,002	20,450	17,884	**-6.6%**	감소율1위 ▼
세종특별자치시	3,745	4,125	4,940	5,700	5,076	**7.9%**	증감률1위 ▲
경기도	373,923	381,628	408,526	414,318	380,144	0.4%	-
강원도	15,833	16,949	18,261	19,069	17,332	2.3%	증감 ▲
충청북도	35,499	36,656	39,537	40,714	37,060	1.1%	증감 ▲
충청남도	60,353	64,155	68,234	70,675	64,546	1.7%	증감 ▲
전라북도	27,320	28,588	31,347	33,074	31,288	**3.4%**	증감률3위 ▲
전라남도	31,750	31,221	33,042	34,638	32,906	0.9%	증감 ▲
경상북도	51,351	53,364	56,969	58,119	52,469	0.5%	증감 ▲
경상남도	81,021	75,136	74,304	76,123	67,239	**-4.6%**	감소율2위 ▼
제주특별자치도	19,593	21,689	24,841	25,668	22,943	**4.0%**	증감율2위 ▲
총계	**1,161,677**	**1,171,762**	**1,246,626**	**1,271,807**	**1,145,540**	**-0.3%**	-

2) 통계청 KOISS(2022년)

표 3. 광주 등록외국인 증가 추이[3)]

(단위 : 년, 명, %)

행정구역 (시군구) 별	2016	2017	2018	2019	2020	증감률
총계	19,920	21,279	22,815	**23,825**	21,323	**1.7%**
광산구	10,907	12,154	12,954	13,461	11,978	**2.4%**
남구	1,460	1,401	1,418	1,553	1,453	**-0.1%**
동구	1,254	1,338	1,872	1,919	1,613	**6.5%**
북구	4,597	4,752	4,873	5,201	4,632	0.2%
서구	1,702	1,634	1,698	1,691	1,647	**-0.8%**

2020년 기준 광주의 총 등록외국인 수는 <표 4>에서 21,232명이며 주요 국적별로는 베트남 3,568명(26.1%), 중국 3,455명(16.2%), 우즈베키스탄 2,282명(10.7%) 순으로 높은 비중을 차지하고 있다. 추출한 이들 10개국 외국인 인구가 전체 외국인 인구의 78.7%로 높은 비중을 차지하고 있다. 주요 외국인 구성은 러시아를 제외한 대부분이 아시아계가 주를 이루고 있다.

광주의 다문화 가정 5년 간의 통계를 중심으로 증가 추이를 살펴보면, 광산구 5.3%, 북구 3.9% 순으로 높은 증가율을 보이고 있으며 전체적으로 다문화 가구 수가 증가하고 있는 추세이다. 특히 2017년을 기점으로 광산구와 북구, 그중에서도 북구가 높은 증가 추이를 보이고 있다. 광주광역시 내 외국인 통계를 기초로 하여 광주 전역 102개 행정동 기준으로 하여 외국인 집중 거주 지역을 살펴보면 다음과 같다. 광주광역시 내 외국인 거주가 가장 밀집되어 있는 지역은 월곡2동 5,450명(13.4%),

3) 통계청 KOISS(2022년)

표 4. 광주광역시 등록외국인 주요 국적 현황4)

(단위 : 년, 명, %)

순위	국적	2016	2017	2018
1	베트남	3,568	26.1	33.2
2	중국	3,455	16.2	20.6
3	우즈베키스탄	2,282	10.7	13.6
4	한국	1,208	5.7	7.2
5	캄보디아	1,104	5.2	6.6
6	필리핀	863	4.0	5.1
7	카자흐스탄	856	4.0	5.1
8	몽골	526	2.5	3.1
9	인도네시아	486	2.3	2.9
10	러시아(연방)	430	2.0	2.6
총계		16,778	78.7	100.0

하남동 2,548명(6.3%), 용봉동 2,351명(5.8%) 순으로 나타났다. 이들 지역은 공단과 대학이 인접해 있는 지리적 특성을 가지고 있다. 해당 지역의 밀집 형태로 보아 일자리가 많은 공단 주변과 유학생이 많은 학교 주변에 외국인이 집중적으로 거주하고 있는 것으로 나타난다. 이들 20개 동지역의 외국인 주민현황은 광주 전체의 67% 차지할 정도로 높은 밀집 형태를 보여 주고 있다.

광주광역시 내 다문화가정의 밀집 형태와 증가추세를 살펴보면 다음 <표 5>와 같다. 광주광역시의 다문화가정 수 현황(2020년 기준)을 상세히 살펴보면, 수완동 1,231가구(5.16%),

4) 통계청 KOISS(2020년)

표 5. 광주광역시 다문화가정 증가 추이[5)]

행정구역	2016	2017	2018	2019	2020	증감률
총계	20,506	20,473	21,393	22,946	23,857	**63.9%**
광산구	1,072	999	1,011	1,033	1,101	**0.7%**
남구	3,146	3,061	3,101	3,261	3,403	**2.0%**
동구	2,541	2,528	2,607	2,773	2,842	**2.8%**
북구	5,800	5,781	6,099	6,561	6,757	**3.9%**
서구	7,947	8,104	8,575	9,318	9,754	**5.3%**

어룡동 1,075가구(4.51%), 광산구 우산동 1,031가구(4.32%) 순으로 나타났다. 이들 20개 동 지역은 광주 전체 다문화 가구의 52% 비율로 높은 다문화 가정 구성을 나타냈다. 최근 5년간 광주지역의 다문화가정 증가율 추이를 살펴보고 이들 지역 중 20위권 내 지역을 분석한 결과, 광주 북구 중흥1동 15.7%, 광산구 송정1동 12.5%, 광산구 송정2동 10.7% 순이었으며 광주 북구 일곡동 동구 지산1동도 각각 10%대의 다문화가정 증가율을 보였다.

통계적으로 다문화사회로 분류하는 인구 비율은 전체 인구의 5%대에 진입했을 경우 다문화사회로 보고 있다. 2019년 국내 체류 외국인이 250만 명을 초과하면서 전체 인구 대비 외국인 비율이 5%에 육박하여 한국도 사실상 다문화사회에 접어들었다고 볼 수 있다. 광주광역시 인구 대비 외국인 인구 비율을 통해 광주의 다문화사회 진입 여부를 살펴보고자 한다. 광주광역시의 경우 등록외국인 기준 전체 인구 대비 외국인 비중은 다음

5) 통계청 KOISS(2022년)

<표 6>과 같이 1.5%을 차지하고 있다. 광주시 기초 구 지역을 중심으로 살펴보면, 광산구의 외국인 인구 비중이 3.0%의 비중을 보이고 있으며 다문화사회로의 진입의 가능성이 매우 높다고 볼 수 있다.

표 6. 광주광역시 인구 대비 외국인 비율[6]

행정구역별	2020		전체인구 대비 외국인 비중
	총 인구수(명)	외국인 총 인구	
광주광역시	1,450,062	21,323	1.5
동구	102,897	1,613	1.6
서구	296,576	1,647	0.6
남구	214,579	1,453	0.7
북구	430,431	4,632	1.1
광산구	405,579	11,978	**3.0**

체류 외국인 경제활동 실태에 대한 자료는 2012년부터 연간 단위로 발표되는 통계청의 외국인 고용조사 자료가 대표적이다. 2021년 조사 결과를 토대로 국내 체류 외국인 경제활동 실태와 특징을 살펴보면 다음 <표 7>과 같다. 2021년 기준 국내 거주 15세 이상 외국인은 133만 1천 명이며 전체 경제활동 참가 비율은 68.3%이며 고용률은 64.2%를 보이고 있다. 비경제활동인구는 42만 1천 명 정도가 거주하고 있는 것으로 나타났다.

6) 통계청 KOISS(2022년)

표 7. 2021년 외국인 체류자격별 경제활동 유형7)

체류자격별	15세 이상 인구(천명)	경제활동인구 (천명)	취업자 (천명)	비경제활동인구 (천명)	경제활동 참가율(%)	고용률 (%)
총계	1,331.7	909.7	855.4	421.4	68.3	64.2
비전문취업(E-9)	216.6	216.2	216.0	0.3	99.8	99.7
방문취업(H-2)	122.8	101.7	93.7	21.1	82.8	76.3
전문인력(E-1~E-7)	40.0	39.5	39.4	0.6	98.8	98.5
유학생(D-2, D-4-1, D-4-7)	143.4	40.0	34.1	103.5	27.9	23.8
재외동포(F-4)	380.0	254.1	236.8	125.9	66.9	62.3
영주(F-5)	128.4	96.3	89.4	32.2	75.0	69.6
결혼이민(F-2-1, F-6)	127.0	69.5	64.3	57.6	54.7	50.6
기타	173.5	92.4	81.7	81.1	53.3	47.1

제2절 다문화사회와 다문화 정책

다문화 정책은 개별 국가마다 경험과 제도적 정책과 여건이 다르다. 미국 초기의 다문화 정책은 주류사회로의 동화assimilation를 중시하는 이른바 용광로 정책melting pot이었다. 이것은 기득권 사회의 헤게모니(주도권)를 인정하고 소수민족의 일방적 적응을 강조한다는 비판을 받아왔다. 물론 미국의 다문화주의 방식도 진화하고 있다. 미국은 초기 다문화 교육의 목적이 문화적 다원주의에 기반하여 소수민족 학생들에게 동등한 교육 기회를 부여하고 문화소수자들에게 고유성을 유지하도록 지원하는 방

7) 통계청 KOISS 2021년 체류자격별 경제활동인구.

식이었다.[8] 그러나 1960년대 이후 인종분리 교육 정책에 대한 위헌 및 반발을 거쳐 미국의 교육계는 인종 간 통합 교육을 추진해왔고, 인종차별과 문화적 다양성 인정 및 인간 존중을 중요한 교육적 목표로 설정하였다(설동훈, 2006). 오늘날 미국의 다문화 교육은 모든 학생들이 다문화사회에 효과적으로 기능하도록 하는 방향으로 변해왔다. 이를 위해 학교상담교사제도를 적극적으로 활용하고 있다.

이에 비해 캐나다는 적극적인 다문화 정책을 표방하는 국가로 분류된다. 캐나다 헌법에도 다문화주의를 공공정책의 기본 원리로 포함되어 있을 정도이다. 이것은 전체 캐나다인 인구 중 20%가 다인종, 다민족으로 구성된 상황과 무관하지 않다. 캐나다는 각 민족 집단 간의 고유한 정체성을 인정하고 인종, 종족, 언어, 종교와 무관한 '포괄적 시민권'을 헌법적 지위로서 부여하고 있다. 이것은 모든 것을 녹여내서 하나로 만들어내는 용광로 정책과는 다른 샐러드 볼Salad Bowl 이론이라 할 수 있다. 샐러드 볼은 서로 다른 문화를 가진 사회구성원들이 각자의 문화 정체성을 유지하면서 사회 내에서 조화로운 통합을 이루는 것을 의미한다. 이것은 다문화주의 지향과 매우 유사하다고 할 수 있다.

1970년대까지 유색인종의 이민을 배척하는 백호주의를 표방

---

8) 미국은 하와이 원주민, 알래스카 원주민, 인디언 원주민 집단 등 소수인종에 대해서는 이중언어교육을 위한 학교 지원이나 영어습득 교육, 현지 교사를 위한 이중언어교육과 같은 지원 및 보호 등의 다문화 정책을 펼치고 있다.

했다. 호주는 1970년 이후 국가 정책의 기조가 동화주의에서 다문화주의로 전환되었다. 호주의 다문화 정책은 시민적 의무, 상호존중, 상호공평성, 공동이익추구 등이 원칙이다. 학교에서는 교사들이 제2 언어를 가르치고 이민 관련 교육지원 및 재정지원을 강화해왔다. 특히 초기에는 영어교육과 언어적응 프로그램을 위주로 진행하다가 점차 문화적 다양성 존중으로 다문화 교육을 시행하고 있다. 또한, 지역 차원에서 다양한 문화적 통합을 이끌고 다문화 교육, 종교, 스포츠 등의 프로그램을 지원하며, 소수민족공동체의 소통, 인종차별 및 인종주의 반대 프로그램을 통한 조화로운 삶을 강조하고 있다.

독일은 외국인노동자 유입으로 1980년대 이후 상호문화교육 프로그램을 도입하였다. 토착문화와 비주류문화 간의 갈등 해소에 집중해왔다. 2005년 이후 이주민의 사회통합정책을 표방하면서 이주 초기 충분한 독일어 실력을 갖추지 못한 청소년 대상으로 특별 보충수업뿐만 아니라 독일 사회 인적자원으로 육성하기 위한 학교 교육, 직업교육, 언어교육을 집중적으로 실시하였다. 또한 이 과정에서 교사교육과 함께 학부모와의 협력활동을 강화하고 이주민 가정도 학부모 대표에 참여하도록 했다.

일본은 역사적 배경과 성격이 다른 두 민족 집단이 존재한다. 구 식민지의 시대의 출신 올드커머와 1980년대 이후 일본에 들어온 뉴커머이다. 2005년 다문화 인구가 2백만 명을 돌파하자 일본은 2006년 다문화 공생정책을 채택한다. 특히 다양한 이주민 유입에 따른 문화적 인종적 다양성에 따른 사회통합의 약화, 다문화 집단 간 갈등을 방지하기 위해 다문화 정책을 주로 국가

-지자체와 민간단체, 기업 등 4개 집단을 중심으로 추진해왔다. 그러나 외국인 노동자들의 지역 내 연계는 활발하지 못했고, 일부는 동화정책으로 변질되었다. 외국인 노동자들은 주로 동남아에서 연수생 형태로 수용하여 기업이나 농어촌 노동력 부족을 해결하고자 했다. 처음에는 이주민을 지역 주민으로 수용하여 이해를 높이는 방식을 취했으나 일본 문화에 호의적인 외국인 이주자들을 일본인으로 귀화하는 것을 선호하고 있다.[9] 이러한 일본의 다문화 공생 정책에 대해서는 평가가 엇갈린다.

9) 일본의 다문화 정책의 이중성은 올드커머에 대한 배제와 외면이다. 일제강점기의 영향으로 일본에 잔류한 재일동포와 재일중국인은 오랫동안 일본의 주류사회로부터 사회적인 박해, 차별과 배제, 핍박을 당해왔다.

제3장

다문화사회 외국인 유입과 다문화 정책

제3장

다문화사회 외국인 유입과 다문화 정책

제1절 외국인 증가와 유입현황

한국 사회가 다문화주의 사회로의 이행이 불가피하고 다문화 현상과 한국 사회 내 다문화적 인적 구성도 필연적이라면, 그에 따른 사회적 갈등을 최소화하기 위하여 다문화 차세대청소년들의 사회적 정착을 위한 정책적 방안을 마련해야 한다. 구체적으로 이 장에서는 그동안 한국 내 다문화 현상의 등장에 따라 나타난 이주민과 주류 한국인사회의 사회통합에 대한 문제점을 살펴보고, 차세대 다문화 정책의 방향을 살펴본다.[1] 지난 30년간 한국 사회는 다양한 경로로 해외인력의 국내 유입을 추진해 왔으며 이에 따른 사회적 환경도 많은 변화를 경험했다. 초국적 이동의 확장에 따라 인적 및 물적 자원과 정보가 국경을 초월하여 이동하고 새로운 이주와 정착을 통해 다문화적 패러다임이 크게 확장되었다. 1980년대 이전까지 개별 국가들은 냉전과 보

---

1) 이 책에서 차세대다문화의 정의는 한국에서 출생하였거나 중도입국 다문화가정 자녀로 현재 한국에서 초·중·고등학교에 재학 중인 어린이, 청소년, 또래 집단을 포함하는 세대를 총칭하는 용어로 사용하였다.

호무역주의를 지향했으나 초국적 이동, 자유무역주의 확산, 선진국의 저출산 및 고령화가 연결된 부족한 노동시장을 해외인력으로 대체 보완하는 글로벌 노동 이주와 노동시장의 이중화가 촉진되었다.

한국은 1990년 이후 30년 동안 다문화사회로 이행기를 경험했다. 해외에서 국내로 장단기 이주노동자의 이동, 국제결혼 등을 통해 유입된 외국인 노동 인력은 2019년 말 250만 명에 달했다. 세계적 추세로 다문화 인력 비중이 5%에 달하면 다문화사회로 분류된다. 현재 한국 사회는 머지않은 시기에 5%에 이를 전망이다. 실제로 미국이나 유럽, 일본, 캐나다인 외에도 중국, 몽골, 러시아, 중앙아, 베트남, 미얀마, 필리핀, 태국, 그리고 동남아, 아프리카, 중동, 중남미 출신 이주자들을 일상생활에서 쉽게 찾아볼 수 있다.

한국 사회에서 정착한 후 본국에서 가족이나 지인 또는 자녀를 초청하거나 한국에서 출생하는 사례도 늘어났다. 2007년 이후 2011년까지 5년간 전국 초·중·고 학생 수는 줄어들었지만, 다문화가정의 학생 수는 매년 20% 이상 증가했다. 결혼과 출산을 통해 자녀 세대와 함께 성장한 이들도 적지 않다. 다문화가정에서 출산 자녀도 꾸준히 증가하여 2021년 기준으로 결혼이민자의 자녀 중 초·중등 학생들이 16만 명에 달했다. 2021년 연말 기준 국내 초등학생 수는 533만 명인데 이것은 10년 전인 2011년 대비 160만 명 정도 감소한 것이다. 그런데 2011년에 불과 3만 명에 불과했던 차세대다문화 청소년 규모가 16만 명 정도 증가하면서 전체 학생 수의 3%에 달했다. 이러한 한국의 사회적 환경 변화에도 불구하고 한국이 다문화사회 도래에 충분히 대응했다고 말하기 어렵다. 한국은 분단사회로 헌법에는 민족단결, 민족문화창달을 표기하는 등 민족주의 가치가 강조되고 있다. 여전히 한국인 대부분은 내부 집단과 외부 집단을 구별하는 경향이 강하고, 이주민을 사회 내부 구성원으로 수용하는데 일정한 한계성을 노출해왔다. 주류 한국인들은 단일민족 신화나, 혈통주의, 민족주의를 앞세우는 경향이 강하고, 이러한 현상은 다문화주의 이행과정에 일정한 지체 요인 또는 장애요인이 될 수 있다는 비판도 존재한다.

한국은 헌법 제11조에 성별, 종교, 사회적 신분에 의한 차별금지를 규정하고 있으나 인종이나 민족에 근거한 차별금지는 아직 정확히 명시되어 있지 않다. UN 인종차별철폐위원회 CERD는 2007년에 인종차별철폐 이행보고서에서 한국 내 단일민족 이미지가 인종차별 등의 문제를 유발할 것으로 예상하고 이를 해소할 것을 권고한 바 있다. 즉 한국 사회가 소수인종에 대한 교육, 문화, 정보 등에서 불평등 해소가 필요하며, 인종, 민족, 국가집단 간의 이해와 관용, 우호 증진을 위한 인권 프로그램, 다른 민족, 타 국가의 역사와 문화에 대한 이해증진을 초중등교육에 반영해 다문화 이주민뿐만 아니라 대다수 한국인에게도 다문화 교육이 필요하다는 것이다.

해외인력 유입과정에서 외국 문화에 대한 편견과 차별, 반발, 가치충돌, 결혼사기나 범죄와 같은 여러 시행착오도 겪었다. 한국인 남성과 다문화 여성 간의 국제결혼과 같은 방식의 다문화 가족공동체의 결합과정에서 발생한 일탈, 범죄, 가족해체와 같은 불안 요소도 존재한다. 이주민이 지역공동체나 가족공동체로 편입되는 과정은 필수적으로 나고 자란 지역과 출신 국가의 문화를 수반하기 마련이다. 이태원처럼 국내 공단이나 낮은 거주 비용에 따라 형성된 외국인 밀집 지역에서 새로운 외국문화가 출현하고, 인도, 베트남, 네팔문화가 스며들기도 한다. 이러한 외부 문화의 유입을 수용하기보다 주류문화에 대한 도전이나 침투로 간주하는 차별적 정서도 일부 지역에서는 존재한다. 2010년을 전후로 외국인노동자대책시민연대, 다문화반대범국민실천연대와 같은 단체를 중심으로 제노포비아(외국인 혐오증) 현상이 수면 위로 떠오르기도 한다. 인터넷 공간에서 의견을 교환하던 이들 외국인 혐오세력 일부가 노골적으로 공식적인 장소에서 행동을 표출하기도 했다. 그들은 한국 정부의 다문화 정책을 역차별이라 주장하며 국내 외국인들에 대한 반감을 드러내고 있다. 일부는 한국의 경제위기를 "외국인들이 일자리를 빼앗았기 때문"이라는 식으로 자극적인 선동을 하거나 왜곡하기도 한다.

이런 과정에서 한국 사회 다문화주의의 확산과 그 반발은 사회통합의 중요한 이슈로 재등장하고 있다. 무엇보다 한국 사회에서 이주민들의 지속적 증가에 따른 사회구성원의 변화를 인식하고, 주류사회 구성원들의 다문화 수용성을 높이는 것은 매우 중요한 문제이다. 실제로 다문화사회 현상에 대한 사회구성원의 다문화 수용성이 확산하지 못하거나 문화적 차이와 편견을 극복하고, 공동체적 결속을 모색하는 방안을 찾으려 노력하지 않는다면, 미국 사회에서 종종 표출되어왔던 인종차별이나 민족갈등과 같은 새로운 요인들이 등장할 가능성도 배제할 수 없다. 그래서 다문화 가족 내 차세대의 사회적 정착을 위한 정책적 방안은 매우 중요하다. 이 장은 그동안 한국 사회에서 다문화 현상의 등장에 따라 나타난 이주민과 주류 한국인사회의 사회통합에 따른 문제점을 살펴보고, 다문화차세대의 다문화주의 정책의 방향성을 살펴본다.

제2절 다문화사회 도래와 이동의 다양성

1. 외국인력 수용요인과 정책적 동기

한국은 1990년대 이후 국제사회에 대한 개방성을 높여왔다. 1990년 초반까지 외국인 근로자의 도입은 산업연수생 형태로 진행되었고, 개방업종의 범위도 제한적이었다. 초기 국내 산업시장에서의 외국인 근로자 도입은 정책적 원칙과 명확한 근거를 바탕으로 추진된 것은 아니었다. 초기부터 현재까지 한국의 외국인력 도입 분야는 주로 노동시장 수요(대체 보완인력)에 초점을 맞춰 수용하고 있다. 그 이유는 한국 노동시장 인력수급 조절의 형태로 도입되었기 때문이다.

국내에서 외국인 노동자 도입이 1990년 초반까지 산업 연수제 형태로 진행되었다. 그러나 1991년 실시한 '해외투자업체연수제도'에 따라 외국인 근로자들이 도입되기 시작했다. 그리고 1993년 외국인 '산업기술연수제도' 도입을 계기로 단순 기능인력 위주의 해외인력의 합법적 도입이 시작되었다. 이것은 국내

노동시장에서 산업인력난이 심한 업종분야에 외국 인력을 수용하는 방식이었다. 여기에는 주로 3D업종과 같은 분야에서 제3세계 저개발국가의 값싼 노동력을 대체하려는 노동시장의 이중화라는 측면도 포함되어 있었다. 그러나 노동현장에서는 불법외국인 고용이 늘어나고 불법체류 외국인 노동자들의 규모에 대한 실태 파악조차 하지 못하는 악순환이 반복되었다. 특히 고용허가제는 내국인 직원을 구하지 못하는 기업이 적정규모의 외국인 근로자를 합법적으로 고용하도록 허가하고, 외국인 인력의 도입과 관리를 국가가 직접 수행하는 제도였다.

실제로 건설현장에서 산업인력난으로 정부는 외국인 산업연수생을 1997년 2,500명에서 2002년에는 5,000명으로 늘리기도 했다. 그러나 외국인 인력의 도입은 주로 실무지식이 필요 없는 단순 노동업무에 고용되며, 미숙련 단순반복업무가 대부분이었다.[2] 2000년대 이후 한국 사회는 글로벌 경제 확산 속에서 유입되는 외국인 규모도 급증하기 시작했다. 2003년 이후에는 '외국인 근로자의 고용에 관한 법률' 제정으로 2004년부터 단순 기능인력 외국인 근로자의 도입을 합법적으로 허용하는 고용허가제가 도입되었다. 또한, 기존 외국 국적의 동포를 대상으로 한 '취업관리제'를 '고용허가제의 특례제도'로 통합하여 적용하였다. 또한, 취업연수제는 2006년까지 '고용허가제'와 병행해 실시해오다가 폐지되고, 2007년부터는 단순 기능 외국인 근로자에

---

2) 외국인 인력은 의사소통이 제한적이고 내국인보다 생산력이 떨어진다는 편견도 오랫동안 존재해왔다. 즉 의사 소통상의 제약성, 종교와 문화적 차이, 작업의 정확성, 정밀성 취약이라는 지적도 있다.

대한 인력도입제도가 '고용허가제'로 일원화되어 현재에 이르고 있다. 방문취업제에 따른 재외동포의 취업 허용업종은 2004년 건설업, 서비스업 등에서 시작하여 2014년 제조업, 농축산업, 어업 및 음식업, 가사도우미, 간병인, 도소매업 등 총 29개 서비스 분야로 확대되었다. 이에 따라 초기 외국인 도입 허용업종은 산업연수생 당시의 업종을 그대로 반영했으며, 추가 허용업종의 경우 해당 업종별 단체의 요구나 인력 부족이 심각하다고 판단되는 업종에 대한 현장실사 및 정책적 판단을 통해 결정되었다.[3)]

2. 체류 외국인 정주 여건의 다양화

국내 외국인 인력은 출신국의 다양성뿐만 아니라 인적 규모에서도 양적 팽창을 기록해왔다. 2000년대 후반 이후 한미 FTA, 한국-EU FTA 등 쌍방적 혹은 다자적 자유무역협정을 계기로 인력이동의 제도적 빗장이 풀리면서 다양한 형태의 외국인 인력이 국내로 유입되었다. 산업적 필요로 추진된 외국인 인력의 수용은 사회적 차원에서 다루어질 필요성도 꾸준히 제기되었다.

2020년 1월 기준 국내 체류 외국인은 2,524,652명을 기록해 최고치를 경신했다. 2011년 113만, 2015년 189만 명, 2017년 218만 명을 돌파하며 계속해서 상승세를 보였다. 2020년대 초 한국 정부는 전체 인구 5,200만 명 중에 외국인이 차지하는 비

---

3) 현재 비전문 외국인 근로자 도입 규모 결정의 경우 매년 고용노동부 산하 외국인력정책위원회에서 국내경제 상황, 노동시장 동향, 불법체류 추이 등을 종합적으로 고려해 결정하고 있다.

중이 5%에 가까운 4.9%에 근접함에 따라 한국 사회가 2020년부터 다문화사회로 진입할 것으로 전망했다. 그러나 2020년 1월 말부터 시작된 코로나19의 영향으로 지난 2년간 국가 간 이동 제한 등으로 해외 유입 외국인의 수는 급감했다. 하지만, 2022년 2월 말 국내에서 사회적 거리 두기가 본격적으로 해제되고, 국내로의 재입국 외국인 숫자도 급증하면서 2022년 4월 1,987,250명이던 국내 외국인들의 숫자가 한 달 만에 25,612명이나 증가했다. 지난 5월 말 국내 체류 외국인의 숫자는 2,012,862명으로 회복되었다. 이것은 2010년 대비 100만 명 이상 증가한 수치이다. 현재의 증가추세대로라면 2022년 연말이나 2023년에는 250만 명을 회복할 것으로 보인다. 국내 체류 외국인 규모가 2백만 명을 초과함에 따라 서울과 부산, 대구를 제외한 인천, 대전, 광주 등 광역시 인구와 비교될 정도가 되었다. 이들 국내 외국인 구성을 보면 단순노동 인력이 40.7%, 결혼이민자가 11.2%로 나타났다.

여성가족부 자료(2015년)에 따르면 한국의 다문화가정 수는 2013년 754,000명, 2014년 795,000명, 2015년 817,000명으로 꾸준히 증가하였다. 이러한 가운데 다문화가정의 출산으로 다문화 교육 대상자인 다문화가정의 자녀들이 지속해서 증가해왔다. 실제로 2009년 11만 명, 2010년 12만 명, 2011년 15만 명, 2019년 166,025명으로 증가했고, 2020년에는 소폭 증가하여 166,612명을 기록했다. 최근 5년 국내 등록외국인은 중국이나 미국 출신 비율은 줄었지만, 동남아와 중앙아시아 출신자들이 증가했다. 국내 등록외국인은 2015년 114만 3천 명에서 매년 증가하여 2019년 127만 2천 명에 달했으나 코로나 영향으로 2020년 110만 명 수준으로 감소했다. 국적별로 보면 중국 출신이 1,101,782명으로 43%에 달했다. 베트남은 22만 4,518명으로 8.9%, 태국 20만 9,909명(8.3%), 미국 15만 6,982명(6.2%), 일본 8만 6,106명(3.4%) 등의 순이었다.

법무부에 따르면, 2020년 기준 20대와 30대 비중은 전체 등록외국인의 57%를 차지하고 있다. 한편 2022년 5월 말 기준 국내 체류 외국인은 총 200만 명 수준인데, 등록외국인은 1,105,204명, 외국 국적 동포 국내거소신고자는 483,167명, 단기 체류 외국인은 424,491명이었다. 국적별로 중국 41.2%(829,749명), 베트남 10.4%(209,194명), 태국 8.7%(174,721명), 미국 7.9%(159,717명), 우즈베키스탄 3.4%(68,546명) 등의 순이었다. 그중에서 등록외국인(1,105,204명)을 보면 권역별로 수도권 660,156명(59.7%), 영남권 198,850명(18.0%), 충청권 122,570명(11.1%), 호남권 85,067명(7.7%) 순이었다. 결혼이민자는 169,588명으로 전월 대비 195명 증가했고, 외국인 유학생은 174,940명으로 전월 174,129명보다 811명 증가했다. 기존의 주한미군 기지 내 미군뿐만 아니라 각종 외국인 인력의 유입에 따라 구로구, 광산구 고려인 마을, 성동, 안산, 인천, 부천, 수원, 인산, 성남 등에도 다양한 외국인 집거지가 형성되었다.[4] 외국

---

4) 광주광역시의 경우 등록외국인은 2016~2020년까지 5년간 증가율도 2.4%를 기록했다. 구체적으로 2016년 19,920명, 2017년 21,279명, 2018년 22,815명, 2019년 23,825명으로 꾸준히 증가하다가, 2020년 21.323으로 일시적인 감소세를 보였으나 2022년 이후 다시 증가세로 돌아섰다. 광주광역시에 등록된 외국인 규모는 2020년 기준으로 베트남이 5,568명으로

인 인력의 국내 수용은 출신국과 거주국 간 관계, 수용국의 출입국관리정책 및 이민수용정책 등에 따라 인력 유입요건과 흡인 배출pull-push요인이 상호 작동한다. 이것은 국내 외국인 체류와 정주에 있어 기회 요인과 취약점이 서로 혼재되어 있음을 의미한다.

한국 사회는 2000년대 이후 활발해진 K-팝, K-영화, K-드라마, K-스포츠 같은 한류 확산 등을 거치며 국제적 위상이 크게 향상되었다. 이러한 가운데 한글을 배우거나, 본국과의 임금 격차에 따라 한국에서 취업하려는 외국 노동자들의 흡인pull요인으로 작용하여 한국이 가진 기회 요인으로 평가되어왔다. 2010년대 중반 이후 연평균 3천만 명이 넘는 중국인과 일본인의 제주 관광객이 증가하면서 제주에 상업적 생활적 기반을 차지하려는 중국인들의 토지 소유가 증가하는 현상도 발생했다. 그러나 과거사 문제와 수출규제 갈등에 따른 한·일관계의 악화, 일부 한·중관계 경색에 따른 혐한류 출현 등은 위기 요소로 작동됐다. 코로나19 이후 한중관계 악화, 자영업의 영업시간 제한에 따른 휴업과 폐업 장기화가 속출하면서 국내 체류 중국인과 조선족의 체류 여건이 악화하였다.

한편 국내 체류 외국인 규모가 늘어나면서 불법체류자 규모도 늘어 사회 문제화가 되었다. 외국인 규모는 2017년 이후 꾸준히 증가해, 2015년 189만 명의 국내 체류 외국인 중에서 21

전체의 26.1%를 차지하고, 중국 3,455명(16.2%), 우즈베키스탄 2,282명(10.7%), 한국계 중국인(중국 조선족) 1,208명(5.7%) 순이다. 하남단지, 평동공단, 첨단산업단지 등 산업공단이 밀집된 광산구에 집중되어 있다.

만 명이 불법체류자였고, 2017년에는 국내 체류 외국인들의 규모가 218만 명 중 25만 명에 이르렀다. 국내 체류 외국인은 2019년에는 252만 4천 명에 달했으며 불법체류자 규모도 40만에 도달했다(출입국외국인정책본부, 2020). 이 밖에도 최근 수년간 한국 사회로의 난민 이동 같은 새로운 형태의 이민문제도 대두하고 있다. 2019년 홍콩사태, 2021년 미얀마군 쿠데타 이후 해외 미얀마인의 난민화, 2021년 아프가니스탄 파병 미군 철수에 따른 아프가니스탄 이탈자도 국내에 수용되었다. 올해 3월에는 우크라이나전쟁의 여파로 우크라이나 난민들이 주변 국가뿐만 아니라 한국으로 유입되기도 했다. 유엔은 전쟁위험으로 이탈한 이들을 난민으로 보고, 전기, 수도, 도로가 파괴된 후 생필품 부족과 피난 상태에 있는 이들에 대한 인도적 지원의 필요성을 강조한 바 있다. 필리포 그란디 유엔난민기구 최고 대표는 "우크라이나 상황은 21세기 유럽 내 가장 큰 규모의 난민사태"가 될 수 있다고 주장하였다.

이처럼 세계적인 팬데믹(보건 위기)과 전쟁, 식량 위기, 일자리 위기, 인플레이션, 기후 위기, 경제위기 등이 겹치면서 난민의 상황은 더욱 악화하고 있다. 세계은행에 따르면, 2021년 한 해 동안 23개국에서 약 8억 5천만 명이 난민분쟁을 경험했다. 지난 6월 16일 공개된 유엔난민기구UNHCR 글로벌 동향 보고서에 따르면, 지난 5월 기준으로 전쟁, 폭력 사태, 박해 및 인권침해, 기아나 경제위기 등의 요인으로 발생한 강제 실향민 규모가 1억 명을 돌파했다고 분석했다. 이것은 2010년대 대비 약 2배나 증가한 수치이다. 2021년은 전 세계에서 자국 내 실향민의 숫자가 15년 연속으로 증가한 해로 기록되고 있다.[5)] 유엔난민기구가 강제 이주민에 대한 수치를 집계한 이래 대규모의 난민이 지구 전체적으로 발생하고 있다. 이는 세계에서 14번째 인구가 많은 국가의 국민 숫자와 비슷하고, 전 세계 인구의 1%를 넘는 수치이다. 2021년 570만 명의 실향민들은 고향과 본국으로 귀환했다. 그중에 국내 실향민은 530만 명이고, 일반 난민은 약 43만 명이었다. 세계적 차원의 난민 증가세로 인도적 지원과 더불어 탈 국경 이주자들의 사회정착과 안정화 문제도 거론되고 있다. 2021년 9월 29일 유엔난민기구는 아프가니스탄 난민 출신 의사 살리마 레흐만 Saleema Rehman을 비롯해 총 5명을 난센 난민 상 the Nansen Refugee Award 수상자로 선정했다.[6)] 최근 10년 동안 두 배 가까이 증가한 강제 이주민의 존재는 인류가 처한 현실적 문제이며, 지속 가능한 해결책을 마련하지 못한다면 이러한 추세는 계속될 것으로 전망된다.

---

5) 2021년 말 전쟁, 폭력, 박해 및 인권침해 등으로 거주지에서 내쫓겨나거나 이주당한 숫자는 약 8,930만 명이다. 우간다와 차드와 같은 국가들에서 전쟁과 기아 등 난민이 늘어나 2020년 2,640만 명이던 수치가 2021년 1년 동안에 2,710만 명으로 늘었다. 2020년 말 '강제 이주자' 숫자는 8,240만 명이다. 증가율이 8%로 매우 증가한 것이다.

6) 난센 난민 상은 노르웨이 출신 외교관이자 극지 탐험가이자 국제연맹 난민고등판무관을 지낸 노벨평화상 수상자인 프로도프 난센의 이름을 따서 명명된 것으로 1954년부터 해마다 강제 이주민과 무국적자를 위해 헌신적인 활동을 펼친 한 명 이상의 개인 및 단체에 수여된다.

제3절 다문화사회 이행과 차세대 정책

1. 다문화사회 이행과 정책적 딜레마

전 세계적인 다문화 추세에 따라 한국 사회가 성공적인 다문화사회로 이행하기 위해서는 외국인 근로자, 조선족 동포 또는 탈북자, 결혼이민자 등 국적을 취득했거나 이중국적 상태, 국적 미등록자의 이민자를 포함한 다양한 다문화사회에 대한 이해가 선행되어야 한다. 이를 통해 주류사회 구성원의 편견이나 다문화 현상에 대한 수용성 등의 태도 변화가 선결되어야 한다. 다문화사회 관련 제도적 정비와 정책 등도 중요하지만, 상담과 교육, 지원을 통해 이들을 사회구성원으로 수용하고 공동체의 일원으로 수용하는 것은 더욱 중요하다. 이에 따라 매년 증가하는 다문화가정 자녀를 대상으로 정부와 지자체는 다문화 교육을 시행하고 있다.

교육과학기술부는 2006년 한국의 다문화가정을 민족, 인종, 문화적 배경이 다양한 구성원으로 구성된 가정으로 정의한 바 있다. 초기에는 다문화가정의 범위가 국제결혼가정, 외국인노동자 가정, 북한 이탈주민(새터민) 가정을 포함한 개념이었으나 이후 새터민을 별도로 제외하고, 국제결혼가정과 외국인노동자 가정의 자녀를 다문화 자녀 교육 정책의 대상으로 삼았다. 2011년 정비된 '다문화가족법'에 따르면 법률상으로 국내 다문화가족은 '재한외국인 처우 기본법'상의 결혼이민자와 '국적법'상의 한국 국적을 취득한 자로 구성된 가족을 의미하였다.[7] 그동안 다문화사회 갈등을 최소화하기 위한 제도적 정비도 추진되어왔다. 2010년 초·중등교육법 시행령 개정 등을 통해 국내 거주 외국인노동자 가정이나 국제결혼가정의 자녀 및 중도입국 자녀들이 초·중·고등학교에 입학할 수 있는 법적 근거가 마련되었지만, 실제로는 법 시행에 대한 인식 부족, 다문화 학생 수용에 대한 국내 학교와 교사들의 입학 거부나 반감도 존재했다(강태중, 2011).

'재한외국인 처우 기본법'은 2007년 제정되어 국가 및 지방자치단체가 결혼이민자에 대한 국어교육, 대한민국 제도문화에 대한 교육, 결혼이민자 자녀에 대한 보육 및 교육지원, 의료지원을 통해 결혼이민자와 그 자녀가 한국 사회에 적응하도록 지원할 것을 명시하였다. 이후 2008년 제정된 '다문화가족지원법'은 국가와 지자체가 결혼이민자에 대한 교육지원의 법적 근거를 마련하고 거주 및 가정환경으로 인한 교육격차를 해소하기 위한 방문교육이나 원격교육과 같은 지원 근거를 제시하였다. 2020년 개정된 '다문화가족지원법'은 다문화 가족 구성원이 삶의 질적 향상과 사회통합에 이바지하는 것을 목적으로 하고 있다. 이를 위해 ① 다문화 가족에 대한 이해증진, ② 생활 정보제공 및 교육지원, ③ 평등한 가족관계 유지를 위한 상담과 교육(부부교육, 부모교육), ⑤ 가정폭력 피해자 보호 지원, ⑥ 의료지원, ⑦ 아동 청소년 보육 및 교육지원, ⑧ 다국어 통·번역 서

7) 한국 국적 취득은 국적법상 출생 당시 부 또는 모가 한국 국적 혹은 출생 전 부모가 사망한 경우 사망 당시 한국 국민이었던 자, 국내에서 발견된 기아는 한국 출생으로 간주(국적법 제2조), 인지에 의한 국적 취득 즉 출생 시 민법상 미성년(국적법 제3조), 법무부 장관의 한국 국적자이거나 귀화 허가를 받은 자에 한정된다(국적법 제4조).

비스 제공, ⑨ 다문화 가족 지원센터 운영, ⑩ 민간단체 지원 등을 명시하고 있다.

2009년 이후 다문화가정 학생교육지원 중장기 계획이 추진되었지만, 중도입국 청소년[8] 등 많은 다문화 청소년들이 차별 경험이나 부적응 사례를 경험하고 있다. 이처럼 국내 체류 다문화 가정이나 국내 등록 외국인 자녀들에 대한 교육 및 지원정책은 다층적인 접근을 요구하고 있다. 일정한 취학 연령의 자녀들이나 학업을 마친 자녀들의 사회 정착 등은 개인의 문제가 아니라 가족-지역사회-마을공동체, 일터가 서로 머리를 맞대고 협업해야 할 사회적 과제로 부상하고 있다. 특히, 외국인 이주민 자녀가 학령기가 되면서 공교육 안으로 진입하는 수가 증가하고 있지만, 학교 차원에서 이들을 위한 준비는 아직 부족한 실정이다. 다문화가정의 자녀 중 40.6%가 차별을 경험했고 따돌림을 경험한 비율은 19.6%에 달했다. 학업 중도 포기 등의 사례도 계속되고 있다. 이처럼 학교 교육의 큰 장벽은 언어와 문화의 차이가 아니라 '차이의 차별화'라고 할 수 있을 것이다.

---

8) 한국인과 결혼한 외국인 배우자 중에는 국제결혼으로 재혼한 경우도 적지 않고 일부는 본국에 자녀를 둔 경우도 있다. 미취학 연령의 자녀들은 어리다는 이유로 본국에 두고 오는 경우가 있다. 한국인과 재혼한 외국인 배우자의 출신국 자녀는 한국에 방문 비자로 입국하는 경우가 많다. 이들 중도입국 청소년은 입양이나 특별귀화를 통해 한국 국적을 취득할 수 있다. 계부(한국인 아버지)가 입양 절차를 거치면 특별귀화 대상이 되어 국적 취득이 가능하고, 어머니의 체류 기간이 2년 이상이 경과하면, 미성년 자녀는 특별귀화 대상이 되어 국적 취득이 가능하다. 특별귀화는 15세 미만 미성년은 필기와 면접시험이 면제되며, 15세 이상 20세 미만은 필기시험은 면제하고 한국어 능력, 태도 등의 면접은 필수적으로 진행하게 된다.

한국에서의 공교육을 받는 외국인 자녀수가 증가하고, 일부 다문화 대안학교에서의 학생지원 등이 추진되고 있는 가운데, 출신 국가별 다양성만큼이나 문화적 다양성에 대한 '수용성' 확보의 필요성도 대두되고 있다. 국내 체류 외국인 및 다문화가정에 대한 주류사회의 포용성 부족과 차별문제는 다문화사회로의 이행에 있어서 주요 저해요인으로 간주해왔다. 한국 거주 이주노동자나 결혼이민자들을 대상으로 하는 조사 결과에서도 다수의 이주민이 한국인으로부터 차별을 경험한 것으로 나타나고 있다. 실제로 다수 이주민과 현지인의 갈등을 이주민의 사회부적응과 같은 부정적 요인으로 다루기도 하는데, 이것 또한 사회갈등을 유발하는 문제이다. 게다가 이주민들의 진학, 취업, 장애, 질병 등의 여러 과정에서 겪는 사회적 차별 또한 다문화갈등을 촉진할 위험요소로 작동하고 있다.

2. 다문화 차세대 규모와 정착 실태

한국은 세계에서도 가장 빠르게 저출산 고령화 시대로 진입하고 있는 국가 중의 하나이다. 특히 신생아 출산율은 0.8%로 급감하면서 3년 연속 세계 1위를 기록하고 있다. 전 세계 인구학자들은 2050년 인구소멸 농촌과 도시들이 속출할 것으로 전망하고 있고, 지역 간 불균형이나 양극화에 따른 사회 불평등도 커지고 있다. 한국인 자녀수의 급감 속에서 국내에서 다문화가정 출생자 또는 중도입국 청소년 비중은 본격적인 3% 시대를 맞이하고 있다. 약 10년 전인 2011년 기준 국내 초중등생의 수는 698만 명이었고, 다문화 아동 청소년은 3,800명으로 전체의

0.55%에 불과했다. 그러나 2021년 기준 국내 아동 청소년 수는 533만 명으로 10년간 160만 명이 감소했다. 반면 다문화 아동 청소년의 숫자는 2011년 대비 4.1배나 증가하여 16만 명으로 늘어났다. 특히 2014년 이후 8년 연속 1만 명 이상의 다문화 학생들이 증가했는데, 이것은 국내 다문화 정주 여건이 가족 동반 형태로 전환되었음을 보여준다. 교육부가 발표한 2016년 '다문화교육지원계획'에 따르면, 2016년 말 기준 전체 학생 681만 9,900명 중 다문화가정의 학생들은 총 82,536명(유치원 포함 초·중·고등학교)으로 전체의 1.4%에 달했다. 다음 <그림 1>은 국내 다문화 학생의 출신 배경을 보여주고 있다.

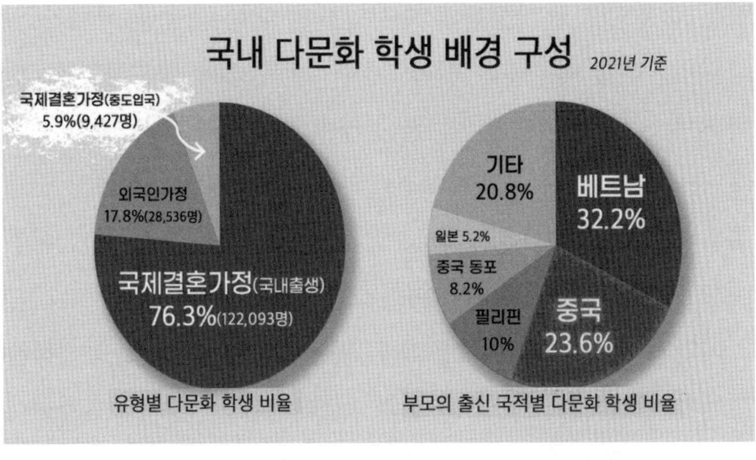

그림 1. 국내 다문화 차세대 학생의 국가적 출신 배경[9]

---

9) 매일경제 2021년 11월 9일 다문화 학생: https://www.mk.co.kr/news/society/10092061(검색일자 2023.04.16.).

최근 2022년 국내 초중등학교 학생 중에서 다문화가정 아동 청소년의 비중은 약 3%에 달했다. 다문화가정의 자녀들이 교육에서 소외당하지 않고 학교 교육을 지속하기 위해서는 체계적인 한국어 교육이 필수적이다. 다문화가정 학생들의 학습 부진의 주요 원인이 한국어 능력 부족과 문화적 부적응이라는 점은 공공연한 사실이다. 국제결혼가정의 학생들은 유아기에 한국어가 미숙한 한쪽 부모와 생활을 하게 되어 언어발달이 늦고, 중도입국 학생들의 경우에는 본인이 나고 자란 모국의 환경과 다른 언어와 문화를 학교 입학과 함께 경험하게 된다(유의정, 2011). 이중적 언어문화환경에서 다문화 청소년의 상황 대처 능력 취약성은 뚜렷하게 드러난다. 학교에서도 한국어를 처음 접하는 중도입국 취학생들의 수시입학에 대한 대응엔 한계가 있다. 이를 위해 학생들의 취학 초 중기별 단계에 따른 체계적 한국어 학습을 지원할 특수학급 구성이나 한국어 교사 지원이 매우 중요하다. 일반 다문화가정과 비교하면, 다문화 취약성에 노출된 청소년들의 다문화 환경에 대한 강한 인식은 성장기 이후에도 그대로 큰 영향력을 미칠 가능성이 크다.

따라서 이들 차세대다문화를 포용하고 배려하며, 공생하는 관계를 형성하지 못하고 차별과 편견, 배제의 태도를 견지한다면 향후 다문화사회 갈등은 심화할 여지가 크다. 다문화 청소년 세대들의 청소년기 경험은 다문화사회 형성에서 그만큼 중요한 의미를 지니기 때문이다. 이러한 예로 다문화 인력이 밀집된 구로지역은 다문화 특성이 학교 교육에 직접 반영되고 있는 사례에 해당한다. 구로중학교는 전교생 436명 중 40%가 부모 중 한

명이 중국 동포이거나 중국인 다문화가정 출신의 학생으로 구성되어 있다. 2021년 입학생 중 50%가 다문화가정 출신이다. 다문화 학생들은 국내 출생자, 중도 입국해 한국 국적 취득을 앞둔 학생, 중도 입국해 국적 변경을 결정하지 못한 학생 등 다양한 부류가 있다. 이러한 다양한 배경을 가진 학생들이 한 학교에서 함께 교육을 받지만, 학생들은 이 때문에 서로 불편함을 느끼진 않는다. 이와 관련해 구로남초등학교는 2학년부터 6학년을 대상으로 약 20시간의 중국어 교육이 진행되고 있다. 이 학교의 경우에는 전교생 510명 중에서 45%가 중국계, 중국동포 출신 다문화 학생으로 이루어진 학교이다. 또한, 다문화 학교의 강점을 살려 다문화 학생들과 선주민 학생 간 상호문화의 감수성을 높이고 선주민 학생과의 외국어 능력을 향상할 목적으로 수업을 진행하고 있다. 적지 않은 다문화 청소년들이 중도입국 등의 이유로 한국어가 서툰 다문화 학생을 대상으로 다문화 특별학급을 편성해 매주 5~7시간씩 한국어에 대해 가르치는 등 사회적응을 돕고 있다. 선주민 학생들은 학교와 이주민 학생들의 도움을 받아 중국어를 배우고, 이주민 학생은 선주민 학생들과 학교의 지원을 받아 한국어를 배우는 시스템인데 학생들과 학부모 모두로부터 반응이 매우 좋다.

이제 한국 사회에서 한국인 부모를 둔 선주민 학생과 한 명 이상의 외국계 혈통 부모를 가진 다문화 학생들이 함께 어울려 학교생활을 하는 모습은 매우 흔한 광경이 되었다. 다문화 학생이 전체 학생에서 차지하는 비중은 올해 처음 3%를 넘겼고 갈수록 그 비중이 커질 전망이다. 위의 사례가 한국 사회에 보편적 현상은 아니지만 적지 않은 농촌 지역의 학교에서도 다문화 학생들의 비중은 높아지고 있다. 특히 한국 사회의 경우에는 교육 수준이 경제소득에 큰 영향을 미치는 구조이다. 그러나 다문화가정 아동의 학업 중단은 상급학교로 진학할수록 높아지는 경향이 나타나고 있다. 다문화가정은 주로 부계가 한국인이고 모계가 외국 여성인 경우가 많지만, 그 반대로 한국인 여성이 유럽, 미국, 일본, 중국인과 결혼한 사례도 적지 않다. 국내 거주 다문화 가족은 부가 늦게 결혼한 경우가 많지만, 출산이 가족관계 형성과 지속적인 정주 환경에 큰 영향을 미치고 있다.

조사기관에 따라 약간 차이는 있지만, 차세대다문화 청소년들이 동료집단과 어울리지 못하는 부적응을 호소하는 비율은 64.7%로 나타났다. 주요 원인은 능숙하지 못한 한국어나 외모 등 용모에 따른 차별과 관련된다. 동료집단의 한국문화에 대한 적응도 한 가지 이유다. 게다가 중도 입학 외국인 자녀들의 경우에는 친구나 선생님과의 관계가 원활하지 못하고 의사소통의 도구인 언어가 제약을 받고 있어, 고등학교 진학률 역시 80% 정도에 그치고 있다. 이와 같은 다문화가정 아동 청소년의 학업 중단과 학교 이탈 현상은 여전히 중요한 사회적 문제로 남아있다. 자녀들은 피부색이나 외모, 서툰 언어와 말투로 따돌림 당하지만, 때론 방치되거나 교실 폭력에 노출되기도 한다.

심지어는 중도입국 청소년을 수용하는 학교 당국이나 교사들 또한 다문화 학교가 아닌 경우 일부 입학 신청 과정에서 다른 학교를 알아보라고 냉대를 하는 경우도 많다. 그것은 한국어가 서툰 외국인 학생을 받아주면, 학생 관리가 어렵다는 인식 때문이다. 때로는 일반고등학교 진학을 원하면 일부 학생들은 대학 입시보다는 직업교육을 받는 특성화 고등학교로 전학할 것을 권유받기도 한다.

해외 출신 '중도 입국 청소년'들은 학교 입학이 지체되거나 중도에 학업 포기 내지 시기를 놓쳐 동료집단과 학교에 다닐 수 없는 경우도 많다. 이런 가운데 다문화 학생들은 점점 '학교 밖 청소년'으로 전락하는 경향이 높아진다. 다문화 청소년의 학업 중단은 20세 이후 생활방식에도 영향을 미칠 수 있다. 다문화가정의 자녀들이 학업을 중단하면 생계를 위해 아르바이트하면서 차별이나 배제를 당하는 일이 적지 않고, 경제적 궁핍이 악순환되거나 각종 청소년 범죄와 같은 사건에 휘말릴 가능성도 그만큼 커진다.

제4절 다문화 차세대의 정책 방향

1. 차세대 삶의 질 제고와 공생 정책

다문화에 대해 여러 해석이 존재하지만, 하나의 단일문화로 귀착되는 것이 아니라 서로 다른 문화가 지속해서 상호 간에 밀접한 관계를 형성하면서 때론 주류문화와 하위문화 간, 때론 하위문화 간의 상호접촉과 충돌로 발생한 여러 유형의 갈등과 문제를 극복하는 용어로 설명될 수 있다. 다문화 정책은 차별-배제정책, 동화주의 모형, 다원주의 모델, 다문화 모델 등으로 구분할 수 있다. 이런 구분에 대해서도 일부 다른 견해가 있지만 다문화주의도 여러 형식이 있고, 다원주의 모델도 실제 진행되는 방식에 따라 차이가 크다. 과거 다문화주의는 백인우월주의로 평가된 시기도 있었고 이와 다른 형식이 사회의 지속성을 위해 다양성을 인정하는 자유주의적 다문화주의가 있었으며 각 문화 주체의 상호 주체성을 인정한 상태에서 지배적 주류문화를 비판하고 사회 정의를 실현하려는 비판적 다문화주의라는 개념도 등장했다.

산업화과정에서 서구국가들의 외국 이민자의 수용은 대부분 많은 노동력의 수요에 부응하여 저렴한 비용의 인력수급 차원에서 추진했다. 그러나 초국가적 글로벌 사회 출현으로 인구 이동은 보편화되었고, 글로벌기업과 마찬가지로 지구촌을 무대로 일정 기간 체류와 이동을 반복하는 노마드형 이주노동자들도 증가하고 있다. 세계적인 인구 이동은 주로 저개발국가에서 상대적으로 소득이 높고 생활 기반이 안정적인 선진국으로의 이동이 일반적인 현상이었다. 그러나 종교적 인종적 이유로 일정하게 인적 이동의 제약을 받는 경우도 더러 있다. 실제로는 분쟁지역이나 경제위기, 식량 위기 등을 피해 유럽연합이나 미국과 캐나다로 이주하려는 난민도 적지 않다. 해외인력에 대한 수용 문제는 개별 국가들이 처해 있는 경제적 상황이나 산업구조, 다문화적 상황과 연결되어 있다. 세계 각국은 해외이주자 수용이 국내 사회보장정책이나 사회안전망 같은 요소에 미치는 영향에 집중하고 있으며, 일부 국가는 해외이민자의 유입을 부족한 기술 인력, 간호 인력 해소 등의 대안으로 반기기도 하지만, 불법체류와 실업 증가, 외국인 범죄 등 불안 요소로 간주하기도

한다.[10]

한편, 2020년 1월 말 시작된 코로나 팬데믹을 거치면서, 사회적 거리두기와 비대면 접촉에 따른 개인이나 집단 공동체 활동이 위축되면서 막대한 피해를 받은 계층 중 하나로 다문화계층을 들 수 있다. 삶의 질을 결정하는 요소 중에서 사회생활과 커뮤니티의 존속은 매우 중요하다. 한국은 2000년 이후 삶의 질에 대한 시민 만족도에서 경제협력개발기구OECD와 주요 20개국(G20) 회원국 39개국 가운데 27위였다.[11] 유엔 산하 지속 가능한 해법네트워크가 매년 발간하는 '세계행복보고서'에서 국가별 1천 명에게 생활 만족도를 조사한 갤럽의 월드 폴World Poll의 결과에 따르면 한국의 행복지수는 2019년 기준 54위에 불과했다.[12]

이와 더불어 차세대다문화가 경제적 측면에서 한국 사회에서 직업적 사회적 지위상의 불편이나 차별을 어느 정도 받고 있는지에 대한 평가도 중요하다. 이러한 선행연구들은 대개 산업인력난이나 인력수급 불균형을 다루고 있지만, 국내 인력시장에서 고질적 차별이나 임금 체불, 산업재해같은 위험 요소에 대한 진단은 적은 편이다. 이것은 내국인과 외국인노동자 간 임금 격

---

10) 실제로 불법체류 가정에서 불법체류 발각 위험을 감수하며 자녀를 학교에 보내는 사례는 보기 힘들다.

11) 한국개발연구원은 국가경쟁력지표로 성장 동력, 삶의 질, 환경, 인프라 등 4개 부문으로 분류하고 있다.

12) 행복지수 주요측정지수는 △구매력 기준 GDP, △기대수명, △사회적 지지, △선택의 자유, △아량, △부정부패 등 6가지 변수를 주요한 측정 지표로 설정하고 있다.

차 등 기존의 노동시장의 이중화와 차별화의 기조가 일부 외국인 노동 인력의 수용으로 변화되지 않을 것이라는 인식을 전제로 하기 때문이다.

2. 다문화 차세대의 교육 정책

제임스 뱅크스James Banks(2006)는 다문화 교육을 하나의 개혁 운동으로 인식하여 다인종, 다민족, 다언어, 성별, 사회계층에 속한 사람들이 동등한 교육 기회를 얻도록 하는 데 있다고 주장했다. 다문화 교육은 현지 민족의 문화에 대한 동조나 적응과 같은 방식의 타자의 '민족화'를 통해 이루어지지 않는다. 그것은 양자의 갈등과 충돌을 방관하는 것이 아니라 '상생과 배려, 공존'을 지향할 때 비로소 사회 안정을 기할 수 있다. 각국의 다문화사회 사례에 대한 조사를 바탕으로 한 각국의 정책을 살펴보고 이를 바탕으로 한국의 실정에 맞는 객관적 지표로 논의를 발전시킨다면 이행기 다문화주의 여건에 맞는 효과적이고 합리적인 충돌이나 갈등관리 정책을 도출할 수 있을 것이다.

다문화 친화적 교육환경의 구성은 중요하다. 이것은 다문화 교육의 구조화, 교사-학생의 다문화 소통역량 강화, 교육과정에서 다문화 수용성 강화를 의미한다. 다문화 교과교육을 다문화 친화적으로 개선하면 다문화사회 혼란을 극복하는 통로로써 교육의 역할을 증진할 수 있다. 그동안 한국 정부는 다문화 청소년들을 위한 다양한 다문화 정책을 추진해왔다. 그런데 다문화 청소년들의 교육여건은 생활환경 변화에 따라 복합적인 양상을 보인다. 다문화 자녀도 한국인 영유아, 아동, 청소년과 마찬가지로 아동 발달단계에 따라 교육 범위와 내용이 좀 더 촘촘하게 진행되어야 하지만 이에 걸맞은 매뉴얼 개발은 충분하다고 볼 수 없다.

다문화 청소년의 경험은 성장 과정에서 인지적, 정서적 심리 발달에 큰 영향을 미친다. 초중등학교 시기의 다문화적 감수성은 중요한 의미를 제공한다. 학교에서 집단 따돌림, 또래 집단에서의 폭력이나 배제-이탈 등은 정체성 혼란을 초래하는 부정적 요소들이다. 자신의 모습을 객관적으로 바라보고, 타자와의 관계 속에서 보편적인 자아 정체성을 형성하기 위해 편견의 틀을 깨보는 풍부한 다문화의 경험은 중학생들에게 중요한 성장의 밑거름으로 작용할 수 있다. 이처럼 청소년 시기의 다문화교육과 다문화 수용성의 향상이 중요하게 대두되고 있지만, 기존 연구들은 대부분 교사나 상담가 등을 대상으로 이루어져 왔다. 최근 아동을 대상으로 한 다문화 수용성 척도 연구나 일반인 대상의 다문화 수용성 연구가 진행되고 있으나 청소년 대상의 체계적인 다문화 수용성 연구는 여전히 부족하다.

다문화가정에서 자녀를 키우는 여성들의 상담과 경험적 사례에도 나타나듯이 다문화가정의 자녀를 키우는 여성들의 불안은 크게 언어, 인종, 문화적 차이도 중요하지만, 무엇보다 부모의 체류자격에 따른 고용불안과 교육환경에 대한 불안감을 보여줬다. 자녀들의 입국 시기나 출생 연령별 교육은 무엇보다 부모의 여건과 직결되어 있다. 초기 문화적 격차나 부적응을 극복하기 위해서는 공교육 이전 단계에서 한국어에 대한 이해력을 높이는 상담 교육이나 방문교육이 중요하다. 중도 입국한 다문화 자녀들도 각자의 국내법적 지위에 따라 교육상에 큰 영향을 받기도 한다. 국제결혼가정의 자녀 중에서도 중도입국자녀는 한국 국적 취득과 학교입학 기회가 보장되지만, 본국에서 성장하고 자란 탓에 출신 국가, 출신 민족의 상황에 따라 일반 학교에 진학하지 못하거나, 일부 학교에 입학 후에도 적응하지 못하거나 학업중단과 부적응 사례가 적지 않게 보고되고 있다.

이와 관련하여 국제결혼이주여성들은 한국어나 한국문화에 대한 정보 부족이 자녀교육에 어려움을 초래한다고 호소하기도 한다. 부모의 한국어 능력과 문화 부적응은 청소년기 학교생활 부적응으로 이어질 가능성이 크다. 따라서 다문화가정 자녀들에 대한 공동체 차원의 협력과 지원도 필요하다. 다문화가정 자녀들의 한국 사회적응을 위한 문화적 준비 등은 어느 정도 일정한 시간이 필요하다. 교육부는 다문화 교육 역량 강화프로그램을 2011년 이후 전국 30개 대학에서 추진한 바 있다. 이를 위해 대학생들을 선발하여 다문화 자녀들에 대한 학습지도 및 상담을 통해 학습 능력을 강화하는 다문화 멘토링을 추진하였다. 이를 주최하는 한국장학재단은 재학 중인 대학생들을 다문화-탈북학생 멘티 학교생활 적응 및 기초학력 향상을 위해 기초학습, 진로상담, 문화교류 등 나눔을 실천하는 다문화-탈북학생 멘토링을 진행하였다.[13] 주요 내용은 멘티의 학교생활 적응력 강화를 위한 고민 상담 및 진로지도, 기초학력 향상을 위한 학습지

13) 이 프로그램은 2011년 42개 학교로 시작한 이 프로그램은 2012년 47개, 2013년 52개, 2014년 80개 대학, 2016년 90개 대학, 2018년 87개 대학, 2019년 84개, 2020년 81개 대학, 2021년 75개 대학이 참여하고 있다.

도 및 예체능 지도 활동, 모국어 멘토링의 경우 한국어, 기초학습 지원, 학부모 가정통신문 및 학교생활 통역 지원 등이었다. 또한, 농어촌 지역 다문화 학생 특별활동도 병행하였다. 한국교육학술정보원은 한국어에 익숙지 않은 다문화 학생(중도 입국, 외국인 학생) 등의 한국어 수준을 진단하는 '한국어 능력 진단 보정 시스템'을 운영하고 있다. 이 프로그램은 2019년부터 시작되어 2021년부터는 전체 초등학생으로 확대되었다. 한국어 능력이 취약한 학생을 학년 군 단위로 묶어 학급을 구성하거나 센터관리자나 담당교사가 담당하였다. 한국어 학급관리 및 학생관리를 통해 한국어 능력 검사 및 보정학습을 통한 이력 관리를 지원하고, 학생별 한국어 능력에 대한 현재 수준을 파악하는 검사 도구를 통해, 학생들의 한국어 능력 향상 정도를 파악하는데 활용하고 있다. 진단, 성취도 검사, 보정학습을 거쳐 한국어 학급에서 원적 학급으로 복귀하기 위해 기존 교육과정에서 가능한 학습 능력을 점검하는 척도검사도 진행한다.

이런 다문화 정책의 추진 목표는 다문화 역량 강화에 있다. 다문화 역량이란 자신의 문화 정체성을 인식하고, 상대방 문화에 대해 배타적 태도와 편견을 버리고, 타문화를 수용할 수 있는 능력을 말한다. 이는 의사소통의 언어적 또는 비언어적 요소들과 문화적 관습을 해석할 수 있는 능력도 포함한다. 중앙정부도 부처별로 다문화 교육 정책을 꾸준히 진행하고 있다. 여성가족부의 경우 다문화 가족지원, 다문화가족 언어 및 교육지원, 다문화가족 대국민 개선 프로그램, 동반입국 혹은 중도입국 청소년의 초기 적응 프로그램을 개발하고 추진하였다. 행정안전부도 외국인 주민의 사회적응 및 자립 지원을 위해 다문화사회 지원팀을 구성하여 다문화 정착을 위한 교육 및 다문화 정착 지도자 양성 교육을 추진하기도 했다. 이 밖에도 문화체육관광부는 다문화가정 자녀들의 한국사회 친화프로그램을 위해 전래동화콘텐츠 보급, 이주가정 자녀 대상 한국어 방문학습 교재 개발 등을 꾸준히 추진하였다.

최근에는 다문화 청소년과 한국인 학생들 간 지역 순례나 탐방, 테마교육, 마을 축제 참석과 같은 다양한 방식으로 다문화 계층을 지역사회의 일원으로 수용하려는 긍정적인 성과사례도 나타나고 있다. 또한, 마을공동체 차원에서 다문화 자녀들에 대한 공감과 이해, 공생을 위한 어울림 축제도 활발해지고 있다. 이 밖에도 방과후 학교 교실이나 지역아동센터, 지역청소년교류센터 등에서 다문화 청소년들을 위한 각종 문화 활동이나 교류 활동도 전개되고 있다. 일부에서는 이에 못지않게 한국 청소년들을 대상으로 다문화 수용성을 높이기 위한 청소년 다문화 인성교육을 실시하여 전반적인 다문화 인식 개선을 위한 캠페인과 지역사회의 배려 및 지원도 꾸준히 추진되어야 한다고 주장한다.

제5절 다문화사회와 정책 방향

이 장은 한국 사회가 인적 구성변화 등 다문화사회로의 이행이 불가피한 상황에서 이에 따른 사회갈등과 문화충돌을 최소화하기 위하여, 차세대다문화의 사회적 정착을 위한 정책적 방안을 고찰하였다. 더불어 한국 내 다문화 현상, 이주민과 주류 한국인사회의 사회통합, 차세대다문화주의 정책 방향을 살펴보았다. 다문화사회는 각자의 존재 방식에 대한 깊은 이해와 배려, 상호존중에 기초한 사회통합이 필요하다. 국내 다문화 현상은 취업 목적의 외국인 인력뿐만 아니라 귀환 동포, 난민 문제와 같은 새로운 현상에 의해 더욱 강화되고 있다. 외국인력 도입이 언제까지나 일자리 부족에 따른 외국인 인력의 보완 대체라는 측면으로 접근할 수만은 없다.

따라서 현재 시점에서 한국 생활이 장기화하면서 한국 사회에 터전을 잡은 외국 출신 이주자들에 대한 존중과 사회 정착을 위한 다문화사회 정책적 전환이 매우 중요하다. 외국인 노동자의 의사소통 제약, 일하는 방식, 종교나 문화적 차이, 일의 숙련도, 정밀성에 대한 비판이나 내국인보다 생산력이 낮다는 것은 극복해야 할 편견일 뿐이다. 그러나 한국 사회가 다문화 현상이 확산 속에도 미래 주역이 될 다문화 차세대들이 가진 특수성을 수용하지 못하고 계속 편견과 차별적인 태도를 일관한다면, 향후 한국 사회의 집단갈등은 더욱 심화될 가능성이 매우 크다. 다문화 차세대가 청소년기에 민족과 인종을 초월한 개방적 태도를 견지하고 다른 민족이나 인종과 긍정적인 관계를 맺는다면 그 경험은 성인기까지 영향을 미칠 것이다. 청소년기 다문화 차세대들이 한국 사회에서 겪고 있는 고통스러운 차별과 배제의 경험은 다문화 세대의 사회진출과 직업 선택 등에 영향을 미치고, 한국 사회를 떠날 수 없는 상황에서 지속해서 갈등과 충돌의 악순환을 반복할 가능성도 있다.

한국 사회에서 다문화가정 어린이들과 청소년들이 경험하는 소규모 공동체에서의 다양한 대인 관계를 통해 겪는 인지적, 정서적 혼란은 심리발달에 큰 영향을 미치게 된다. 초등학교, 중고등학교 시기의 집단 따돌림, 학교 폭력, 다양한 일탈 행위 등은 이러한 정체성 혼란의 시기에 나타나는 부정적 현상들이라 할 수 있다.

그동안 지속해 온 다문화 청소년과 한국인 청소년 간 차이만 중시하는 태도를 지양하고, 문화 다양성에 주목하는 개방적 사고도 필요하다. 현재 한국 정부도 미래 한국 사회의 주역이 될 청소년들의 다문화 수용성을 높일 수 있는 다양한 다문화 교육 프로그램을 개발하고 있으나 이러한 프로그램의 효과를 평가할 수 있는 적절한 척도가 없고 과학적 검증도 이루어지지 못하고 있다.

마지막으로 향후 다문화 차세대가 삶의 질 개선을 통한 행복한 삶과 경제적 측면에서 한국 사회에서 직업적 사회적 지위상의 불리나 차별 정도를 평가하는 등 종합적인 다문화 정책 개선 방안도 절실한 상황이다. 한국 정부가 지향하고 있는 사회통합은 이주자인 다문화 가족과 한국 사회 간의 상호 협력이 필요한 사항이다.

따라서 한국 사회는 다문화 차세대들을 위해 상호문화에 대한 개방의 필요성, 다문화 공생을 위한 이해와 포용의 정신을 확대하는 다문화 정책이 요구되고 있다.

제4장

다문화사회 고려인 마을 형성과 정체성

제1절 월곡동 고려인 마을

제2절 고려인 이주와 정체성 형성

제3절 고려인 마을 형성과 에스닉 비즈니스

제4절 고려인의 한국어 능력과 정체성 관계

제5절 고려인 마을과 정책성 변용

제4장

다문화사회 고려인 마을의 형성과 정체성

제1절 월곡동 고려인 마을

이 장은 귀환고려인(이하 고려인)들이 어떻게 광주광역시(이하 광주시) 광산구 월곡동에 모여 살게 되었으며 그들의 언어사용과 정체성의 실태를 살펴보는 데 있다. 고려인들은 1990년대 초중반부터 역사적 조국인 한국으로 들어와 터를 잡기 시작했다. 2000년 무렵에는 한국에 귀환한 고려인 일부가 광주시 광산구 월곡동과 산정동 일대에 들어와 자리를 잡았다.[1)] 이곳에 고려인들이 정착하게 된 가장 큰 이유는 월곡동 주변 하남산단 등 인근에 자리한 산단 노동자 유입이 큰 역할을 했다.

구체적으로 광주시 광산구 월곡동은 1986년 하남지구 택지개발사업이 진행된 이후 인구 유입이 매우 증가하였다. 월곡동 주변 하남산업단지는 1981년부터 조성되기 시작하여 전자, 자동차 부품, 기계, 화학업종 등 1,000여 개의 기업들이 입주해있고 평동산업단지, 소촌산업단지, 첨단과학단지 등과 인접해 있

1) 김병학. 『고려인은 누구인가?』, 도서출판고려인 마을, 2019, 166쪽.

어 외국인들의 유입이 많았다. 이처럼 월곡동 주변에는 평동·하남·진곡 등 많은 산업단지가 조성되어 있어 일자리를 쉽게 구할 수 있었다. 여기에다 고려인이 모여들기 시작한 2000년대 초반 당시 월곡동은 지금과는 달리 비교적 임대료가 저렴하여 광주시 주변 공단에서 일하는 고려인 노동자들이 거주 공간으로써 활용할 수 있었다. 공단에서 근무하는 고려인 노동자들의 거주 공간인 배후지대로서의 마을 기능과 더불어 고려인 정체성의 변화를 초기 형성과정부터 살펴볼 수 있는 사례라는 점에서 주목할 만하다. 이러한 월곡동의 지리적 공간의 특성 때문에 세계 곳곳에서 다국적 외국인 근로자들이 월곡동 주변 산단 인근으로 모여들었다.

특히 광주시 광산구 월곡동 고려인 마을은 2001년 4월 고려인 신조야가 이주여성으로 결혼한 딸의 초청으로 한국에 입국하여 일하다가 2002년 10월 체류 기간 만료로 불법체류자가 되어 농공단지를 전전하게 되면서 이천영 목사를 만나 새로운 삶을 시작한 곳이기도 하다. 그리고 2000년대 초반 하남공단 일대의 외국인노동자를 대상으로 지원 사업을 벌여 온 이천영 목사가 신조야 등 고려인 노동자의 임금 문제에 적극적으로 개입하면서 고려인 마을을 중심으로 한 고려인 동포 지원 사업이 본격적으로 시작되었다.[2] 이를 계기로 2000년 전후 월곡동과 산정동 일대에 하나둘씩 터 잡은 고려인들이 마을을 형성하기 시작하면서 고려인 마을은 중국, 동남아, 터키 등 다양한 국적을 가

2) 광주시립박물관. 『광주 고려인 마을 사람들』, 엔터, 2019, 28쪽.

진 외국인들이 어울리는 공간을 형성하기 시작했다.[3] 그리고 최근에는 특히 러시아, 터키, 베트남, 인도, 태국, 중국 등 다양한 외국인 국적의 음식문화가 유입되어 세계음식문화거리로 형성되기 시작하면서 이제는 외국인뿐만 아니라 이국적인 풍경과 외국 음식을 체험하려는 광주시민들과 외부 관광객들이 넘쳐나고 있다.

이 장은 사례 분석을 통해 광주시 거주 외국인의 증가추세를 감안하여 광주시에 거주하는 등록외국인 중 특히 광산구 월곡동에 거주하는 고려인을 중심으로 월곡동 고려인 마을의 공간 형성과정, 그 한정된 공간에서 생활하고 있는 고려인의 생활실태에 대한 설문조사 분석을 통해 한국어 능력과 정체성을 분석하여 시사점을 제시한다.

제2절 고려인 이주와 정체성 형성

먼저 고려인의 정체성에 관한 선행연구를 살펴보면, 최한우(1996)의 연구는 구소련 해체 후 중앙아시아 사회현상을 살펴보고 중앙아시아 고려인의 정체성 및 타민족 집단에 대한 인식을 분석하였다. 그는 한민족 정체성의 근본적인 문제를 4가지로 설명하였다.[4] 첫째, 우즈베키스탄의 환경이 구소련 전후 사정

3) '찐 로컬' 월곡동, 지방 소멸 시대 '뜨는' 이유: 광주 드림 (http://www.gjdream.com, 검색일: 2023.1.2.)

4) 최한우. 「구소련 해체 후 중앙아시아 형상과 한인의 정체성 문제」, 『한국

이 판이한 것은 국가의 주인이 바뀌었다는 것이다. 둘째, 구소련 체제는 다민족 국가로써 다민족 평등 공존의 논리가 강조되던 사회주의 체제였다. 셋째, 과거 구소련 체제는 공산 이데올로기가 최고의 가치로 추구되는 동시에 문화적 다양성이 허용되는 사회였다. 넷째, 언어적 문제이다. 중앙아시아의 고려인의 정체성 문제는 중앙아시아 민족들의 자기 정체성 정립과 연관하여 생각해야 하며, 향후 중앙아시아 고려인의 입지 및 정체성 문제의 해결을 위해서는 먼저 한민족의 정체성과 관련하여 알타이 문화권 비교연구 및 알타이 민족공동체 연구가 선행되어야 한다고 보았다.

또한, 박명규(1995)는 중앙아시아 고려인의 집합적 정체성과 변화과정을 정치적인 의식과 남북한에 대한 인식 수준에서 살펴보았다.[5] 중앙아시아로 강제 이주하게 된 이후 고려인은 심각한 자존심의 훼손과 집합적인 정체성의 혼란을 겪었다. 수십년간 연해주에서 쌓아온 개인적·민족적 생활의 근거를 하루아침에 잃었을 뿐 아니라 집합적으로 배척과 차별을 받아야 했으며 '한인'이라는 범주 자체가 환영받지 못하는 사회적인 환경에서 오랫동안 고통을 받았다. 비록 현지 민족들과의 사이에 심각한 갈등이 야기되지는 않았지만 높은 교육열, 문화적 전통에 대한 자부심, 사회주의 신념에 대한 이해와 참여의 역사 등 이들의 자부심의 근원이었던 다양한 요소들이 오랫동안 상처를 입었다. 개인적으로는 새로운 상황에 적응해 나갔지만, 집합적으

사회사학회』 48, 1996, 165~239쪽.

5) 박명규 외. 『중앙아시아 한인의 의식과 생활』, 서울: 문학과 지성사, 1996.

로는 매우 깊은 상처였다. 중앙아시아 사회의 한 구성인 소수민족 집단으로서 다민족 사회에 적응하고 살아가는 곤경과 어려움, 특히 탈냉전 이후 구소련지역에서 나타나는 민족주의적, 분열주의적인 경향과 경제적 어려움이 이들에게 어떤 영향을 미칠 것인지에 대한 세심한 배려의 필요성을 강조하였다.

구소련지역 고려인 언론 활동의 전개 과정과 현황을 구소련의 언론정책과 소수민족 정책과 연관하여 고찰한 김영기(1999)는 고려인들의 민족 정체성 제고를 위한 국가적 차원의 정책적 대책과 지원, 언론 관련 프로그램 개발 등 정책 방안을 제안하였다.[6] 또한, 반병률(2008)은 러시아 고려인사회와 정체성의 변화를 러시아 원동 시기(1863~1937)를 중심으로 연구했다.[7] 이 시기에 이주 1세대들의 영향력이 유지되고 있었고, 제정 시기의 잔재라 할 수 있는 대러시아주의는 1920년대 말 1930년대 초에 공공연하게 비판되었다. 그러나 1930년대 중반 강제 이주 시기에 이르면 대러시아주의가 횡행하게 되면서 고려인 등 소수민족들의 민족문화가 위기에 처했다. 스탈린 탄압으로 인해 한글 등 민족문화에 익숙하고 정통했던 고려인사회 지도자급의 제1세대들이 대거 숙청되면서 더욱 러시아화 된 고려인 2~3세들이 전면에 나서게 되었고 고려인들의 정치적, 사회문화적 정체성이 크게 바뀌게 되었다. 소련이라는 다민족 다문화 국가에서

6) 김영기. 「구소련지역 고려인 언론과 민족 정체성」, 『전남대학교 사회과학연구소 연구 총서』 5, 1999.

7) 반병률. 「러시아 한인사회와 정체성의 변화: 러시아 원동 시기(1863~1937)를 중심으로」, 『한국사연구』, 2008.

다양한 문화와의 교류를 통해서 다른 민족문화들과의 접촉과 흡수가 활발해지면서 소비에트 시민으로서의 새로운 정체성을 형성하게 되었다는 것이다.

이상과 같은 선행연구들은 러시아 중앙아시아 거주 고려인들을 대상으로 한 정체성에 관한 연구들로 본 연구는 1990년대 이후 국내로 이주하기 시작한 고려인들에 초점을 두고 있다. 그러나 광주시립박물관(2019) 연구에 의하면 고려인 마을은 2000년대 초반 광주시 광산구 월곡동에 태동하기 시작한 것으로 추정하고 있다. 이 연구에 따르면 광산구청이 러시아 및 구소련지역(중앙아시아) 등록외국인 및 외국국적동포 수를 통해 광산구 거주 고려인의 수를 추산한 결과, 2010년 314명, 2014년 1,134명, 2018년 4,659명으로 2010년 이후 급증하고 있음을 보여주고 있다.[8] 따라서 2010년 이전에는 광역시 거주 고려인의 수에 대한 추정치가 존재하지 않기 때문에 본 논문에서는 2010년 이후로 한정하였다.

2000년대 전후 국내 거주 고려인 연구들은 고려인의 국내 이주에 따른 정체성의 변화와 구축과정에 중점을 두고 있다. 가령, 김영술(2020)은 고려인의 정체성에 대하여 민족 정체성과 러시아 중앙아시아인으로 국가정체성이라는 이중정체성을 소유하고 있다고 주장하였다.[9] 이와는 달리 정병진 외(2011)[10]의

---

8) 광주시립박물관. 『광주 고려인 마을 사람들』, 엔터, 2019, 37쪽.

9) 김영술. 「국내 거주 고려인의 민족 정체성과 국가정체성 형성과 변화 연구」, 『재외한인연구』 51, 재외한인학회, 2020, 33~35쪽.

10) 정병진·남빅토르. 「고려인의 이주와 정체성」, 『관훈저널』 120, 2011.

국내 거주 고려인에 관한 연구는 고려인의 성향에 대하여 고려인이라는 소속감이 강하고 고려인이라는 정체성이 강하다고 주장하였다. 그러나 신현준(2012)의 고려인 정체성 연구는 고려인들이 한국에 거주함으로써 새로운 문화 정체성의 재구축 과정에 있다고 주장한 바 있다.[11)]

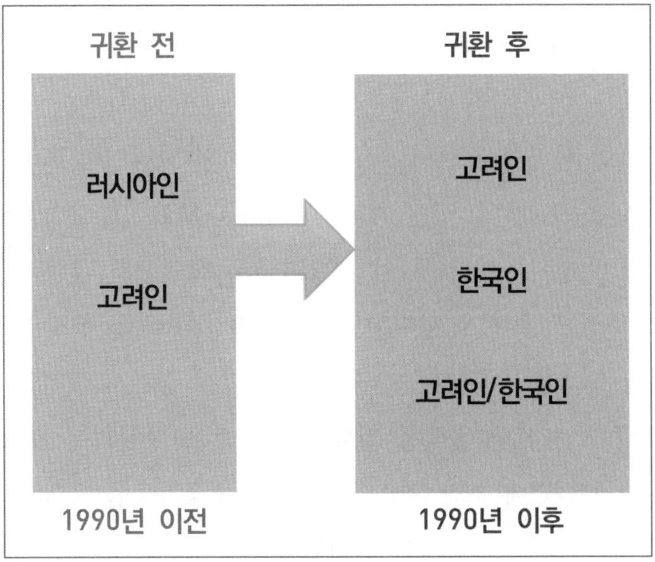

그림 2. 1990년대 전후 고려인 정체성의 변용 모델[12)]

이상과 같이 선행연구들을 검토해보면, 고려인들은 <그림 2>에서 1990년대를 전후로 국내로 이주하기 전에는 러시아인-고려인의 정체성, 2000년대 이후 국내로 이주하여 거주하기 시

---

11) 신현준.「포스트 소비에트 공간에서 고려인들의 과국적 이동과 과문화적 실천들-재한 고려인들의 생활세계와 문화적 교섭」,『사이間SAI』 12, 2012, 167~168쪽.

12) 본문의 내용을 바탕으로 연구자가 작성하였음.

작한 이후로는 고려인-한국인의 정체성을 선택하게 되는 상황에 놓이게 된 것으로 생각할 수 있다. 다음 장에서 고려인들의 한국어 능력과 정체성의 존재 방식에 대하여 설문조사분석을 통해 살펴보고자 한다.

제3절 고려인 마을 형성과 에스닉 비즈니스

1991년 한국과 소련의 수교 이후 시작된 고려인의 한국 이주는 30년을 초과하고 있다.[13] 이 책에서 다루고 있는 '귀환 동포' 고려인의 정의는 반세기 이상을 다른 문화권에서 살다가 한국에 거주하기 위하여 재외동포 체류 비자(F-4)를 통해 입국한 고려인 동포를 지칭한다. 전술한 바와 같이 광주시 고려인 마을은 광주시 광산구 월곡동 일대를 중심으로 형성되어 왔다. 그 이유는 2000년대 초반부터 외국인 이주노동자들을 포함하여 소수의 고려인 이주노동자들이 하남공단과 가까운 지역인 월곡동과 산정동 일대에 정착하면서 '고려인 동포' 자원사업이 본격적으로 시작되었기 때문이다. 이후 2004년에 고려인공동체 모임이 만들어지고 2005년에 고려인 이주노동자 상담소가 개설되었다. 그리고 2013년에는 전국 지자체 최초로 광주시가 고려인 주민지원조례를 제정하여 고려인 동포 정착 지원을 위한 제도적 장치가 마련되면서 고려인들이 모여들기 시작하였고 고려인 마

---

13) 김병학. 『고려인은 누구인가?』, 도서출판고려인 마을, 2019, 4~5쪽.

을 규모도 점점 확대되었다.[14]

한국에 거주하는 외국인 주민 수는 2020년 11월 기준 215(2,146,748)만 명으로, 총인구 대비 4.1%에 이르는 것으로 나타났다. 이는 2006년 발표 이래 처음으로 감소한 수치이다. 유형별로 살펴보면, 한국 국적을 가지고 있지 않은 사람(외국인 근로자, 외국 국적 동포, 결혼이민자 등)이 169만 5,643명(79.0%), 한국 국적을 취득한 자가 19만 9,128명(9.3%), 외국인 주민 자녀(출생)가 25만 1,977명(11.7%)으로 나타났다.[15]

표 8. 연도별 인구 대비 체류 외국인 현황[16]

분 류	2017	2018	2019	2020	2021
전체 인구	51,778,544	51,826,059	51,849,861	51,829,023	51,638,809
체류 외국인	2,180,498	2,367,607	2,524,656	2,036,075	1,956,781

위의 <표 8>에 제시한 바와 같이 연도별 인구 대비 체류외국인 현황(2017년~2021년)을 살펴보면, 전체 인구 대비 체류외국인 비율은 2017년 4.21%에서 2019년 4.87%로 매년 증가하다 코로나19의 영향으로 2021년에는 3.79%로 감소하였다. 2021년을 기준으로 체류외국인을 국적별로 살펴보면 한국계 중

---

14) 김용필·임영상 외. 『한국에서 아시아를 찾다』, 아시아발전재단, 2020, 199~200쪽.

15) 행정안전부 외국인 주민 현황통계 (https://www.mois.go.kr/frt/bbs/type010/commonSelectBoardArticle.do?bbsId=BBSMSTR_000000000008&nttId=88608, 검색일: 2022.10.24.)

16) 법무부 (https://www.moj.go.kr/moj/2412/subview.do, 검색일: 2022.12.25.)

국인을 포함한 중국이 42.9%(840,193명)를 차지하고 있으며, 베트남 10.7%(208,740명), 태국 8.8%(171,800명), 미국 7.2%(140,672명), 우즈베키스탄 3.4%(66,677명) 순으로 나타났다.

국제 이주의 관점에서 이민자들이 특정 장소에 공간을 형성하게 된 배경은 외국인에 대한 사회, 문화, 경제적 진입장벽에 낮아 외국인의 접근이 쉽고, 외국인들이 집중되면서 사회-경제적 네트워크를 기반으로 외국인들을 유인하는 특성으로 설명하고 있다.[17] 그러나 로저 월딩거(Waldinger Roger, 1986)는 이민자들이 특정 지역과 특정 장소에 집중되어 에스닉 비즈니스를 개업하는 이유에 대하여 다음 <그림 3>과 같이 시장의 조건, 소유에 대한 접근, 영향요인, 자원이동 등 4가지로 설명하고 있다.

이들의 연구 성과에 따르면, 초기 고려인들은 집단의 특성과 기회구조가 풍부하고 임대료가 비교적 저렴한 월곡동에 집중되기 시작했다. 고려인들이 특정의 한곳에 모여들면서 중앙아시아 모국 음식에 대한 향수가 커지면서, 자연스럽게 그들을 대상으로 현지 음식을 먹을 수 있는 식당이 생겨났다. 이어서 고려인 대상 카페와 식료품점, 미용실, 뷰티숍, 여행사, 환전소, 꽃집, 잡화점, 핸드폰 가게 등 고려인의 삶과 밀접한 관련이 깊은 상품들이 자연스럽게 자리를 잡기 시작했다.

---

17) 광주시립박물관. 『광주 고려인 마을 사람들』, 엔터, 2019, 28쪽.

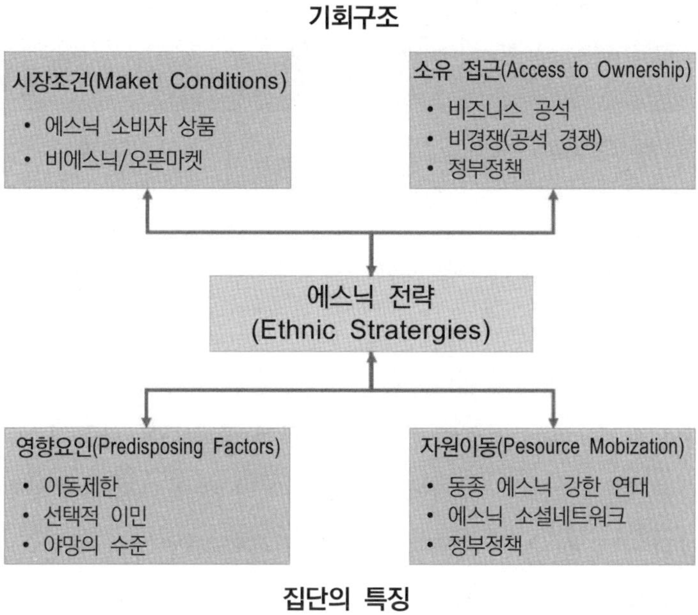

그림 3. 에스닉 비즈니스 성장의 상호 모델[18]

이런 고려인 에스닉 비즈니스에 대하여 일본에서 한국인 뉴커머 에스닉 기업의 유형을 연구한 임영언(2006)의 연구에 의하면, 다음 <표 9>와 이 4가지 유형으로 구분하였다.[19] 이것을 고려인 마을의 에스닉 비즈니스 유형에 비추어 살펴보면, 다음과 같다.[20]

---

18) Waldinger Roger. *Through the eye of the Needle: Immigrants and Enterprise in New York's Garment Trades*, New York: New York University Press, 1986.

19) 임영언. 『재일코리안 기업가 창업 방법과 민족 네트워크』, 한국학술정보, 2006, 59쪽.

20) 林永彦. 『韓国人企業家: ニューカマーの起業過程とエスニック資源』 長崎出版, 2004, 76쪽.

표 9. 고려인 마을의 에스닉 비즈니스 창업 유형[21]

수요와 공급체계	대상 고객	
	고려인	고려인 이외
구소련/중앙아시아 상호 무역 기반	제1유형 식료품, 신문, 잡지, 여행사, 이민 고용 알선업 등	제3유형 잡화 도매, 소매업 등
국내시장 월곡동 주변 기반	제2유형 식당, 뷰티, 미용, 카페	제4유형 주류, 식료품 등

먼저, 제1유형은 구소련/중앙아시아와 한국과의 무역에 의해 충족시킬 수 있는 기호와 문화적 욕구를 충족하는 상품과 서비스라고 할 수 있다. 여기에는 구소련이나 중앙아시아지역에서 생산된 식료품, 신문, 잡지, 여행업, 고용알선업 등이 해당한다. 제2유형은 한국인 고객보다는 고려인 고객을 대상으로 영업하는 가게이다. 여기에는 고려인 식당, 뷰티산업, 미용, 카페 등이 포함된다. 제3유형 고려인들이 구소련·중앙아시아와 무역에 의해 잡화 도매나 소매업을 하는 경우로 광주시 광산구 월곡동 고려인 고객을 대상으로 하기보다는 한국인이나 기타 민족을 대상으로 하는 경우를 말한다. 제4유형은 고려인들이 한국인 및 기타 민족을 대상으로 하는 소규모 자영업Small Business으로 상품과 서비스에 대한 수요와 공급 모두가 한국에서 이루어지는 경우이며 인종, 스타일, 기호 등이 구소련이나 중앙아시아로부터 독립되어 있다.

이상에서 살펴본 바와 같이 광주시 광산구 월곡동에 고려인

21) 광주시립박물관. 『광주 고려인 마을 사람들』, 엔터, 2019, 74쪽. 고려인 마을 운영사업장 현황의 내용을 중심으로 연구자가 작성하였음.

마을이라는 공간이 형성된 배경에는 지리적으로 하남공단 가까운 지역에 위치하며 비교적 싼 임대료, 광주시 각종 고려인 지원 사업과 상담소 개설, 고려인 지원 조례제정, 이를 토대로 고려인의 사회-경제적 네트워크를 기반으로 고려인 생활에 필요한 에스닉 비즈니스 전개와 정보제공 등을 들 수 있을 것이다.

제4절 고려인의 한국어 능력과 정체성 관계

1. 설문조사 결과분석

고려인 한국어 능력과 정체성을 분석하기 위한 자료는 남도일보에서 2022년 9월부터 10월까지 약 한 달 이상에 걸쳐 시행한 설문조사 수집 자료를 활용하였다.[22] 설문조사에서 회수된 설문지 총 72부를 활용하여 분석한 본 연구의 인구통계학적 특징은 다음과 같다. 조사 결과, 남성 18(25%)명, 여성 54(75%)명이었다. 출신 지역별로는 구소련지역이 13.9%, 우크라이나 6.9%, 우즈베키스탄이 54.2%, 카자흐스탄이 9.7%, 키르기스스탄이 5.6%, 기타 9.8%였다. 최종학력은 무학이 4.2%, 중학교 졸업이 2.8%, 고등학교 졸업이 63.9%, 대학교 졸업이 22.2%, 대학원 졸업이 2.8%, 무응답이 4.2%였다. 한국 체류 비자는 재외동포(F-4) 비자가 62.5%, 방문취업(H-2) 비자가 11.1%, 방문 동거

22) 본 설문조사 분석 자료는 남도일보와 연구자가 공동으로 개발하여 수집한 원자료를 근거로 하였음.

(F-1) 비자가 6.9%, 기타가 6.9%, 무응답이 12.5%였다.

고려인의 한국어 말하기, 듣기, 쓰기, 읽기에 대하여 질문한 결과, 리커트 4점 척도에서 평균적으로 말하기 1.92점, 쓰기 1.72점, 듣기 2.00점, 읽기 1.78점으로 대부분 평균에 못 미치는 수준으로 나타났다. 고려인 정체성에 대한 평균값은 리커트 4점 척도에서 3.1점 이상으로 비교적 높게 나타났다. 본 조사 결과는 이러한 인구통계학적 특성과 한국어 능력을 고려하여 분석 결과를 이해할 필요가 있다.

2. 고려인의 한국어 능력 신뢰도와 차이 분석

고려인의 한국어 능력에 대하여 한국어 말하기, 쓰기, 듣기, 읽기의 항목의 전체 평균을 한국어 능력이라는 하나의 변수로 정의하여 척도로서 신뢰할만한지를 척도분석을 통해 다음 <표 10>과 같이 신뢰도 및 평균, 표준편차를 알아보았다. 척도의 평가 기준은 표준화된 항목의 Cronbach의 알파 값 0.95라는 높은 신뢰도 통계량을 얻었으므로 항목 간 일관성을 유지하며 항목들의 요약 평균값을 한국어 능력의 척도로 사용하였다. 한국어 능력은 1점 '전혀 못 한다.', 2점 '대체로 한다.', 3점 '대체로 잘한다.', 4점 '매우 잘한다'로 점수가 높을수록 한국어 능력이 좋다는 의미다.

표 10. 인구통계학적 특성과 한국어 능력 차이 분석

항목	구분	N	평균	표준편차	F or T	P
성별	남성	17	1.94	0.950	0.44	0.660
	여성	44	1.85	0.659		
연령	20세 이하	6	3.13	0.703	10.05	0.000***
	21세~40세	14	1.63	0.425		
	41세~60세	12	2.00	0.798		
	61세~80세	28	1.67	0.601		
학력	중학교 졸업 이하	5	2.70	1.095	3.60	0.034*
	고등학교 졸업	38	1.79	0.743		
	대학교 졸업 이상	16	1.80	0.526		
출생지	구소련지역	10	2.03	0.786	0.48	0.791
	우크라이나	4	1.50	0.577		
	우즈베키스탄	31	1.93	0.825		
	카자흐스탄	7	1.61	0.705		
	키르기스스탄	4	1.88	0.479		
	기타	2	2.00	0.000		
국적	우즈베키스탄	24	2.04	0.874	0.60	0.667
	러시아	13	1.92	0.787		
	카자흐스탄	8	1.66	0.667		
	키르기스스탄	3	1.83	0.577		
	우크라이나	7	1.64	0.476		
거주 연수	2년 이하	16	1.50	0.632	3.59	0.019*
	2년~4년	15	1.72	0.432		
	4년~7년	13	1.90	0.608		
	7년 이상	16	2.23	0.854		
결혼 여부	미혼	16	2.30	0.900	3.24	0.029*
	이혼	7	1.93	0.932		
	기혼	24	1.80	0.472		
	홀아비/과부	12	1.48	0.678		
한국 체류 비자	재외동포(F-4)	39	1.67	0.513	5.88	0.002**
	방문취업(H-2)	6	1.67	0.408		
	방문동거(F-1)	4	2.63	1.250		
	기타	5	2.60	0.894		
이주 세대	1세대~1.5세대	3	1.75	0.661	0.57	0.634
	2세대	25	1.72	0.561		
	3세대	18	1.78	0.831		
	4세대 이상	5	2.20	1.255		

항목	구분	N	평균	표준편차	F or T	P
현재 가족 구성	혼자(1인 가구)	15	1.98	0.747	0.91	0.466
	부부	3	1.67	1.155		
	부부와 애들	16	1.86	0.707		
	부부, 애들, 손주들	11	1.55	0.650		
	기타	11	2.11	0.876		
현재 광주시 거주 가족 수	없다	7	2.29	0.951	0.99	0.434
	1명	4	1.50	0.408		
	2명	6	1.96	0.600		
	3명	11	1.73	0.575		
	4명	8	1.63	0.443		
	5명 이상	23	1.98	0.885		
	기타	11	2.11	0.876		
주택 소유 형태	자기집(자기소유)	1	2.00		0.01	0.988
	임대	55	1.89	0.736		
	정부 또는 회사 지원	4	1.88	1.031		
주택 소유 형태	단독주택	15	1.63	0.640	0.96	0.388
	공동주택(아파트, 원룸)/연립주택	42	1.89	0.697		
	회사기숙사/사택 등	3	2.08	1.010		
	정부 또는 회사 지원	4	1.88	1.031		
이주 동기	가족 혹은 친척의 초청	25	1.94	0.893	0.86	0.469
	돈을 벌기 위해	21	1.95	0.645		
	전쟁으로 인한 혼란	9	1.50	0.559		
	친구의 권유	3	1.92	0.878		
현재 직업	상용직	4	1.63	0.250	1.69	0.191
	임시직	15	1.92	0.440		
	일용직	5	2.20	0.447		
	무급가족종사자	9	1.64	0.674		
최근 1년간 송금 여부	없다	45	1.86	0.783	-0.15	0.881
	있다	10	1.90	0.474		
주사용 언어	러시아어	51	1.80	0.695	-2.55	0.014*
	한국어	5	2.65	0.859		
농사 의향	예	31	1.93	0.772	0.91	0.344
	아니오	21	1.74	0.578		
개인 수입	200만원 이하	7	2.00	0.289	1.070	0.312
	200만원 이상	4	1.75	0.500		

*: $p < 0.05$, **: $p < 0.01$, ***: $p < 0.001$

기초통계 각 항목의 구분에 따라 한국어 능력의 차이가 있는지 확인하기 위해 T분석, ANOVA(분산) 분석을 시행하였다. 고려인의 한국어 능력과 인구통계학적 특성에 따라 어떤 차이가 있는지 분석한 결과, 연령별, 학력별, 거주 연수, 결혼 여부, 체류 비자, 러시아 사용 여부에 따라 차이가 있는 것으로 나타났다. 연령별 학력별 차이에서는 나이가 많고 학력이 높을수록 한국어 능력도 높은 것으로 나타났다. 한국에서의 거주연수가 많고 혼인자, 그리고 재외동포 비자(F-4)로 입국한 경우 한국어 능력도 높은 것으로 나타났다. 그 밖에 주 사용언어로 러시아어를 사용하고 있는 경우 한국어 능력은 부족한 것으로 나타났다.

이러한 고려인의 한국어 능력에 관한 조사 결과를 바탕으로 이 연구에서 도출된 함의를 살펴보면 다음과 같이 정리할 수 있다. 첫째, 고려인의 개인적 차원에서 한국 생활 적응을 위한 맞춤형 언어교육지원이 필요하다. 고려인 대부분이 한국어 이해에 어려움을 겪고 취업과 생활에 불리한 상황에 있기 때문에 먼저 가장 필요한 것은 언어교육의 지원이다. 고려인들이 한국에서 생활하고 정착하기 위해서는 심리적 정서, 언어적 학습, 건강 등 균형 있는 생활이 필요한데 대부분 한국어 능력이 현저히 부족하고 이는 생활 정착에 큰 영향을 미치므로 입국 초기부터 단계적이고 체계적인 한국어 교육이 이루어지도록 지원할 필요가 있다. 입국 초기 한국어 학습 로드맵을 짜거나 한국 생활에 정착할 수 있도록 지역사회에서 지지하고 이끌어주는 주변인들이 있다면 자신감을 가지고 한국 생활의 안정을 찾을 수 있을 것이다.

둘째, 고려인 대상 언어적 지원 이외에 지역적 차원에서의 고려인공동체 지원이 필수적이다. 고려인 마을에서는 유입하는 고려인들에게 간단한 생활 정보와 지원에 관한 안내가 이루어지겠지만, 교육청 지원을 받아 운영되는 '찾아가는 한국어 교실'이나 다양한 한국어 프로그램도 한계가 있으므로 고려인 커뮤니티의 언어적 지원을 위한 지방자치단체의 우선적 지원을 고려해 볼 필요가 있다. 지방자치단체에서는 고려인공동체들이 거주하는 지역에 고려인들이 상시 이용할 수 있는 마을 교육공동체를 활성화할 수 있도록 재정적, 행정적, 제도적 지원을 고려할 필요가 있다. 특히 고려인만을 대상으로 하기보다 선주민 한국인들과 함께 어울릴 수 있는 프로그램을 구성하여 작은 행사도 한국문화와 고려인문화가 함께 어우러질 수 있도록 진행해야 한다. 또한, 고려인 마을 교육공동체에서는 주변 모든 시민을 대상으로 다문화 감수성 교육프로그램을 진행할 필요가 있다.

먼저 고려인 정체성 9개 질문 항목들의 평균값을 정체성 평균이라는 하나의 변수로 정의하여 척도로서 신뢰할만한지를 척도분석을 통해 신뢰도 및 평균, 표준편차를 알아보았다. 척도의 평가 기준은 표준화된 항목의 Cronbach의 알파 값 0.95라는 높은 신뢰도 통계량을 보여 항목 간 일관성을 유지하며 항목들의 요약 평균값을 정체성의 척도로 사용하였다.

고려인의 정체성 성향의 분석 결과에서는 "나는 고려인문화와 언어를 보존, 계승해야 한다고 생각한다."라고 응답한 문항의 평균값이 3.61로 가장 높았고 한국인의 정체성 성향으로는 "나는 한국의 역사, 전통, 관습 등에 대해 알려고 노력한다."라는 문항에 대한 평균값이 3.61로 가장 높게 나타났다. 이러한 결과는 광주시 광산구 월곡동 거주 고려인들의 정체성의 성향이 자신들이 고려인임을 확실히 주장하면서도 동시에 한국인의 정체성의 성향을 지향하고 있는 것으로 볼 수 있을 것이다.

고려인으로서의 정체성에 관한 5개 질문 항목들의 평균값을 고려인 정체성 평균이라는 하나의 변수로 정의하여 척도로서 신뢰할만한지를 척도분석을 통해 신뢰도 및 평균, 표준편차를 알아보았다. 척도의 평가 기준은 표준화된 항목의 Cronbach 알파 값이 0.915라는 높은 신뢰도 통계량을 얻었으므로 항목 간 일관성을 유지하며 항목들의 요약 평균값을 고려인 정체성의 척도로 사용하였다.

한국인으로서의 정체성 4개 질문 항목들의 평균값을 한국인 정체성 평균이라는 하나의 변수로 정의하여 척도로서 신뢰할만 한지를 척도분석을 통해 신뢰도 및 평균, 표준편차를 알아보았다. 척도의 평가 기준은 표준화된 항목의 Cronbach 알파 값이 0.877로 높은 신뢰도 통계량을 얻었으므로 항목 간 일관성을 유지하며 항목들의 요약 평균값을 한국인 정체성의 척도로 사용하였다. 고려인 정체성과 한국인 정체성은 동일 카테고리 내의 질문 항목이므로 상관성이 매우 높다. 두 변수의 값을 비교하는데 동일 집단 속 대응 표본으로 간주하여 평균값을 비교하는 것이 타당하게 여겨진다. 대응 표본 t-test 결과는 다음과 같다. 고려인 정체성과 한국인 정체성의 평균값 비교 시 고려인 정체성 평균값이 한국인 정체성 평균값보다 높지만(3.53>3.48), 유의수준 5% 하에서 유의미한 차이는 보이지 않았다($p=0.370>0.05$).

3. 고려인 정체성에 대한 신뢰도와 차이 분석

고려인의 정체성에 대한 신뢰도와 차이 분석은 기초통계 각 항목의 구분에 따라 정체성의 차이가 있는지 확인하기 위해 t분석, ANOVA(분산)분석을 실시하였다. 정체성은 1점 '전혀 그렇지 않다', 2점 '대체로 그렇지 않다', 3점 '대체로 그렇다.', 4점 '매우 그렇다'로 점수가 높을수록 정체성에 긍정적으로 인식하고 있다는 것을 의미한다. 전체적으로 고려인들은 한국인보다 고려인의 정체성이 더 높은 것으로 나타났다.

그러나 인구통계학적 특성에 따라 고려인의 정체성을 차이 분석한 결과를 살펴보면 다음과 같다. 정체성의 차이 분석에서는 연령별, 출생지별, 결혼 여부별, 거주 가족 수에 따라 유의한 차이가 있는 것으로 나타났다. 구체적으로 살펴보면, 다음 <표 11>에 제시한 바와 같이 고려인의 정체성은 나이가 많을수록, 구소련과 우크라이나 지역 출신 고려인들이 우즈베키스탄 출신 고려인들보다 고려인이라는 정체성이 더욱 강한 것으로 나타났다. 거주연수별과 결혼 여부별, 거주 가족 수에서는 거주 연수가 길고 기혼자이며 동거가족 수가 많을수록 한국인의 정체성이 높은 것으로 나타났다. 전체적으로 고려인들은 고려인문화의 보존과 계승, 한국의 역사와 전통문화에 관한 관심이 높고 노력하고 있는 것으로 나타났다. 결국, 고려인들도 한국 생활이 장기화하면 그들의 고려인 정체성도 약화하면서 분화와 다중정체성의 방향으로 변화될 것으로 생각된다.

표 11. 고려인의 인구통계학적 특성과 정체성 차이 분석

항목	구분	N	평균	표준편차	F or T	p
성별	남성	16	3.33	0.966	-0.65	0.515
	여성	46	3.48	0.754		
연령	20세 이하	6	3.24	0.518	3.83	0.014*
	21세~40세	14	3.02	1.048		
	41세~60세	12	3.19	0.810		
	61세~80세	29	3.77	0.600		
학력	중학교 졸업 이하	5	3.73	0.435	0.30	0.744
	고등학교 졸업	38	3.45	0.780		
	대학교 졸업 이상	16	3.48	0.793		
출생지	구소련지역	10	3.66	0.740	2.49	0.042*
	우크라이나	4	3.86	0.278		
	우즈베키스탄	32	3.47	0.796		
	카자흐스탄	7	3.43	0.568		
	키르기스스탄	4	3.58	0.319		
	기타	2	1.83	0.236		
국적	우즈베키스탄	24	3.43	0.825	0.17	0.952
	러시아	13	3.32	1.064		
	카자흐스탄	8	3.43	0.618		
	키르기스스탄	3	3.74	0.064		
	우크라이나	8	3.47	0.647		
거주연수	2년 이하	17	3.68	0.521	2.75	0.051*
	2년~4년	15	3.05	1.113		
	4년~7년	13	3.21	0.945		
	7년 이상	16	3.70	0.378		
결혼여부	미혼	15	2.91	0.954	3.91	0.013*
	이혼	7	3.17	0.938		
	기혼	25	3.68	0.504		
	홀아비/과부	13	3.68	0.842		
한국체류비자	재외동포(F-4)	40	3.58	0.734	2.93	0.042
	방문취업(H-2)	7	2.92	0.927		
	방문 동거(F-1)	4	3.31	0.475		
	기타	5	2.67	1.225		
이주세대	1세대~1.5세대	3	3.96	0.064	2.625	0.061
	2세대	24	3.71	0.402		
	3세대	20	3.27	0.924		
	4세대 이상	5	2.96	1.183		

항목	구분	N	평균	표준편차	F or T	p
현재 가족 구성	혼자(1인 가구)	14	2.94	1.168	1.97	0.114
	부부	4	3.53	0.944		
	부부와 애들	16	3.74	0.425		
	부부, 애들, 손주들	12	3.54	0.877		
	기타	11	3.31	0.452		
현재 광주시 거주 가족 수	없다	7	2.63	1.317	3.07	0.016*
	1명	4	3.08	1.212		
	2명	6	3.15	0.726		
	3명	12	3.37	0.907		
	4명	8	3.97	0.079		
	5명 이상	23	3.63	0.426		
주택 소유 형태	자기집(자기 소유)	1	4.00		0.48	0.620
	임대	56	3.40	0.835		
	정부 또는 회사 지원	4	3.69	0.419		
주택 소유 형태	단독주택	15	3.76	0.428	2.96	0.060
	공동주택(아파트, 원룸)/연립주택	44	3.39	0.825		
	회사기숙사/사택 등	2	2.44	2.043		
이주동기	가족 혹은 친척의 초청	26	3.61	0.655	2.56	0.065
	돈을 벌기 위해	20	3.28	0.932		
	전쟁으로 인한 혼란	9	3.74	0.324		
	친구의 권유	3	2.52	1.500		
현재 직업	상용직	4	3.53	0.319	0.52	0.674
	임시직	15	3.14	0.988		
	일용직	5	3.16	1.167		
	무급가족종사자	10	3.58	0.984		
최근 1년간 송금 여부	없다	46	3.46	0.741	1.58	0.120
	있다	10	3.01	1.126		
주사용 언어	러시아어	53	3.38	0.843	-0.81	0.420
	한국어	5	3.69	0.518		
농사 의향	예	32	3.47	0.843	0.37	0.710
	아니오	21	3.39	0.687		
개인 수입	200만원 이하	7	2.92	1.024	1.07	0.311
	200만원 이상	4	2.17	1.291		
한국어 능력	한국어능력 평균이하	25	3.56	0.678	0.50	0.620
	한국어능력 평균이상	35	3.46	0.781		

*: p〈 0.05

제5절 고려인 마을과 정체성 변용

이 장은 광주시 광산구 월곡동에 거주하는 고려인을 중심으로 고려인 마을의 공간 형성과정, 그들의 생활실태에 대한 설문조사 분석을 통해 한국어 능력과 정체성을 분석하여 시사점을 제공하고 있다. 선행 연구들은 러시아 중앙아시아 거주 고려인들을 대상으로 한 정체성에 관한 연구이지만 본 연구는 1990년대 이후 국내로 이주하기 시작한 고려인들에 초점을 두고 있다. 고려인들은 1990년대를 전후로 국내로 이주하기 전에는 러시아인-고려인의 정체성, 국내로 이주하여 거주하기 시작한 2010년 이후로는 고려인-한국인의 정체성을 선택하게 되는 상황에 놓이게 되었다. 이를 감안하여 최근 연구들은 고려인의 국내 이주에 따른 정체성의 구축과정에 중점을 두고 있는 것으로 보인다. 연구 결과는 다음과 같다.

첫째, 초기 고려인들이 월곡동에 집중화된 현상은 집단의 특성과 기회구조가 풍부하고 임대료가 비교적 저렴한 월곡동에 모여들면서 시작되었다. 고려인들이 특정의 한곳에 모여들면서 중앙아시아 모국 음식에 대한 향수가 커지면서, 자연스럽게 그들을 대상으로 현지 음식을 먹을 수 있는 식당 등 에스닉 비즈니스가 생겨나기 시작했다.

둘째, 고려인의 한국어 능력과 인구통계학적 특성에 따라 어떤 차이가 있는지 분석한 결과, 연령별, 학력별, 거주 연수, 결혼 여부, 체류 비자, 러시아 사용 여부에 따라 차이가 있는 것으로 나타났다. 연령별 학력별 차이에서는 나이가 많고 학력이 높을수록 한국어 능력도 높은 것으로 나타났다. 한국에서의 거주 연수가 길고 기혼자, 그리고 재외동포 비자(F-4)로 입국한 경우 한국어 능력도 높게 나타났다. 그 밖에 주 사용언어로 러시아어를 사용하고 있는 경우 한국어 능력은 부족한 것으로 나타났다.

셋째, 인구통계학적 특성에 따라 고려인의 정체성을 차이 분석한 결과를 살펴보면 다음과 같다. 정체성의 차이 분석에서는 연령별, 출생지별, 결혼 여부별, 거주 가족 수에 따라 유의한 차이가 있는 것으로 나타났다. 구체적으로 살펴보면, 고려인의 정체성은 나이가 많을수록, 구소련과 우크라이나 지역 출신 고려인들이 우즈베키스탄 출신 고려인들보다 더욱 고려인의 정체성이 강한 것으로 나타났다. 거주연수별과 결혼여부별, 거주 가족 수에서는 거주 연수가 길고 기혼자이며 동거가족 수가 많을수록 한국인의 정체성이 높은 것으로 나타났다. 전체적으로 고려인들은 고려인문화의 보존과 계승, 한국의 역사와 전통문화에 관한 관심이 높고 노력하고 있는 것으로 나타났다. 결국, 고려인들도 한국 생활이 장기화 되면 그들의 고려인 정체성이 약화하면서 분화와 다중정체성으로 변화될 것으로 생각된다.

넷째, 고려인 정체성과 한국인 정체성의 평균값 비교 시 고려인 정체성 평균값이 한국인 정체성 평균값보다 높지만, 유의수준 5% 하에서 유의미한 차이는 보이지 않았다. 이것은 고려인의 정체성이라는 것이 자신들이 고려인이라는 주장을 하면서도 한국인의 정체성을 지향하는 것이기도 하다.

고려인 마을은 국내 이주고려인들에게 마음의 위안과 생활공간을 제공해주고 있다. 하지만, 고려인의 한국어 말하기, 듣기, 쓰기, 읽기에 관한 조사 결과, 대부분 평균에 못 미치는 수준으로 나타났다. 이 연구에서는 조사대상자의 연령층이 높아 한국어 배우기와 능력에 대해 의욕이 별로 없는 것으로 나타났다. 인구통계학적 특성에서도 나이가 많아 언어습득과 생활에 어려움이 많고 여성들이 많았다. 따라서 커뮤니티에 활동적 생산적이기보다는 가족 돌봄에 종사하는 비율이 높은 것으로 나타났다. 이러한 결과는 한국어를 못해도 살아갈 수 있는 환경에서 한국어를 배울 기회가 적은 것을 의미하기도 한다. 또한, 고려인 대상의 다양한 지원으로 인해 한민족으로서 한국인 지향의 정체성은 매우 높게 나타나고 있으나 한국에 살고 싶은 마음이나 한국 정착에 대한 의지는 여전히 불분명한 것으로 나타났다.

이러한 고려인 마을을 둘러싼 대전환과 변화의 환경 속에서 향후 고려인의 정체성과 더불어 고려인 마을의 성장과 발전은 고려인 남성, 가족 이주와 거주지 정착, 청년의 유입에 크게 좌우될 것이다. 또한 고려인 마을에서 가시적 커뮤니티의 건설과 고려인들 사이의 불가시적 정체성의 확립 형태가 향후 어떤 방식으로 출현할 것인지가 기대되고 있다. 이번 조사를 바탕으로 향후 고려인 마을의 발전을 위해 정확한 고려인 체류자 수, 성별, 연령대별 샘플링을 통한 정체성 변화와 존재 방식에 대한 면밀한 연구조사를 통해 다문화 공존의식에 기여할 수 있기를 기대한다.

제5장

일본 사회 다문화 정책과 반(反)다문화 현상

제5장

일본 사회 다문화 정책과 반(反)다문화 현상

제1절 재특회(在特會)와 재일동포

이 장은 일본 사회에서 반다문화의 사례로서 재특회의 활동에 대하여 살펴본다. 일본에서 재특회(재일 특권을 허용하지 않는 시민의 모임)의 문제는 그들의 대상을 재일동포로 삼고 있다는 데 있다. 그들은 일본 사회에서 재일동포가 다양한 특권을 가지고 있으며 일본에서 방해가 되니까 "나가라, 죽여라."라고 주장하고 있다. 현재 일본에서 일어나는 사회적 경제적 불안정성의 원인을 재일동포의 탓으로 돌리고 "일본에서 나가라. 죽여라."라고 주장하는 것이 재특회 활동의 하나라고 할 수 있다. 재특회(在日特権を許さない市民の会)의 활동은 처음에는 일본 거주 재일외국인으로 그중에서 가장 큰 피해자는 재일동포인데 그것은 거리에서 "재일동포를 죽여라."라고 외치며 일본 사회에서의 배제를 호소했기 때문이다.

그러면 재특회는 어떻게 출현하게 되었는가? 재특회의 등장

은 2006년 중국인 연수생을 둘러싼 총격 사건에서 발단되었다. 사실 일본에서 중국인 연수생이란 일본으로 도항할 때 보증금이나 도항비용 등 100만 엔 이상의 채무를 안고 오기 때문에 3년간의 체류 기간 내 돈벌이로 도일 전 부채를 청산하면 거의 남지 않는다고 한다. 이 때문에 중국인 연수생은 어쩔 수 없이 산업현장을 이탈하여 체류자격이 없는 외국인 노동자가 되는 경우가 있다. 마찬가지로 이 연수생도 미등록외국인노동자가 되어 어느 날 길거리에서 일본 경찰로부터 신분증 제시를 요구받게 된다. 중국인 연수생은 체포되면 강제퇴거가 되기 때문에 저항하면서 도주하려고 하였다. 이때 일본 경찰은 위협사격도 없이 중국인 연수생의 복부에 총탄을 발사하였고 총에 맞은 연수생은 그 자리에서 즉사하여 유족이 경찰을 고소하기에 이르렀다. 이 사건은 고소 사건으로 확대되었고 재판소 앞에 많은 일본인들이 모여들게 되었다. 이들은 "악덕 중국인을 사살하라. 경찰에게 감사한다. 중국인 추방, 사살 지지," 등이 쓰여 있는 플래카드(현수막)를 들고 가두연설을 하였다. 이것이 재특회의 등장이라 할 수 있는 첫 사건이었는데 일본의 보수나 우익과는 또 다른 단체의 등장을 예고한 것이었다(コリアNGOセンター, 2014: 108-109).

그렇다면 어떻게 많은 사람들이 이 재판소 앞에 모여들게 되었는가? 보통의 일본인들로 보이는 이들은 어떻게 하여 이곳에 나타나게 되었는지를 생각해볼 필요가 있다. 이들은 인터넷의 '2채널(2ちゃんねる)'[1]을 통해 모인 사람들로 당시 해당 넷에는 다양한 정보가 많았기 때문에 이 사건도 "중국인인데 일본 정부

의 경찰을 상대로 손해배상을 청구한다거나 일본 정부에 불복종하고 돈을 요구하는 중국인을 용서하지 마라. 모두 재판소에 가서 항의하자."라고 쓰인 넷의 게시판을 보고 모이게 되었다고 한다.[2] '재특회'의 초기에는 인터넷의 활동으로 외국인의 범죄 등에 대해 재판소에서 가거나 외국인 집거지역, 특히 중국인이나 일본계 브라질인들이 많이 거주하는 단지 등에 가서 "일본을 지켜라. 외국인은 나가라." 등을 외치는 활동을 주도하였다.

재특회는 2007년에 만들어져 본격적으로 활동하기 시작했는데 그 특징은 일본 내 보통으로 보이는 다양한 사람들이 많이 참여한다는 것이다. 그리고 그들은 명확히 재일동포의 배제를 외치는 단체로 집회나 선전 활동을 확대해가기 시작했다. 이들은 한국이나 북한을 상대로 하여 직접적으로 항의하거나 요구하기보다는 재일동포를 대상으로 싫다는 것을 외침으로써 많은 일본인이 모여 열광하는 현장을 만들어 가기 시작했다. 재특회는 가두선전 등의 모습을 촬영한 동영상을 사이트에 게재하고 게시판, 블로그, SNS 등을 활용하여 인터넷상에서 지지를 호소하는 방법으로 지지자들을 급속히 확대해가기 시작했다.

이런 일본 내 사회적 현상을 감안하여, 이 연구의 목적은 일본에서 재특회의 등장 배경에 대하여 사회적 정치적 배경을 중심으로 살펴보고, 재특회의 제노포비아의 일종인 헤이트 스피

---

1) 일본에서는 1996년 인터넷 여명기에 이상한 세계 등의 종합게시판이 존재했는데 1998년 폐쇄되고 그 후 아메조 게시판이 그것을 이어받아 종합게시판으로 이용하였다. 1999년 5월 아메조의 피난소로서 2채널(2ちゃんねる)이 개설되었다.

2) 2ちゃんねる: ja.wikipedia.org/wiki/2ちゃんねる(검색일: 2023.01.24.).

치 활동과 법적 대응의 과정, 그리고 재일동포 사회에 미친 영향에 대하여 고찰하는 데 있다.

제2절 반다문화 사회 등장의 사회 정치적 배경

이 절에서의 핵심적인 용어의 개념은 제노포비아와 헤이트 스피치이다.[3)] 이들 용어의 의미를 간단히 정의하면 다음과 같다. 먼저 제노포비아Xenophobia(외국인 혐오)의 개념은 이방인이라는 의미의 제노Xeno와 혐오를 의미하는 포비아Phobia가 합성된 용어로 외국인 혹은 이민족 집단을 혐오, 배척, 증오하는 현상을 가리킨다. 헤이트 스피치Hate Speech(혐오 연설)는 인종, 민족, 종교, 성 등에 따른 고유한 특성을 근거로 특정 집단의 소수자Minority나 개인을 대상으로 한 차별적이고 모욕적인 언행으로 가두연설이나 문자 언어, 이미지 등 모든 형태의 표현 수단을 동원하여 전달하는 혐오 발언을 의미한다.[4)]

그런데 한 가지 주목할 만한 것은 연구자 대부분이 재특회의 헤이트 스피치에 대하여 관동대지진 조선인 집단학살의 위험성을 연상시키고 있다는 점이다. 가령, 이러한 연구자들을 살펴보

---

3) 후술한 바와 같이 제노포비아라는 용어는 외국인 혐오로 다문화주의에서는 반다문화주의로 언급되는 경우가 있기 때문에 이 책에서는 반다문화주의라는 의미로 사용하였다.

4) 제주일보: 제노포비아(Xenophobia) https://www.jejunews.com/news/articleView.html?idxno=2156581(검색일: 2023.02.02.).

면, 강소영(2020: 261-280)과 김광열(2017: 243-271), 김여진(2020: 143-178)의 연구를 들 수 있다. 이들의 연구내용을 살펴보면, 헤이트 스피치의 1919년 3·1 독립운동 전후 조선인을 부정적으로 표현한 '불령선인'의 소환이나 헤이트 스피치와 관동대지진 학살범의 논리 고찰 등을 통해 집단학살로의 연결 가능성을 제기하고 있다. 또한, 노윤선(2018: 237-250)은 일본지진에서 나타난 혐한과 혐오 발언의 고찰을 통해 왜 일본에서 제노포비아 현상이 출현하게 되었는지에 대해 초점을 두고 있다. 그러나 본 연구의 차별성은 일본 내 헤이트 스피치 발생 요인의 사회적 정치적 배경과 법적 대응에 중점을 두고 21세기 제노포비아의 현상과 해결방안으로서 지방자치단체의 조례 제정과 시민연대 활동의 가능성에 대해 다루고자 한다. 그러면 먼저 왜 재특회가 출현하게 되었는지 그 사회적 배경에 대해 상세히 살펴보고자 한다.

1. 넷 우익 등장의 사회적 배경

주지하는 바와 같이, 재특회는 '재일 특권을 허용하지 않는 모임'으로 처음에는 재일동포 사회와 역사에 관한 것을 배우는 소모임 학습회로 시작되었다. 재특회의 전신은 '동아시아문제연구회'로 2006년 12월 2일에 설립되었는데 2007년 1월 20일 출범 대회를 개최하고 공식 활동을 개시했다. 그리고 2007년에 본격적으로 조직화되기 시작했는데 초기 회원은 500명 정도로 일본에서 사회적으로 민감한 이슈를 다룸으로써 관심을 끌었고 이후 회원들이 폭발적으로 증가하기 시작했다. 2013년에는

14,000여 명이 활약하는 대표적인 반한 넷 우익단체로 성장하였다. 재특회의 목적은 명칭에서 알 수 있는 바와 같이 재일한국·조선인 문제의 문제화 및 재일특권의 철폐를 주장하고 있다. 재일동포가 일본인보다도 우월한 특권이 있다는 전제하에 '재일 특권'을 용납하지 않겠다는 것을 주장하고 있다.

재특회가 주장하는 '재일 특권'이란 과연 무엇인가에 대해 살펴볼 필요가 있다. 먼저, 재일동포의 특별영주자격 문제를 들고 있다. 재일동포가 특별영주자격이나 다양한 경제적 편익 등 특권(재일특권)을 부당하게 누리고 있다고 비난하고 그 철폐를 목적으로 가두선전 및 시위 집회 등의 활동을 전개하고 있다. 재특회는 재일동포의 특별영주자격에 대하여 입국 관리특례법에 따라 인정된 자격으로 다른 외국인에게는 없는 재일동포만을 대상으로 한 특권으로 치안이나 국익에 관련된 중대한 사건을 일으키지 않는 이상 죄를 지어도 강제 출국을 당하지 않으며 체류기간에 제한이 없기 때문에 다른 외국인처럼 체류 연장 허가를 신청할 필요가 없으며 그 자손들도 한국 국적, 조선국적으로 몇 세대에 걸쳐 일본에 거주할 수 있으며 이것을 특권이라고 주장한다. 그러나 재일동포는 1965년 '한일국교정상화'로 '협정영주자격'이 주어지고 1991년 입국관리특례법으로 '특별영주자격'이 주어졌으며 역사적 경위를 볼 때 구 식민지 출신자와 그 자손에게 최소한의 안정적인 체류자격을 부여하고 있는 셈이다.

다음으로 재특회는 조선학교 보조금, 재일동포의 생활보호 우대 등을 특권이라고 주장하고 있다. 재특회는 조선학교 보조금에 대하여 조선학교가 일본교육법 1조에 규정한 일조교 학교가 아니기 때문에 '각종학교'로 분류되어 지방자치단체의 지원을 받고 있으며 문부성이 지정한 학습지도요령을 무시한 민족교육이라는 이름의 '반일 교육'을 실시하고 교육법 제1조에서 지정한 일본 학교와 동등한 권리를 주장하고 있다는 것이다. 그러나 사실상 일본 정부의 조선학교 보조금 지원은 미미한 수준이며 지방자치단체의 판단에 따라 약간의 보조금을 지급하고 있을 뿐이다. 일본 정부는 이를 빌미로 2013년 2월 조선학교를 고교무상화교육 대상에서 제외했으며 현재 조선학원과의 재판 중에 있다. 또한 재특회는 재일동포가 생활보호를 우선 수급하고 있다고 주장하고 있다. 일본이 재일외국인에게 생활보호를 하기 때문에 일본 정부의 국민 보호가 소홀해지고 무시당하고 있다고 주장하고 있다. 그러나 재일동포의 생활보호 비율이 높은 것은 재일동포의 특권이라기보다는 그만큼 빈곤층이 많다는 것을 의미하고 있다.

이상과 같은 주장을 통해 재특회는 일본에서 차별받고 있는 것은 일본인이며 실제로 재일동포가 일본 사회를 지배하고 있으니까 일본인 주체의 사회를 만들어 가야 한다고 호소하고 있다. 재일 특권이라는 것이 재일동포가 일하지 않아도 기초생활보호 수급으로 연간 600만 엔을 받는다거나 세금을 내지 않으며 의료나 수도세의 무료, 주택비 5만엔 등을 지급하고 있으며 한국 정부가 주장하는 재일동포 강제 연행 등은 거짓말로 그 증거는 넷에서 발견할 수 있고 지금 재일동포가 미디어의 주식을 독점하여 내부에 잠입하여 정보를 장악하고 있다고 주장하고 있다.

다음은 넷 우익이라는 것이 무엇인지 살펴보고자 한다. 이것은 넷을 사용하여 자신들의 주장을 발신하는 우익이라기보다는 자신들이 주장하는 증거의 모든 것이 넷의 정보에 있다고 신봉하는 사람들의 모임이라고 할 수 있다. 그들의 주장은 "미디어의 모든 것을 재일동포가 장악하고 있고 교육제도나 대자본도 재일동포가 좌우하고 행정이나 권력까지도 재일동포가 장악하여 지배하고 있다는 논리이다(コリアNGOセンター, 2014: 110-111)." 이러한 것을 미디어가 사실대로 보도하지 않고 재일코리안 편에 서서 편향적인 보도를 하고 있기 때문에 모든 진실은 넷에 있다는 주장이다. 그러니까 모든 진실은 넷(게시판)에 있으며 넷의 정보를 믿어야 된다고 주장하고 있다.

이러한 생각을 가진 대다수 사람이 모여 있는 곳이 재특회라고 할 수 있는데 이들은 자신들의 생활이 어렵고 경제나 고용이 불안정하고 일본의 장래가 불투명한 것은 모두 재일동포 존재의 탓이라고 믿고 있다. 재특회 회원은 재일동포가 일본에 체류하게 된 역사적인 배경이나 원인은 알지 못한다. 심지어 재일동포는 모두 밀항으로 돈벌이를 하기 위해서 도일하였고 그들에 의해 일본이 좌우되고 있으며 나라를 통째로 빼앗겼다고 생각하고 있다. 기초생활보호에 대해서도 외국인의 생활을 일본인들이 낸 혈세로 돌보는 것은 참을 수 없다거나 고용을 빼앗겨 외국인들이 계속 증가하고 있다고 주장하고 있다. 그들은 영토문제에 대해서도 내셔널리즘과 연계하여 독도를 한국에 빼앗겼다고 생각하며 참을 수 없다고 분개하고 있다. 이처럼 그들은 재일동포에 의해 일본 사회의 고용과 복지, 독도, 역사까지도 빼앗겼다고 생각하여 혐오의 대상으로 주장하고 있다.

왜 재특회는 넷 우익을 신봉하게 되었는가의 문제이다. 그것은 정보를 독점하고 있는 메인 미디어의 불신과 반발로 인터넷에 의한 넷 우익이 유행하게 되었다는 점이다. 그리고 더욱 중요한 요인은 자신들이 믿을만한 정보를 직접 발신할 수 있기 때문에 신뢰할 수 있다는 것이다. 즉 불신이 가득한 기존 미디어에 의존하지 않고 정보를 자유롭게 제공하고 자신들이 느끼거나 생각하는 것을 발신할 수 있다는 것이며 넷 공간을 통해 다양한 정보를 교류할 수 있다는 것이다. 이를 통해 그들은 "자기 주변의 가족이나 지역보다는 일본 국가를 위하여 무엇을 할 수 있을 것인가? 자신들이 진정한 애국자로 일본에 어떻게 공헌할 수 있을 것인가?" 등을 호소한다는 것이 그들의 논리이다.

재특회는 2009년부터 도쿄와 오사카에서 정기적으로 집회와 데모를 개최해왔다. 그들이 프랑카드에서 주장하고 있는 것은 "조선인은 목매달고, 독을 마시고 뛰어 내려라.", "선량한 한국인과 나쁜 한국인 모두 죽여라." 등이 쓰여 있다. 과거 재일동포에게 차별적인 표현을 한 단체나 과격한 주장을 한 단체는 종종 있었는데 이러한 노골적인 내용의 프랑카드를 들고 거리를 행진하는 단체는 지금까지 존재하지 않았고 재특회가 유일하다. 또한, 재특회가 이러한 일본 사회 내 재일동포 혐오 발언의 흐름을 만들었다고 할 수 있다. 이러한 재일동포 혐오의 내용은 넷상에서 더욱 간단하고 과격한 용어를 사용하여 일본인들로부터 관심을 끌고 정확한 적을 정하여 공격하고 있다. 일본 전체적으로 불안정한 시기 "자신의 직업이 없다. 회사에서 잘렸다.

마음먹은 대로 일이 되지 않는다." 이렇게 살기 힘든 일본과 일본인으로 만든 것이 재일동포라는 것이 그들의 논리이다. 어떻게 보면, 일본의 보통 사람들이 이러한 거짓 정보를 접하고 과격한 인종주의로 변해가는 과정이라 할 수 있다.

재특회 회원 대부분이 재일동포를 적으로 공격하고 미디어, 기업, 행정 등 모든 것이 재일동포 편을 들어주고 일본인을 차별하고 있으며 일본 정부를 방해하고 있다고 호소하고 있다. 그러나 그들 대부분은 일본에서 재일동포 사회의 기원과 탄생의 역사를 잘 모르고 있는 것이 가장 문제로 지적되고 있다. 과거 재일동포에 대한 일본인의 차별이 "가난하고 범죄자가 많다." 등의 위로부터의 차별이라면 재특회는 "재일동포가 일본을 좌우하고 있다." 등 아래로부터의 차별의식을 구축했다고 볼 수 있을 것이다.

2. 재특회 출현의 정치적 배경

한·일월드컵 공동 개최(2002년)는 이를 통해 한일교류가 확대되는 계기가 되었으나 한편으로 일본인들이 한국의 민족주의를 접하게 되고 내셔널리즘을 자각하거나 이를 통해 적의를 갖게 된 경우도 발생하게 되었다. 또한, 고이즈미(小泉) 총리의 방북으로 북한이 납치 사건을 인정하게 되자 북한에 대한 적개심과 피해의식이 확대되었다. 이것은 예민한 일본 청년세대를 자극하였고 일본인 피해의식이 전파되면서 한국에 대한 적대 논리가 널리 수용하게 된 배경이 되었다.

전술한 바와 같이 야스다(安田, 2012)는 재특회에 대하여 일본 내 자신들의 애매한 위치에서 '인정욕구'에 의해 지지 되고 있으며 저학력자나 비정규고용 등 불안정한 사람들이 배외주의 활동을 이끌고 있다고 주장하였다. 이와는 달리 히구치(樋口, 2015)는 2000년대 후반 일본에서 "일어나라 일본, 일본유신회, 차세대의 당" 등 서구적이면서 극우와 대별 되는 정당이 등장하게 된 배경에 주목하고 있다.

히구치(樋口, 2015: 13)는 일본의 배외주의라는 것이 활동이라기보다는 운동과 정치의 연속선상에서 의식해야 하고 제도정치의 측면에서 살펴볼 필요성을 제기하였다. 그러면서 그는 일본 정당-사회운동 조직-, 그리고 하위문화적 기반이 일정한 관련성을 가지고 있는 다층적인 관점에서 극우세력의 존재를 <표 12>로 제시하였다.

표 12. 일본의 극우 정당과 활동 내용(樋口, 2015: 7)

<table>
<tr><th colspan="2">이데올로기</th><th>정당</th><th colspan="2">사회운동 조직</th><th>하위문화적 기반</th></tr>
<tr><td rowspan="4">내셔널리즘</td><td>외국인 배척</td><td rowspan="4">자민당
유신의 당
차세대의 당</td><td rowspan="4">일본 회의</td><td>재특회</td><td>인터넷</td></tr>
<tr><td>대외강경파</td><td>구원회</td><td>청년회의소</td></tr>
<tr><td>역사수정주의</td><td>새로운 역사 교과서를 만드는 회
영령에 화답하는 회</td><td rowspan="2">종교단체</td></tr>
<tr><td>전통주의</td><td>가두선전 우익</td></tr>
</table>

이것은 매우 정련된 연구로 극우세력의 대두 요인에 대하여 정치제도, 정당 간 경쟁, 유권자의 속성과 의식 등의 관점에서 설명하고 있다는 데 특징이 있다. 즉, 여기에서 그는 일본에서 배외주의가 대두하게 된 정치적 요인에 대하여 설명하면서 일본 유신회의 신자유주의적 성격이 강한 유신의 당과 배외주의적 성격이 강한 차세대 당의 분열로 영향력이 미미해졌지만, 헤이트 스피치에 대한 매스컴의 사회악이라는 인식의 확산, 연구자들의 '극우'에 대한 적극적인 경계와 정책적 영향에 대한 견제가 부족하였다는 점을 인정하면서 이에 관한 적극적인 연구의 필요성을 제기하였다. 또한 그는 일본의 배외주의 억제정책은 당분간 비관적으로 보았다. 그 이유는 동아시아에서 냉전 구조의 지속, 동아시아 사회의 구조적 특성 때문에 일부 사람들에게 증오를 선동하는 움직임은 계속될 것으로 보았다. 즉, 일본에서 이러한 제노포비아가 일부는 재일동포이나 재일중국인의 증오로 향하고 일부는 외국인에 대한 배제 감정을 강화할 것으로 보았다(樋口, 2015: 13).

제3절 재특회의 헤이트 스피치와 법적 대응

1. 헤이트 스피치의 사회문제화

일본에서 2013년 발표된 유행어 가운데 '헤이트 스피치'가 단연 베스트 10에 진입한 것에서 상징하는 바와 같이 헤이트 스피치는 일본에서 격화되어 일본 사회에서 가장 문제화된 해이기도 하다. 헤이트 스피치는 외국 국적자, 민족적 마이너리티의 속성을 이유로 언어의 폭력, 차별적 선동을 표현하는 방식은 해방 이전부터 존재해왔던 문제이기도 하다.

특히 일본에서 북한-일본 관계에 무언가 문제가 발생할 때마다 조선학교의 학생들을 주요 타깃으로 한 폭언, 폭행은 반복되어 왔다. 가령, 2002년 9월 북일 정상회담 이후 일본 정부와 매스컴에 의한 북한 때리기는 재일동포를 상대로 무엇을 어떻게 해도 좋다는 차별적 풍조를 갖게 했다. 또한, 2002년 한일월드컵 공동 개최와 2003년 이후 한류 붐은 한국의 경제발전에 대한 일본인의 왜곡된 반발을 초래하였다. 여기에다 2000년대 이후 급속히 확대된 인터넷은 익명에 의한 헤이트 스피치를 만연시키는 도구가 되었다. 2007년 1월 발족한 '재일 특권을 허용하지 않는 시민의 회'를 비롯한 민간 인종주의자(Racism: 인종 혐오) 단체는 넷을 통해 집단화하여 일상적인 배외주의 데모의 선동, 차별선동과 폭행을 가하고 그것을 넷에서 곧바로 공표하여 회원과 행동 참여자들을 늘려갔다(오근창, 2021: 20).[5)]

이런 행동을 유발하는 재특회의 7개 약속 조항을 살펴보면 다음과 같다. "첫째, 재일동포에 대한 특권 요구를 재특회는 절대로 용서하지 않는다. 둘째, 공식 사이트의 확충, 각지에서 강연회 개최 등 다양한 매체를 통해 재일동포 문제의 주지를 적극적으로 시행해 나간다. 셋째, 각지에서 강연 요청이 있으면 재

5) 인종주의란 무엇인가?-하나의 소개: https://www.kci.go.kr/kciportal/ci/sereArticleSearch/ciSereArtiView.kci?sereArticleSearchBean.artiId=ART002747106(검색일: 2023.020.02.).

특회는 가능한 집회의 규모를 불문하고 강사를 파견한다. 넷째, 재일특권에 단호히 반대하며 재일동포 문제를 다음 세대까지 물려주지 않는다는 의미로 재특회의 회원 등록을 널리 권장한다. 다섯째, 당면 목표를 등록 회원 수 1만 명으로 정하고 목표를 달성하는 대로 경찰과 법무 당국, 각 지방자치단체, 각 정치계에 재일동포 문제해결을 위한 청원을 개시한다. 여섯째, 재일동포 측의 요구가 있으면 방송, 출판 등 여러 미디어에서 공개토론회에 응한다. 일곱째, 재특회는 불령 재일동포의 범죄행위에 시달리는 각지의 실태를 알리고 구제를 지원한다." 등이다.

일본 정부는 2012년 12월 당시 시대적으로 침략전쟁이나 식민지 지배의 책임을 부정하는 발언을 반복해온 아베(安部) 총재가 수상에 취임하자마자 조선학교 고교무상화제도로부터 배제방침을 발표하는 등 반조선, 반한국, 반중국의 자세를 선명히 했다. 이에 따라 배외주의 데모가 빈번히 발생하고, 과격화되어 매주 주말마다 각지에서 시위가 열리게 되었다. 데모의 내용도 재일동포에 대하여 "강간해도 좋다. 목매달기, 모두 죽이기" 등의 매우 폭력적이고 협박적인 혐오 발언이 일상화되었다.

2. 재특회의 교토 조선학교 습격 사건

재특회의 활동 중 가장 먼저 발생한 사건이 교토조선학교 습격 사건이었다. 그러면 재특회의 교토조선학교 습격 사건은 어떠한 것이었는지에 대해 살펴보고자 한다. 2009년 12월 4일 오후 1시경 교토시 남구 구 교토조선제1초급학교에 '재특회'와 '주권 회복을 지향하는 회'의 활동가로 구성된 '팀 간사이(関西)'의 구성원 11명이 달려와 약 1시간가량 떨어진 일본에서 유치원과 초등학교에 해당하는 조선학교 학생들을 향해 차별가두선전을 했다. 그들이 주장한 것은 '공원탈환'의 목적이었다. 재특회는 역사적인 경위에서 운동장이 없었던 교토 조선학교는 인접한 교토시립의 칸징바시(勧進橋) 아동공원을 시와 지방자치단체와의 합의(1963년 12월)로 약 반세기에 걸쳐 운동장을 대신하여 사용해온 것을 '불법점거'라고 일방적으로 생각하고 공원을 조선학교로부터 탈환하자는 주장이었다. 이 사건에 대해 재특회는 일부 너무 과한 행동이었다는 비판도 있었지만, 정치적 주장을 호소하는 데모였다고 '정당화'하였다.

재특회는 공원 앞 시위에서 다음과 같이 주장하였다. "이곳은 원래 일본인의 토지다. 너희들이 전쟁 이후 수탈해 갔다. 전후 불타버린 땅에 일본인에 붙어서 민족학교, 민족교육 투쟁, 이러한 형태로 가는 곳마다 토지의 수탈이 이루어졌다. 이러한 너희들을 일본에 살게 할 수 없다. 불령선인(不逞鮮人)[6], 밀입국의 자손, 범죄조선인, 스파이 양성기관, 범죄자에 교육받은 어린이" 등 말로 표현할 수 없는 악질적인 차별적 증오 표현을 되풀이하였다(中村一成, 2015: 18-19).

더욱 충격적이었던 것은 이 사건이 1990년대 일본 사회의 변화 중심에서 발생했다는 점이다. 유럽 국가의 외압으로 일본이 국제인권조약(1979년)과 난민조약(1981년) 등에 차례로 가입

---

6) 불령선인(不逞鮮人)이라는 용어는 1919년 조선의 3·1독립운동을 전후하여 조선인을 부정적으로 표현할 때 사용했던 용어로 1923년 9월 1일 발생한 관동대지진 직후 조선인 학살 당시 차별적 용어로 사용되었다.

하면서 국내적으로는 외국인지문날인 거부 운동이 광범위하게 확대되어 일본 사회 내 차별적 상황이 점점 개선되는 중이었다. 조선학교의 일본 고등학교 종합체육 등 스포츠 문화가 각종 대회로의 문호가 개방되고 JR 통학 정기운임의 할인율 격차가 시정되고 대학입학자격에서도 조선학교 졸업학교의 자격으로 대학을 수험할 수 있게 되었고 정시제로의 더블스쿨이라는 종래의 부담은 없어지고 있었다. 일본 사회에서 조선학교에 대한 인지도가 점점 확대되고 일본 학교와의 교류도 확대되었으며 일본 학교 교사들과의 교류가 확대되고 있는 가운데 발생한 사건이 헤이트 스피치 가두선전이었다.

이러한 가운데 "조선학교는 학교가 아니다. 스파이 양성기관이다."라고 주장하는 재특회의 헤이트 스피치는 조선학교의 고등학교 무상화 배제와 자치단체의 보조금 정지 등으로 이어졌고 헤이트 스피치에 의한 재특회의 차별선동과 일본 정부에 의한 차별선동으로 고교무상화배제에 끼여 마이너리티가 존엄을 가지고 살아갈 수 있는 환경이나 여건이 점점 사라지는 위기를 맞이하고 있었다.

3. 헤이트 스피치를 둘러싼 법적 대응

혐오 발언이라는 헤이트 스피치는 공식적인 정의하기 어렵지만 "차별, 적의 혹은 폭력의 선동이 되는 국민적, 인종적, 종교적 증오의 외침(자유권 규약 제20조 2항)", 혹은 1997년에 채택된 헤이트 스피치에 관한 유럽심의회각료위원회 권고 97(20)에서도 "헤이트 스피치라는 용어는 인종적 증오, 배외주의, 반유

대주의를 유포, 환기, 촉진 혹은 정당화라는 모든 형태의 표현 및 불관용에 의한 형태의 증오를 포함한 것으로 정의하고 있다(金尚均, 2015: 31-32). 즉, 헤이트 스피치는 마이너리티, 이민, 이동을 기원으로 하는 사람들에 대한 공격적 내셔널리즘, 자민족중심주의, 차별 및 적대적 증오로 표현되는 불관용을 포함하고 있다." 최근에는 "인권원칙의 핵심인 인간의 존엄과 평등을 부정하고 개인이나 특정 집단의 사회적 평가를 폄훼하기 위해 타자를 향한 형태의 혐오 스피치(인종차별철폐위원회의 일반적 권고 35의 10항)"로 정의되는 등 점점 의미가 명확해지고 있는 측면도 있다. 그렇지만 여전히 헤이트스피치의 정의는 진행 중에 있다. 그 이유는 인종, 국적, 민족, 출생, 성별, 성적 지향 등 배경 요인이나 마이너리티에 대한 정의가 국가마다 다르게 나타나고 있기 때문이다.

일본에서는 2013년 봄 이후 재특회의 거리 선전에 따른 차별법 규제를 둘러싼 논의가 미디어에서 다루어지기 시작하면서 본격적으로 사회적으로 확대되기 시작했다. 논의가 확대된 배경에는 당시 신오쿠보 헤이트 스피치 데모에 참여자들이 종료 후 가두선전 저지를 목적으로 모인 이들이 재특회를 대상으로 차별 데모에 대한 카운터 데모를 시작했고 이를 추종하는 형태로 국회의원들이 국회에서 이 문제를 거론하기 시작했기 때문이다.

그리고 2014년에는 구 교토조선제1초급학교습격사건의 교토지방재판소의 판결(2013년 10월 7일)과 오사카 고등재판소판결(2014년 7월 8일)에서 재특회의 차별가두선전이 명확히 "인종차별"이라고 판정한 것과 이에 따른 유엔자유권규약위로부터의 권고(7월 24일)가 있었다. 더구나 일본 정부는 2020년 도쿄 올림픽을 맞이하여 도지사의 정부에 대한 요청(8월 7일), 인종차별철폐위원회의 권고(8월 29일)가 있었기 때문이다. 이에 따라 자민당, 공명당을 중심으로 헤이트 스피치 대책에 관한 프로젝트팀(PT)이 만들어지게 되었다.

한편 2013년에는 재특회의 가두선전에 반대하는 카운터 데모가 여기저기에서 일어나기 시작했다. 6월에서는 신오쿠보에서 배외주의 데모에 대한 항의행동, 7월은 오사카, 9월은 도쿄 등 다양한 곳에서 재특회의 가두선전에 대응하는 카운터 데모가 출현하였다(師岡康子, 2014: 15-16).

표 13. 일본 내 헤이트 스피치 관련 조례제정 과정7)

연도	일본 내 헤이트스피치 조례 제정의 전개 과정과 내용
2002년	한일월드컵 공동 개최, 내셔널리즘 자각
2003년	'겨울소나타'와 한류 붐
2005년	2005년 야마노 샤린(山野車輪)의 혐한 만화 출판 등장
2006년	중국인 연수생 총격 사망과 재판, 재일외국인 혐오
2007년	재일동포 타킷, 재특회 조직 및 활동 개시
2009년	도쿄와 오사카에서 정기 집회와 데모 시위, 교토조선 제1초급학교 습격 사건
2000년대 후반	일어나라 일본, 유신회, 차세대의 당 등장
2012년	이명박 전 대통령 독도 방문 및 천황 사죄 요구 발언, 한일 관계 악화

7) 이 책의 내용을 바탕으로 연구자가 작성하였음. 일부는 박명희(2018) 「일본 내 혐한 현상과 한국의 대응 방향」, 『NARS 현안 분석』 21, pp. 6-7.의 내용을 참고하였음.

연도	일본 내 헤이트스피치 조례 제정의 전개 과정과 내용
2013년 봄	재특회의 거리 선전에 따른 차별법 규제를 둘러싼 논의 사회적 확대
2014년 4월, 5월, 7월	헤이트 스피치 가두선전 이쿠노구 내 자치회, 상점회, PTA, 사회복지협의회 가두선전 허가 취소 요구탄원서
2014년 7월 24일	유엔 자유권규약위원회로부터의 권고
2014년 8월 29일	도쿄 올림픽을 맞이하여 도지사의 정부에 대한 요청(8월 7일), 인종차별철폐위원회의 권고. 자민당, 공명당 헤이트스피치 대책에 관한 프로젝트팀(PT) 구성
2014년 10월 7일	교토 조선 제1초급학교습격사건의 교토지방재판소의 판결(2013년 10월 7일)과 오사카 고등재판소판결(2014년 7월 8일)에서 재특회의 가두선전 명확한 "인종차별" 판정
2014년 12월	'이쿠노구 구정회의' 헤이트 스피치 대책 요망서 제출
2015년 1월 말	2만 명 이상의 서명과 독자적인 규제 조례안, 재일동포 100명의 피해실태조사보고서 시에 제출
2015년 1월	고베에서 "모든 사람에게 존엄과 인권을! 헤이트 크라임을 없애자! 고베 연락회"가 5월에는 교토에서 "교토부 교토시에 유효한 헤이트스피치 대책의 추진을 요구하는 회" 발족
2016년 1월	가와사키에서는 "헤이트스피치를 허용하지 않는다. 가와사키 시민네트워크"가 각각 발족하여 행정에 행동계획, 선언과 조례 제정
2016년 1월 15일	오사카시회 본회의에서 '오사카시 헤이트 스피치의 대처에 관한 조례' 가결. 일본에서는 처음으로 외국적 주민, 인종적 마이너리티의 인권을 지키는 것을 목적으로 한 조례 제정
2016년 5월	'헤이트 스피치'에 관한 대책법 제정
2017년 11월	가와사키시 혐오 표현 관련 '공적 시설 이용 제한 가이드라인' 발표
2018년 4월	혐오 표현 시위 인터넷 투고 재특회 전 간부 교토지검 명예훼손죄 기소

또한, 오사카재판소는 2013년 10월 7일 교토조선학교 습격사건에 대한 판결을 공식적으로 하달하였다. 이 사건은 2009년 12월 4일, 2010년 1월 14일과 3월 28일에 재특회의 헤이트 스피치에 대한 판결이었다. 판결은 구체적인 권리침해가 있었다

는 것과 인종차별 행위에 해당하는 것을 요건으로 하는 고액의 손해배상액을 결정했다. 인종차별의 요건으로서 첫째, 인종차별의 의도가 있고, 둘째, 실제로 차별적 발언이 있었다는 사실에 입각하여 명예훼손 등의 불법행위가 인종차별철폐조약 상의 인종차별에 해당한다고 명시했다. 그리고 오사카 판결에서 인종차별의 판단기준에 대해 언급한 것은 향후 비슷한 종류의 차별사건에 지침으로 삼을 것으로 보았다(上瀧浩子, 2014: 17-18).

2014년 7월 교토조선제1초급학교습격사건의 오사카고등재판소의 판결을 받아 하시모토 도오루(橋下徹) 오사카시장(당시)은 헤이트 스피치 억제정책의 검토를 표명했다. 그 배경에는 2013년 2월 이후 재일동포가 집거하는 오사카 이쿠노쿠(生野区) 주변에서 행해진 헤이트스피치 데모와 가두선전이 의회도 무언가 움직일 수밖에 없을 정도로 심했다는 의견이 팽배했기 때문이다. 노상에서의 카운터에 의한 항의 데모에 더하여 2014년 4월, 5월, 7월의 헤이트스피치 가두선전에 대해서 이쿠노구 내의 자치회, 상점회, PTA, 사회복지협의회로부터 일제히 가두선전 허가의 취소를 요구하는 탄원서가 제출되었다. 더욱이 2014년 12월에는 '이쿠노구 구정회의'로부터 헤이트스피치 대책을 요구하는 요망서가 제출되었다.

이에 따라 재특회 피해자 단체나 인권단체들이 다양하게 오사카시에 대책을 요구하기 시작했다. 예를 들면, 대표적으로 오사카 헤이트스피치 규제조례는 2015년 1월 말에는 2만 명 이상의 서명과 독자적인 규제 조례안, 재일동포 100명의 피해실태 조사의 보고서 등을 시에 제출했다(文公輝, 2016: 7).

이후 2015년 1월에는 고베에서 “모든 사람에게 존엄과 인권을! 헤이트 크라임을 없애자! 고베 연락회”가 5월에는 교토에서 “교토부 교토시에 유효한 헤이트스피치 대책의 추진을 요구하는 회”가, 2016년 1월 가와사키에서는 “헤이트 스피치를 허용하지 않는 가와사키 시민네트워크”가 각각 발족하여 행정에 의한 행동계획, 선언과 조례 제정 등을 강력히 요구하였다. 이러한 지방에서의 움직임이 강화되면서 일본 정부에 의한 헤이트 스피치를 비롯한 인종차별 금지를 위한 법 정비도 급속도로 추진되었다.

마침내 2016년 1월 15일 오사카시회 본회의에서 ‘오사카시 헤이트 스피치의 대처에 관한 조례’가 가결되었다. 일본에서는 처음으로 외국적 주민, 인종적 마이너리티의 인권을 지키는 것을 목적으로 한 조례로 일본에서 획기적인 계기가 되었고 <표 13>을 제시하였다.

제4절 글로벌 사회와 반다문화 현상

이 장은 일본에서 재특회의 등장 배경에 대하여 사회적 정치적 배경을 중심으로 살펴보고, 이를 바탕으로 재특회의 제노포비아의 일종인 헤이트 스피치 활동과 법적 대응의 과정, 그리고 재일동포 사회에 미친 영향을 고찰하였다. 선행연구들이 헤이트 스피치와 1923년 관동대지진 때의 제노사이드와의 관련성을 강조하고 있어 이 연구에서 이에 대한 관련성에 중점을 두었다.

더 나아가 일본에서 21세기 제노포비아의 현상과 해결방안으로서 지방자치단체의 조례 제정과 카운터의 대응 및 시민연대의 활동 가능성을 제시하였다. 연구 방법은 문헌 연구를 통해 재특회 등장의 사회적 정치적 배경을 고찰하고 재특회의 구체적인 활동 사례로서 교토조선학교 습격 사건과 법적 대응 과정을 살펴보았다. 연구 결과는 다음과 같다.

첫째, 재특회 등장의 사회적 배경에는 재일외국인의 혐오가 재일동포로 전환되는 과정이 존재한다. 재특회는 재일동포의 특별영주자격, 조선학교 보조금, 기초생활보호 수급 등을 재일 특권으로 간주하고 용납하지 않겠다고 주장하고 있다. 이러한 주장들이 정보화시대 넷 우익을 통해 급속도로 전파되었고 이를 공유하는 집단들이 애국적인 호소로 오프라인상에서 헤이트 스피치 데모와 집회를 개최하게 되었다. 일본 넷 우익의 등장은 기본적으로 재일동포가 메인 미디어를 장악하고 있다는 미디어에 대한 불신에서 비롯되었다.

둘째, 재특회 출현의 정치적 배경은 2000년대 후반 일본에서 등장하기 시작한 극우 우익들의 출현과 맞물려 있는 것으로 나타났다. 일본 극우의 배외주의 운동과 정치의 연속성 및 제도적 측면에서 헤이트 스피치가 유행처럼 만연하게 되는 과정이 존재한다. 즉, 재특회의 정치적 배경은 일본 극우세력의 내셔널리즘과 역사수정주의 등장, 정치제도와 정당 간 경쟁, 사회운동과 유권자의 속성 및 의식 등의 관점에서 살펴볼 필요가 있다.

셋째, 재특회 활동의 직접적인 영향은 조선학교 고교무상화 제도의 배제, 교토조선학교 습격 사건으로 이어졌다. 이러한 재특회의 활동과 맞물려 재일동포 사회에서도 민단 중심의 저지 운동이나 시민연대의 카운터 활동, UN의 자유권규약위원회권고, 지방자치단체의 조례 제정, 헤이트스피치 대책법 제정 등 다양한 대응으로 나타났다.

이상과 같이 재특회의 활동은 일본회의, 유신의 당과 같은 새로운 일본 우익의 출현, 북한의 미사일 발사, 일본인 납치 문제, 핵 개발 등 한반도 정세변화와 밀접히 관련되어 있다. 따라서 향후 한·일관계나 북·일 관계에서 재특회의 활동 영역이 확대되고 있기 때문에 한·일 갈등의 새로운 변수로 작용하고 있다. 그러나 한편으로는 일본의 시민단체들이 참여하는 재특회의 저지(반대운동) 연대, 연대활동, 지방자치단체의 조례 제정 등 일본 시민의식이 살아있으며 이들과 한·일 간 연대활동을 통해 재특회의 주장에 적극적으로 대응해나가는 시민 활동도 매우 중요할 것으로 생각된다.

재특회의 헤이트 스피치는 제노포비아의 일종으로 재일동포 사회 전체에 많은 상처를 주었지만 이에 대항하는 카운터 데모와 마이너리티의 연대활동도 기억할 필요가 있다. 주목할 만한 것은 일본 내에서 2016년 이후 헤이트 스피치 차별법이 제정·시행되어 혐오 발언을 규제하고 있고 2018년 국제사회에서도 UN 인권위 등에서도 계속해서 관심을 두고 모니터링하고 있다.

결론적으로 재특회는 재일동포의 특별영주자를 '특권계급'으로 단정 짓고 계급투쟁, 민족분쟁을 통해 워킹푸어로 전락한 일본 국민의 생존과 지위 향상을 명분으로 삼고 있다. 또한, 현재 그들의 생활 불행을 자기 책임론에서 인식하기보다는 각종 사회적 문화적 기회와 사회안전망을 일본에 유입된 타민족(재일외국인)에게 부당하게 빼앗긴 결과라고 간주하고 '애국'을 명분으로 '제노포비아(외국인 혐오)'를 통해 이를 되찾으려고 하고 있다. 이러한 재특회의 주장은 약 100년 전 1923년에 9월 1일 발생한 '관동대지진'으로 자행된 학살 때와 마찬가지로 일본 사회가 패닉상태에 빠졌을 때 재일동포 대상의 집단학살(제노사이드)로 이어질 수 있다는 점에서 위험사회를 내포하고 있다.

향후 연구에서는 총련과 재일한국인연합회가 재특회에 대하여 어떻게 대처해왔는지에 대해 살펴볼 필요가 있을 것이다. 또한, 재일동포 사회에서 1923년 9월 발생한 관동대지진 100주년을 맞이하여 진상 규명과 더불어 재특회의 움직임이 과거의 선례에 비추어 볼 때 일본 사회가 패닉상태에 빠졌을 때 언제든지 집단학살Genocide로 이어질 수 있는 소지가 있는 만큼 이에 관한 연구와 관심을 더욱 강화해야 할 것으로 생각된다.

제6장

한류 문화와 혐한류

제6장

한류 문화와 혐한류

제1절 한류의 등장 배경

글로벌시대의 도래와 더불어 1980년대 후반 중국에서 시작된 한류Korean Wave는 동아시아로부터 전 세계적인 한국문화의 전파 현상이라고 말할 수 있을 것이다. 한류라고 일컫는 드라마, 가요, 영화, 음악 등 한국문화가 처음 외국으로 알려지게 된 것은 중국에서 언론들이 주목하면서부터이다. 그리고 1990년대 후반 중국에서 HOT들이 공연하면서 지금까지 관심이 없었던 한국이라는 조그만 나라에서 한국의 흐름(韓流)이라는 한류가 들어오면서 주목받기 시작하였다. 한류는 처음에 한류(寒流)라는 찬바람이 들어온다는 의미이었다가 나중에 한국의 흐름이라는 한류(韓流)로 바뀌었다. 최근에는 한국의 언어, 음식, 의복, 성형을 포함하여 한국문화에 관한 모든 것을 포함하는 의미로 자리 잡아 가고 있다.

일본에서 한류 붐의 원조는 글로벌화가 본격적으로 시작된 1980년대 말쯤으로 거슬러 올라간다. 1980년대 전후 뉴커머의 대량이주, 1988년 서울올림픽, 1989년 해외여행 자유화, 그리고

1990년대를 거쳐 2002년 한일월드컵 공동 개최와 매스컴의 보도, 2004년 NHK의 겨울연가 방영의 영향이 크다고 볼 수 있다. 처음으로 한국 드라마를 지상파에서 방송을 시작한 것이 NHK인데 일본의 중앙이나 지방의 보수층조차도 NHK를 시청하는 사람이 많기 때문에 한류로 한국의 이미지가 순식간에 바뀌는 계기가 되었다. 그리고 2005년부터 2010년까지는 한류 붐의 영향으로 일본에서 한국 화장품이나 음식이 돌풍을 일으키게 되었다. 즉 한류붐은 1980년 전후 시작되어 90년대 정체기를 거쳐, 2002년 월드컵, 2004년 한류 드라마인 겨울연가의 방영을 통해 일본 사회에 급속도로 확산되었다.

특히 2001년은 일본인들의 한국인에 대한 인상을 바꿀만한 커다란 사건이 도쿄 신오쿠보 역에서 발생했다. 당시 아카몬카이(赤門会) 일본어학교 학생이었던 이수현이 선로에 떨어진 일본인 취객을 구하기 위해 뛰어들었다 희생된 사건이었다. 이러한 일을 계기로 일본 사회에서는 한국인의 희생적인 행동 자체를 순수하게 받아들여진 측면이 있었고 일본 고위급 정치인들조차도 조의를 표했으며 한국인에 대한 이미지가 달라지기 시작했다. 이후 한일월드컵 공동 개최, 겨울연가의 일본 방영으로 이어지면서 본격적인 한류붐이 시작되었다.

그러나 대부분의 사람들은 이러한 한류붐이 초기에는 오래가지 못할 것이라고 생각했다. 이러한 예상은 한국 드라마를 본 많은 일본인들에 의해 빗나가기 시작했다. 그 이유는 일본 사회가 이미 오래전에 잃어버린 생활세계를 한국이 가지고 있었다는 것이다. 일본인의 가족과 사랑, 아버지와 어머니의 애정, 가

난한 사람과 부자의 대결 구도 등, 한국인들이 가지고 있던 한국인들의 보편적인 삶의 방식에 일본인들의 과거 모습이 그대로 투영되어 보였던 것이다. 일본인들의 잃어버린 향수Nostalgia를 자극한 '한드(한류드라마)'가 지금의 한류붐의 결정적인 계기가 된 것이다.[1)]

이처럼 한류(韓流)라는 말은 1990년대 중후반 중국과 대만에서 한국 드라마와 음악이 큰 인기를 얻으면서 생겨난 것으로, 이제는 드라마·가요·영화와 같은 대중문화뿐만 아니라 김치·고추장·라면·가전제품 등 한국 관련 제품을 비롯한 한국문화가 일본 및 동남아시아 등지에서 주목받고 있는 현상을 포함한다. 이렇게 한국문화가 일본과 동남아시아에서 큰 인기를 끄는 동안에도 한때(2006년~2009년) 일본에서는 좀처럼 한류가 확산되지 못한 시기도 있었다.

그러나 2002년 한일월드컵 공동 개최와 영화 '쉬리', '공동경비구역 JSA'의 흥행 성공, 가수 BOA의 오리콘 차트(일본 가요 순위) 1위 기록으로 한류의 분위기가 한껏 고조되었다. 그리고 2004년 일본 국영 방송인 NHK에서 방영된 '겨울연가'는 마침내 한류 열풍을 일으키는 데 결정적 역할을 하였다. 당시 주인공 배용준은 일본에서 '욘사마('사마'는 우리말로 '님'이라는 뜻의 존칭)'라는 별칭으로 불릴 정도로 큰 인기를 구가하였다. 그동안 다른 문화에 다소 부정적이던 일본 사회에서 일어난 한류 열풍은 뜻밖의 현상으로 일제 강점기 이후 한국을 식민지, 혹은

---

1) 히라타 유키에(2005). 『한국을 소비하는 일본-한류, 여성, 드라마』 서울: 책세상.

후진국으로 바라보던 일부 일본인들의 시각을 크게 바꾸어 놓는 계기가 되었다.

이 장의 목적은 한류문화가 일본에 전파되면서 일본문화에 미친 영향을 코리아니즘적 성향을 규정하고 일본인들에게 구체적으로 어떤 영향을 미쳤는가에 대하여 코리아타운의 사례를 중심으로 고찰하는 데 있다.[2)]

제2절 한류의 발전단계

한류Korean Wave는 1997년 드라마 '사랑이 뭐길래'가 중국에서 큰 인기를 끌면서 중국, 일본, 대만 등 아시아에서 강세를 떨치기 시작했다. 한류는 1997년부터 2000년대 초반까지 주로 드라마와 가요를 중심으로 인기를 끌었다. 먼저 중국과 일본, 대만, 캄보디아와 말레이시아, 인도네시아 등 아시아를 중심으로 동남아시아 전 지역에서 한류가 맹위를 떨치면서 이제는 아시아를 비롯한 멀리 남미, 미국이나 유럽, 심지어는 중동이나 중앙아시아에까지도 한류열풍은 지금도 계속되고 있다.[3)] 이러한

---

2) 19C 말 유럽에서 도자기 포장지로 쓰였던 일본 우키요에는 자포니즘(Japonism)이라는 문화적 사조로 확산된 이후 자포니즘은 일본문화 자체를 상징하는 단어로 확장되면서 일본의 문화, 경제, 정치가 총체적으로 전달된 하나의 문화양식을 지칭하게 되었다. 이러한 측면에서 한류문화도 영화, 가요, 음식, 한글, 음악, 건축, 문학은 몰론 정치경제, 사회문화 분야까지 폭넓게 영향을 미치고 아시아를 넘어 서양에까지 코리아타운을 통해 한류문화가 국가브랜드로 확장되고 총체적인 고급문화로 세계에 전달되어야 한다는 의미에서 "코리아니즘(Koreanism)"으로 표현하였다.

한류현상에 대하여 소노다는 "미국 문화에 치우쳐 있던 아시아 국가들이 한류 드라마와 가요 등을 통해 '아시아화Asianization'를 시도하고 있다"라고 주장하였다.[4] 1999년 중국 베이징청년보에서 '한류Korean Wave'라는 단어가 처음 등장한 이래 한류는 이제 아시아뿐만 아니라 미주, 유럽지역에까지 한국 대중문화의 대명사로서 자리 잡아가고 있다.

1997년 이후 중국에서 시작되어 14년 동안 지속된 한류는 아시아를 중심으로 크게 2단계를 거치면서 발전해왔다. 매일경제신문 보도에 따르면, <표 14>에 나타난 바와 같이 한류는 지금까지 3단계로 발전해 왔다. 한류 제1단계는 1997년에서 2000년대까지의 시기로 주로 '겨울연가'와 '대장금'과 같은 드라마와 가요가 한류문화Korean Wave Culture의 중심을 차지했다. 이 시기에 지역적으로 한류는 중국, 일본, 대만, 동남아라는 아시아지역에 한정되었다. 그러나 한류 제2단계는 2000년대 중반부터 현재까지의 시기로 K-POP이 인기를 끌었던 시기라 할 수 있다. 한류의 장르도 다양화되어 드라마나 가요에서 K-POP, 영화, 게임, 캐릭터 상품 등을 총망라하는 분야로 확대되었다. 다른 한편으로는 K-POP가수 비, 원더걸스, 보아, 소녀시대, 2NE1, 비스트 등이 주축이 되어 동남아시아에서 중동, 중앙아시아, 남미, 미국, 유럽에까지 한류붐이 크게 확대되었다.[5] 한류 제3단

3) 백원담(2005). 『동아시아의 선택, 한류』 펜타그램.

4) 2012년 3월 17일자 연합뉴스 보도자료 참조.

5) 2004년 이후 본격적으로 시작된 '한류(Korean Wave)'는 연구자에 따라서는 일본 중년여성들을 타겟으로 한 드라마나 영화, 음악 중심의 초기 한류, K-POP가 주도하여 일본 젊은 세대들에게 식민지배의 역사, 한국사회

계는 한류문화가 전 세계적인 주류문화로 정착하기 위한 도약 단계로서 종래의 드라마나 K-POP 중심에서 만화, 캐릭터, 한식, 한글, 패션 등 다양한 장르를 포함하고 있다. 이처럼 한류문화는 제1단계가 한류Korean Wave라고 부른다면 제2단계 이후는 신한류New Korean Wave로 지칭할 수 있을 것이다.[6)]

표 14. 한류의 발전단계[7)]

단계 구분	제1단계	제2단계	제3단계
발전단계	생성	심화	주류문화 정착
기간	1997년-2000년대	2000년대 중반-2012년	2012년 이후
주요 진출 분야	드라마, 가요 등	K-POP (드라마, 영화, 게임, 캐릭터 상품 등)	드라마, 음악, 게임, 영화, 만화, 캐릭터, 한식, 한글, 패션 등 장르 다양화
주요 진출지역	중국, 일본, 대만, 동남아시아 등	중국, 일본, 대만, 동남아시아, 중동, 중앙아시아, 남미, 미국, 유럽 등	SNS 및 U-tube에 의한 전 세계 지역 확대

에 대한 편견 등을 불식시키고 국경을 초월하여 화장품이나 음식, 관광 등 일본 사회의 종합적인 오락산업, 소비재로 확대되어 가는 현상을 '신한류(New Korean Wave)'로 분류하기도 한다.

6) 유창근(2012). 「인천한류관광콘서트 방문객의 소비지출 패턴 및 경제적 파급효과」, 『한국콘텐츠학회논문지』 12(8), p. 400. 이 연구에서 한류 확산은 초기 드라마를 통한 전통문화에서 지금은 대중문화 전반을 동경하는 움직임으로 이어지고 있으며 신한류의 개념은 단순한 한국문화에 대한 선호현상을 초월하여 한국문화와 한국상품의 총체적인 글로벌 진출 현상으로 파악하고 있다.

7) 2012년 3월 21일자 매일경제신문 보도자료.

제3절 재일동포에 의한 한류 확산

초국적인 글로벌시대 일본에서 생활하는 약 91만 명의 재일동포는 두 종류가 있다.[8)] 먼저 올드커머로 1945년 전후 강제징병이나 징용 등에 의해 도일한 236만명 가운데 현재 약 58만 명 정도가 존재하고, 다른 하나는 1980년 전후 유학이나 취학, 관광, 결혼 등에 의해 도일한 약 33만 명에 해당하는 뉴커머New-Comer들이다. 이들 중 현재 일본에서 한류문화를 주도하여 상품화하고 있는 이민자들은 올드커머들도 포함되어 있지만 대부분이 뉴커머들로 추정된다. 이들의 발생 기원은 올드커머와는 달리 1980년 전후 일본 유학이나 취학 비자로 도일하여 일본에서 취업이나 경영자로 체류자격을 변경하거나 일본인, 혹은 영주권자인 올드커머와의 결혼으로 체류하고 있는 이들이다. 뉴커머들은 주로 일본에서의 다양한 경험이나 자본을 축적하여 한일양국을 대상으로 사업 기회를 창출하거나 제3국으로 유학 및 사업을 확대하는 경우도 있다. 이들은 모국을 포함한 복수 국가들을 왕래하면서 이동하는 유목민적인Nomadism 성격 때문에 그야말로 초국적인Transnationalism 글로벌 현상의 한 단면을 여실히 보여주고 있다.[9)]

---

8) 재일동포는 '재일조선인', '재일한국인', 코리안 재패니즈. '재패니즈 코리안' 등 다양한 명칭으로 불리며 일본에서 '특별영주권'을 가진 외국인으로 생활하는 경우가 많음.

9) 이 논문에서 올드커머와 뉴커머로 구분하고 있는 기준은 1945년 전후 식민통치로 디아스포라가 된 올드커머들이 일본에서 경험한 고립과 배척, 차별과 소외, 그리고 최근 1980년 전후 뉴커머의 자발적이고 개인선택이

일본에서 재일동포(올드커머와 뉴커머 포함)들이 집거하고 있는 대표적인 지역은 도쿄 신오쿠보 코리아타운과 오사카 이쿠노쿠에 있는 코리아타운으로 구분된다.[10] 먼저 올드커머들이 집거하고 있는 오사카 이쿠노쿠에 있는 코리아타운Koreatown 지역과는 달리 도쿄지역 코리아타운은 뉴커머 중심의 소규모자영업이 대부분을 차지하고 있다. 오사카 코리아타운은 이쿠노쿠 미유키도오리, 주변지역인 쓰루하시, 이마자토신지를 중심으로 집거하고 있다. 1980년대 이전까지만 해도 코리아타운 거주자 약 80%가 제주도출신의 이민1세들로 채워졌는데 이들은 주로 헤프샌달공장, 고무공장, 유리공장, 금속하청, 폐품 및 고철수집, 밀조(술) 등에 종사하였다.

오사카 코리아타운은 1960년대까지만 해도 조선인들이 관혼상제나 명절 때 쓰이는 제사용품을 구입할 수 있는 조선시장으로서 널리 알려져 있었다. 여기에 오면 재일동포들이 필요한 물품을 무엇이든 구입할 수 있었기 때문에 일본 전국에서 재일조선인들이 모여들었다. 당시만 해도 명절 전후로 일주일간은 인산인해를 이루었지만 1980년 전후 세대교체가 이루어지고 올드커머가 점차 약화되면서 해체 위기를 맞이하게 되었다.[11]

강한 이주형태를 구분하기 위한 것임. 재일동포는 올드커머와 뉴커머를 포함하는 용어로 사용하고 있음.

10) 연구자에 따라서는 한인 집거지를 올드커머와 뉴커머 집거지역으로 구분하는 경계선이 모호하기 때문에 지역적인 차원에서 구(旧)코리아타운, 신(新)코리아타운으로 구별하여 사용하는 경우도 있음.

11) 고정자(2010). “한국문화 발신지로서의 오사카 이쿠노쿠 코리아타운 한국문화 발신지로서의 오사카 이쿠노쿠 코리아타운”, 『글로벌문화콘텐츠』 제5호. p. 302.

그러나 1993년 본격적으로 코리아타운 추진위원회가 결성되면서 전환기를 맞이하였다. 오사카 이쿠노쿠 구청과의 타협으로 코리아타운을 중심으로 아치형 가로등 설치, 신문과 방송을 통한 대대적인 홍보활동으로 많은 일본인들이 관심을 갖게 되었다. 이러한 노력에 힘입어 다문화시대 오사카 코리아타운은 일본인들의 다문화 공생의 이문화체험장으로서도 각광을 받고 있다. 2002년 월드컵과 최근 한류문화의 유행을 거치면서 코리아타운은 한국의 전통음식 체험, 김치 만들기, 한국요리교실, 한국어강습회 등 일본인들을 위한 다양한 행사들을 주최하고 있다. 또한 이 지역은 한국으로부터 직수입한 식품이나 현장에서 직접 요리한 한국음식, 다양한 김치종류, 한복(수제작), 제사상에 올라가는 육류(삶은 돼지고기), 불고기(야끼니쿠), 최근 한류상품까지 취급하는 가게들이 즐비하게 늘어서 있다. 초국적인 글로벌시대 오사카지역 코리아타운에 거주하는 올드커머들은 이와 같이 현지에서 재일동포문화와 한류문화를 결합하여 그들만의 새로운 문화를 탄생시킨 주역으로서 일본인과의 공생프로그램증가, 한글학교운영, 한류 문화상품 판매 등 일본에서 한류문화의 원조로서 중요한 역할을 해왔다.

반대로 도쿄 신오쿠보(新大久保) 코리아타운은 뉴커머가 중심이 되어 발달한 지역이다. 글로벌시대Globalization 도쿄 신오쿠보 코리아타운은 한류문화의 확대와 뉴커머들의 상업 활동에 미친 영향은 실로 대단하다.[12] 신오쿠보 도오리에서 1980년대

---

12) 이호상(2011). 「에스닉 커뮤니티 성장에 따른 지역사회의 변화: 도쿄 신오쿠보를 사례로」, 『한국도시지리학회지』 제14권 2호, p. 132. 신오쿠보지

사진 1. 도쿄 신오쿠보 코리아타운 한류 숍

사진 2. 일본 대형서점(紀伊國屋) 잡지코너 한류스타 소개

후반에 한국어학원을 설립하여 지금은 도쿄 중심 4개 지역에 진출한 A 회장에 의하면 "코리아타운은 몇 년 전까지만 해도 소규모자영업 수준의 식료품점과 식당들이 대부분을 차지했다. 당시 일본의 경제적 불황과 한국인들 간의 가격경쟁으로 상당히 침체되어 있었다. 그러나 한류가 이러한 흐름을 단번에 바꾸어 놓았다. 한인 상대의 식료품점이나 PC방들이 일본인을 대상으로 하는 한류상품을 취급하는 상점으로 바뀌고 식당들도 일본인 대상으로 기존의 불결한 한국식당의 이미지를 불식시키고자 세련된 이미지로 교체하기 위해 투자를 많이 했다. 이렇게 하여 코리아타운에 일본인들이 몰려들기 시작하면서 한류의 직접적인 덕을 본 사람들은 뉴커머들이다. 한류는 일본 내 다수를 차지하는 중국인이민자나 타 이민자들과는 다른 차원의 트렌드로써 차별화된 상품이다."라고 말했다.

역이 일본인들에게 알려진 계기는 2001년 고 이수현 사건, 2002년 한일월드컵 당시 응원지역, 그리고 월드컵 이후 한류 메카로 자리 잡았음.

이처럼 코리아타운에 거주하는 올드커머들이 한류문화의 원조라면 뉴커머들은 한류문화의 적극적인 전파자로서 한류상품을 취급하는 한류백화점, 한류카페, 한류상품 코너 등을 설치하고 일본인 대상으로 공격적인 마케팅을 펼치면서 코리아타운의 활성화에 기여했다. 초국적인 글로벌시대 코리안 디아스포라 Korean Diaspora는 다른 디아스포라 집단과는 달리 코리아타운을 통해 차별화된 한류상품을 개발하여 전파하고 있는 것이다. 이처럼 한류의 강점은 코리아타운을 중심으로 타 디아스포라와 구별되고 다른 문화권에도 통용되는 코리안 디아스포라가 존재한다는 점이고 이들은 귀중한 한민족의 민족자산이자 사회적 자본으로서 경제 한류의 발전 가능성을 보여주고 있다.

일본에서뿐만 아니라 전 세계적으로 코리아타운이 존재하는 지역에서 코리아타운은 한류문화 확산의 허브로서 대단히 중요한 역할을 담당하고 있다.

제4절 한류의 사회적·경제적 효과

한류(韓流)[13]는 한국의 드라마, 영화, 음악, 온라인게임 등 대중문화뿐만 아니라 한국과 관련된 상품들이 중국, 동남아시아, 일본 등 여러 나라로 전파되어 현지에서 유행함으로써 그 나라 사람들의 라이프스타일에 직접적인 영향을 미치는 사회·문화적

13) 위키피디아(ko.wikipedia.org)의 정의를 수정하였음.

인 현상을 일컫는다.[14] 1990년대 중반에 시작된 한류는 2000년대 중반 이후 노동, 정보, 자본, 상품의 이동이 보다 자유로운 본격적인 글로벌시대를 거치면서 지역적인 한계의 탈피나 장르의 제한을 초월하여 탈경계와 탈문화 현상을 보여주었고, 2010년 이후 K-pop 붐을 거치면서 한류의 사회·문화적 영향과 경제적 파급효과는 상상을 초월하고 있다.

일본에서 한류의 중심지는 신주쿠지역의 오쿠보(大久保)와 햐쿠닌초(百人町)를 중심으로 한 신오쿠보지역 코리아타운을 들 수 있다. 1980년대 이후 일본 내 국제화 및 글로벌화의 영향으로 이 지역 일대에 한국, 중국, 필리핀, 태국 등 주변 아시아 지역 출신자들이 모여들기 시작하였고, 이들을 대상으로 하는 유학생용 아파트와 일본어 학교가 증가하면서 에스닉ethnic 비즈니스도 활기를 띠게 되었다.[15] 특히, 2002년 한일월드컵 공동개최, 2004년 '겨울연가' 방영 이후 한류드라마와 K-POP 붐을 거치면서 뉴커머New Comer[16]들이 운영하는 한류상점들은 약

14) 황인석·김봉·안성아(2008).「한류의 경제적 파급효과」,『한국콘텐츠학회 논문지』8(6), p. 141. 한류의 개념은 포괄적인 형태로 변해가는 추세인데 현재는 대중문화의 범위를 넘어 외국에서 외국인들의 관심을 끄는 한국과 관련된 모든 것, 즉 음식, 게임, 비보이 공연 등을 총괄하여 한류로 간주하는 경향이 있음.

15) 한류(韓流)라는 말은 1999년 중국의 '베이징청년보'에서 한국의 대중문화와 연예인들에게 빠져있는 젊은이들의 유행을 경계하는 뜻으로 처음 등장하였음. 이것은 중국의 문화주권 안보론에 근거한 부정적인 의미를 내포한 용어였음.

16) 1965년 한일 국교 정상화 이후 일본에 건너가 정착한 한국 주민등록 소지자를 말함. 특히 1988년 해외여행자유화조치 이후로 일본에 건너가 정착하기 시작한 사람을 일컬음.

300개 가량으로 한국식당 뿐만 아니라 식품점, 커피숍, 미용실, 의상실, 라이브하우스, 한류숍 등 다양화되었으며, 하루 평균 1만 명 정도의 유동 인구를 가진 일본 최대의 한류타운으로 변모하였다.

한국보다 문화산업 규모가 10배 이상인 일본에서 한류는 기대 이상의 경제적 가치를 창출하고 있으나 한때 '혐한류,[17] 혹은 반한류'로 저항을 받기도 하였고, 지금도 내셔널리즘적[18] 측면에서 이러한 현상은 반복되고 있다.[19] 한국에서는 한류현상을 단순한 한국문화콘텐츠와 상품 수출을 넘어서 궁극적으로는 국가 브랜드와 이미지 제고에 기여한다고 보고 있으며, 한일 쌍방 간 문화교류와 이종교배를 통해서 새로운 한류문화가 창조된다는 주장도 제기되고 있다. 그러나 일본에서는 여전히 획일적인 한국문화의 일방적인 수출이라는 부정적인 측면도 강하게 존재하고 있다.[20]

---

17) 이따가끼 류우따·오구라 키조오·박광현(2006). 「한류를 바라보는 일본사회의 두 가지 시각」, 『창작과비평』 132, p. 423. 혐한류의 특징 중 중요한 사실은 '한국', '한국인', '조선인', '재일'과 같은 표현들이 적당히 혼합되어 있다는 점이다. 이러한 현상은 어떻게 보면 재일동포이나 한국역사에 대한 인식을 일본인들에게 공교육과 매스컴을 통해 유통시키고 일반시민들이 교양 시민으로 만들어져가는 기제가 작동하고 있는 것으로 해석하고 있음.

18) 위의 논문, 이따가끼 류우따·오구라 키조오·박광현(2006), p. 423. 이 연구에서 저자는 일본이 새로운 내셔널리즘 구축에 대한 의지가 필요하며 이를 위해서는 무엇보다도 일본이 주체성을 가져야 한다고 주장하였음.

19) 류웅재(2008). 「한국 문화연구의 정치 경제학적 패러다임에 대한 모색」, 『언론과 사회』 16(4), p. 7. 이질적인 근대화의 추억과 근대성 혹은 식민지의 공통된 경험으로 이루어진 상상된 공동체 의식의 발현을 통해 알아볼 수 있는 것에 관한 즐거움이 충족된 결과라고 주장하고 있음.

일본에서 한국 문화상품의 성공은 한류의 경제적 가치를 광범위하게 인식하는 데 일조하였지만, 지금까지 한류의 사회적 파급효과에 대한 가치는 상대적으로 소홀히 다루는 측면이 없지 않았다. 따라서 한류의 경제적 영향뿐만 아니라 경제적 가치로 환산하기 어려운 사회적 영향을 분석하고 그 중요성에 대해 재검토할 필요성이 제기된다고 할 수 있을 것이다.

2000년대 이후 지금까지 한류가 일본에서 한국문화의 이미지를 충분히 향상시켜 온 만큼 향후 한류문화 콘텐츠에 대한 부수적 관심과 수익을 창출할 것이란 기대가 커지고 있는 상황이다.

한류에 대한 선행연구들 대부분이 한류의 경제적 효과에 중점을 두고 진행되었다. 여기에서는 한류의 비경제적 효과에 속하는 사회적 효과에 대해 살펴보고자 한다. 즉 선행연구들이 간과했던 한류에 의한 일본에서의 경제적 사회적 파급효과의 양측면(한류, 비한류)을 동시에 주목하여 한류가 한일 양국에 미친 경제적 파급효과, 그리고 한류가 일본 사회에서 어떻게 수용되고 확산되어 왔는지에 대한 사회적 효과(비경제적 부분)를 구체적으로 살펴보고자 한다.

선행연구에서 한류의 경제적 효과에 주목한 연구를 살펴보면

---

20) 강한균(2009). 「동남아지역의 한류 문화콘텐츠가 한국의 수출과 FDI에 미치는 경제적 효과」, 『무역학회지』, p. 43. 문화콘텐츠산업은 출판, 신문, 공연, 영화, 방송, 문화 오락서비스 등 7개 부문으로 구성되며 총 43개 산업으로 정의하고 있음. UNESCO의 분류에 따르면 문화콘텐츠는 출판물(printed matters, 서적, 신문, 잡지 등), 음악물(recorded music, 음악CD, 테이프 등), 시각 및 시청각물(visual & audiovisual, 영화필름, 게임 등)로 구분하고 있음.

다음과 같다. 한국문화산업교류재단(2010)에 의하면 한류의 경제적 효과는 생산유발효과 4조 9,824억 원, 부가가치 유발 효과 1조 9,192억 원, 취업유발효과는 51,545명으로 나타났다.[21] 또한 재단은 해마다 한류지수를 개발하여 동남아시아지역의 방송, 영화, 음악, 게임 수출통계와 한류콘텐츠 등을 중심으로 조사결과를 발표하고 있다.

한류의 경제적 효과에 주목한 최근 연구는 최은미(2012), 김상준외(2010), 유창근(2012), 류웅재(2008) 등이다. 먼저 최은미(2012)의 연구는 일본에서 한류의 영향력과 파급효과, 그리고 한류의 한계에 대하여 주목하였다. 그리고 윤태진(2002)의 연구를 확대발전시켜 한류의 문화적, 경제적, 정치적 의미를 포괄적 의미인 정치적 담론으로 발전시키고자 시도하였다. 그러나 논문에서 제시된 한류문화의 경계가 애매모호하고 구체적인 증거들도 2차적인 자료제시의 수준에 머무르고 있다.

김상준외(2010)의 연구는 일본에서 한국문화에 관한 관심에서 시작된 한류열풍이 한국상품의 구매단계를 넘어 한국어 배우기, 한국방문 등 유형에서 무형의 서비스로 이어지고 있다고 분석했다. 즉 한류가 단순한 문화현상이라기보다는 특정한 상품으로서 수출상품화하거나 수출에 도움이 된다는 주장이다. 따라서 중국과 일본의 한류형성이나 확산이라는 비교연구를 통하여 한류산업의 경제적 진출상의 정책적 대안을 모색할 수 있다고 보았다. 이 연구는 한류가 전파되기 위해서는 진출국의 사

---

21) 최은미(2012). 「한일관계 회복을 위한 한국정부의 한류 정책 연구」, 『아시아연구』. p. 222.

회문화적 배경을 고려해야 하며 제고된 이미지 활용을 통한 효과적인 문화상품 개발 등 한류의 경제적 효과에 관한 토대를 제공하고 있다는 점에서 획기적인 논문이라 할 수 있다.[22)]

유창근(2012)은 한류관광에 의한 외래 관광객의 소비지출 패턴과 창출된 경제적 파급효과를 분석한 바 있다. 이 연구는 한류의 경제적 효과 측면에서 분석한 허종욱(2009)의 연구를 확대발전시켜 일본인 관광객의 교통비, 음식비, 숙박비, 특산물 구입비, 쇼핑비 등을 구분하여 구체적으로 경제적 파급효과를 산출하였다.

이와는 달리 한류의 사회(문화)적 파급효과에 주목한 연구는 황성빈(2011), 이호상(2011), 홍성태외(2007), 강한균(2009), 한은경(2005), 황인석외(2008) 등이다. 그리고 덧붙여 재일동포와 한류와의 관계에 관한 연구는 임영상(2011), 고정자(2010), 김경희(2010) 등의 연구를 들 수 있다. 이들 연구는 한류문화가 일본에 전파됨으로서 일본인이나 일본 사회, 그리고 재일동포 사회에 미친 긍정적, 혹은 부정적인 영향(혐한류,[23)] 반한류 등)

---

22) 홍성태, 강성균, 大屋斎彦(2007). 「한류가 한국산 제품에 대한 평가와 구매의도에 미친 영향: 일본시장 사례를 중심으로」, 『마케팅관리연구』 제12권 제1호, pp. 71-90. 이 연구에서 한류에 대한 관심이 높을수록 한국 관심도, 한국제품에 대한 품질평가, 태도가 모두 증가하는 것으로 나타났음.

23) 앞의 논문, 이따가끼 류우따·오구라 키조오·박광현(2006), pp. 407-408. 사실 혐한류는 2004년 2월 야마노 샤린의 '만화 혐한류'의 출판에서 공식적으로 시작되었다고 해도 과언이 아님. 당시 공식 판매부수는 2006년 2월까지 45만부였음. 그리고 2005년 2월 22일, 시네마현 의회가 '다께시마의 날'을 제정한지 딱 1년이 되는 해에 '만화 혐한류2'가 발매되었는데 누계판매량이 65만부라는 출판사의 공식발표가 있었음.

에 대해서 논하고 있다.[24] 또한 한류문화의 근원지인 코리아타운 공간구조의 변화, 한류의 전파양상 등에 대해서도 고찰하고 있다.

특히 한류의 사회적 관심과 경제적인 인과관계에 주목한 홍성태외(2007)의 연구는 한류와 한국산 제품에 대한 평가 및 구매의도 간의 관계를 실증적으로 분석하고자 시도하였다. 이 연구의 특징은 한류의 경제적 파급효과의 근원이라고 할 수 있는 소비 심리적인 측면을 연구했다는 점에서 사회적 요인과 경제적 파급효과 간의 인과관계에 초점을 두고 있다. 연구의 결과 일본 내 한류는 한국에 대한 친근감과 관심도를 증가시키고 국가이미지를 상승시켜 유형과 무형의 효과를 유발했다고 주장하였다. 이러한 현상은 한류가 한국에 대한 인식 측면과 국가이미지를 개선함으로써 일본인의 한국에 대한 사회문화적 관심이 높아지고 한국 관심도, 한국제품에 대한 품질평가 및 태도가 모두 증가하는 것으로 해석하였다. 즉 한류로 인한 국가이미지 개선이 한국산 제품에 대한 우호적인 평가 및 구매 의도로 이어지고 있다는 주장이다.

강한균(2009)의 연구는 동남아 지역에서의 반한류를 극복하고 한류열풍에 의한 현지국에서 사회문화적 갈등의 해소방안을 검토하였다. 특히 일본의 히라노 겐이치(2004)의 문화접촉 모

24) 강한균(2009). 「동남아지역의 한류 문화콘텐츠가 한국의 수출과 FDI에 미치는 경제적 효과」, 『무역학회지』, pp. 31-32. 이 연구에서 히라노 겐이치(2004)의 문화접촉모델 제1유형 수용과 동화, 제2유형 적응, 제3유형 반발, 그리고 스파이서의 미국인디언 연구에서 문화접촉과 변화를 편입통합, 동화통합, 격리통합, 융합통합으로 분류하고 있음.

델을 제1유형 수용과 동화, 제2유형 적응, 제3유형 반발, 그리고 스파이서의 미국인디언 연구에서 문화접촉과 변화에 대하여 편입통합, 동화통합, 격리통합, 융합통합 형 등 네 가지 유형으로 분류하여 고찰하였다. 연구의 결과 동남아지역의 문화콘텐츠 상품 수출이 반한류의 기류에 직면하지 않게 하려고, 즉 적극적인 문화수용을 촉진하기 위해서는 한류스타에 의한 일방적인 문화전달보다는 현지국의 문화를 이해하는 현지인 중심의 한류문화 창출의 중요성을 강조하였다.

한은경(2005)의 연구는 중국인을 대상으로 하고 있지만 한류상품에 대한 가격지불의사를 연구했다는 점에서 본 연구가 의도하는 바와 관련이 깊다. 중국 소비자들이 지각하는 한류의 경제적 가치에 대하여 가격지불의사를 통해 분석하고 소비재산업에 미치는 파급효과에 주목하였다. 이 연구의 근본적인 배경에는 소비자의 인지과정 개입으로 한류에 대한 호의적인 태도는 한류와 관련된 제품에 의해 호의적인 태도로 전이될 수 있다는 감정적 반응의 후광효과가 깔려 있다. 한류구성요소의 가격지불의사를 측정하기 위해 중국 현지인 40세 미만을 대상으로 한국과 중국의 드라마, 영화, 음악, 공연 등에 관한 문항을 설정하여 설문조사를 실시하였다. 연구결과 한류의 영향력을 크게 받고 있는 소비자의 경우 가격지불의사를 높게 책정했으며 그렇지 않은 소비자들은 낮게 평가하고 있어 소비자 지각상의 경제적 가치의 편차가 크게 나타났다. 따라서 한류의 경제적 가치는 소비자의 심리와 직접적으로 관련되어 있기 때문에 사회적 인지도를 높이는 마케팅 전략이 필요하다고 주장하였다.

황인석외(2008)의 연구는 한국 대중음악의 경제적 파급효과를 한국 문화상품의 구매의도 관점에서 고찰하고 있다. 즉 이 연구는 한류와 상품구매과의 직접적인 관계보다는 한류가 상품 구매의도에 미치는 간접적인 영향을 조사하였다는 점에 그 의의가 있다. 연구결과 한류호감도는 한국 호감도의 매개를 거쳐 한국 문화상품 구매의도에 영향을 미치는 것으로 나타났다. 이는 한류가 국가이미지에 의한 경제적 파급효과에도 영향을 미칠 수 있다는 것을 의미한다.

이상과 같은 선행연구들은 한류 열풍은 있었지만 실제로 경제적 수익을 창출해 낼 수 있는 문화 서비스의 경쟁력은 매우 부족했다는 점을 지적하고 있다. 그러나 한류열풍은 과거와 같이 단순히 문화 현상에 머물지 않고 점차 경제적 수익구조 창출로 연결되는 경향을 보이고 있다. 국가의 사회적 이미지와 경제적 효과와의 관계는 일본의 전례도 있다. 도요타, 소니 등 일본 상품이 글로벌시장에서 부상하자 1990년대 일본의 영화, 음악, 음식에 대한 인지도가 함께 높아져 문화오락 관련 서비스 수지가 계속해서 증가세를 보인 바 있다. 한국의 경우 최근 싸이의 강남스타일과 뮤직비디오에 출연한 가수 현아에 대한 외국인의 관심도 높아져 한류문화콘텐츠의 파급력이 매울 클 것으로 기대하고 있다. 2000년대 이후 지금까지 한류가 일본에서 한국문화의 이미지를 충분히 향상시켜 온 만큼 향후 한류문화콘텐츠에 대한 부수적 관심과 수익을 창출할 것이란 기대가 더욱 커지고 있는 상황이다.

표 15. 한류의 사회적·경제적 파급 효과

구분	한류의 사회적 파급효과	한류의 경제적 효과
기존 연구자	황성빈(2011), 이호상(2011), 홍성태 외(2007), 강한균(2009), 한은경(2005), 황인석외(2008), 임영상(2011), 고정자(2010), 김경희(2010) 등	최은미(2012), 김상준 외(2010), 유창근(2012), 류웅재(2008), 윤태진(2002) 등
선행연구 내용	· 한류가 전파되기 위해서는 진출국의 사회문화적 배경 고려 · 한류문화가 일본에 전파됨으로서 일본인이나 일본 사회변화 · 재일동포 사회에 미친 긍정적, 혹은 부정적 영향(혐한류[25], 반한류 등) · 한류문화의 근원지인 코리아타운 공간구조의 변화, 한류의 전파양상 등	· 한류를 단순 문화현상으로 이해하기 보다는 특정 상품의 수출상품화 및 수출 전략 · 일본에서 한류의 영향력과 파급효과 · 한류의 경제적 파급효과 산출 · 한류산업의 경제적 진출상의 정책대안 모색 · 한류 경제적 효과의 정치적 담론화 · 한류를 통한 국가이미지 제고와 활용을 통한 효과적인 문화상품 개발 등

전술한 선행연구에서 살펴본 바와 같이 한류효과에 대하여 사회적(사회문화적) 효과와 경제적 효과로 분류하여 접근하고 있는 연구는 드물다. 류웅재(2008)가 지적하고 있는 바와 같이 한류문화에 대하여 그간의 논의가 주변부에서 중심부로의 이동이나 문화제국주의Cultural Imperialism의 확대재생산이라는 비판에서 벗어나 실제적인 사회적 경제적 효과의 통합분석에 초점을

25) 앞의 논문, 이따가끼 류우따·오구라 키조오·박광현(2006), pp. 407-408 참조. 사실 혐한류는 2004년 2월 야마노 샤린의 '만화 혐한류'의 출판에서 공식적으로 시작되었다고 해도 과언이 아님. 당시 공식 판매부수는 2006년 2월까지 45만부였음. 그리고 2005년 2월 22일, 시네마현 의회가 '다께시마의 날'을 제정한지 딱 1년이 되는 해에 '만화 혐한류2'가 발매되었는데 누계판매량이 65만부라는 출판사의 공식발표가 있었음.

두고 있다.[26]

앞의 <표 15>에 제시한 바와 같이 선행연구에 의하면 한류의 사회적 파급에 대하여 한류전파를 위한 사회문화적 배경 고려, 일본과 일본인에 대한 한국 이미지 변화, 재일동포에 대한 긍정적 시각 변화, 코리아타운의 공간구조 변화 등을 지적하고 있다. 이에 대해 경제적 효과에 대해서는 한류 상품 수출 및 상품화 전략, 한류에 의한 경제적 시너지효과, 국가이미지 제고에 의한 브랜드 문화상품 개발 등을 주장하고 있다.

그동안 한류 열풍은 있었지만 실제로 수익을 낼 수 있는 문화서비스의 경쟁력은 매우 부족했던 것이 사실이다. 그러나 이제 한류열풍은 단순한 문화 현상에 머물지 않고 점차 수익 창출로 연결되고 이는 조짐을 보이고 있다. 이러한 상황에서 선행연구들은 한류가 일본 사회에 미친 사회적 효과나 경제적 파급효과 등 어느 한쪽에 주목하는 측면이 있었다. 여기에서는 한류에 대한 일본에서의 사회적 경제적 파급효과를 연결하여 파악함으로써 새로운 시각에서 경제적 효과를 확대하기 위한 사회적 이미지 제고의 중요성을 제시하고 있다.[27]

한류의 사회적 영향이란 “한류가 한국의 이미지 개선과 국가

26) 류웅재(2008).「한국 문화연구의 정치경제학적 패러다임에 대한 모색」,『언론과 사회』 16(4), p. 7 참조.

27) 이따가끼 류우따·오구라 키조오·박광현(2006).「한류를 바라보는 일본사회의 두 가지 시각」,『창작과비평』 132, pp. 417-423참조. 오구라 기조에 의하면 한류가 “월경하는 문화”로서 일본사회의 변화에 높이 평가하고 있지만 한국정부의 자국문화 육성책, 일본정부의 일본인의 “재주체화”, “내셔널리즘”에도 영향을 미치고 있다는 주장은 상당히 설득력 있는 주장이라고 생각됨.

브랜드 가치 창조에 영향을 미치며, 한류에 의해 형성된 한국에 대한 좋은 이미지가 다른 형태의 소비를 끌어낼 수 있음"을 의미한다.[28] 즉, 한국에 대한 이미지는 한국 기업들의 상품에 대한 평가, 태도, 구매의도에 영향을 미친다는 점이다. 현대경제연구원(2007)은 한류가 한국인에 대한 친밀감 형성, 일본 내 가족유대감 조성, 한국의 국가적 이미지 상승, 일본 내 재일동포의 위상증대 등 일본 사회 및 정치 전반에 영향을 주었다고 분석한 바 있다.

2012년 11월 11일자의 금융투자업계와 한국은행에 따르면 올해 들어 3분기까지 개인, 문화, 오락서비스 국제수지가 3천730만 달러(한화 400억원 상당) 흑자를 보였다. 작년 같은 기간에 2천 380억원의 적자를 보인 것에 비하면 긍정적인 현상으로 올해 연간 첫 흑자를 기록할 것으로 전망했다. 전 세계적으로 K-POP 열풍이 불고 명품 드라마와 영화가 각국에 수출되면서 한류 열풍이 더욱 거세진 덕분이다. 그동안 한국은 문화상품을 수출하는 것보다 경쟁력 높은 외국 문화상품을 수입하는 액수가 훨씬 더 커서 흑자를 내는 데 줄곧 실패했다. 개인문화오락서비스 수지는 2007년에 4억 8천만 달러 적자를 보인 것을 비롯해 2008년 3억 6천만 달러, 2009년 3억 2천만 달러, 2010년 3억 8천만 달러, 작년 2억 2천만 달러로 적자였던 것으로 나타났다.

---

28) 김상준·이주한·김재범(2010). 「"한류"에 대한 태도가 서비스 구매의도에 미치는 영향: 서비스 평가의 조직 효과와 매개효과에 대한 중국·일본시장의 비교연구」, 『ITBI Review』. p. 131 참조.

일반적으로 경제적 파급효과는 대개 생산유발효과, 부가가치 유발효과, 취업유발효과 등으로 분석한다. 선행연구에서 확인하였듯이 한류 이후 신한류 효과에 가장 큰 영향을 미치고 있는 것은 관광 분야로 나타났다.[29] 그리고 한국 문화콘텐츠산업의 가장 큰 수출국은 일본이며, 주로 온라인게임, 지식 및 정보, 음악, 방송콘텐츠 등이 수출되고 있다.

제5절 한류의 유행과 혐한류의 등장

전술한 바와 같이 한류가 일본인, 즉 코리아타운을 방문하거나 주변에 살고 있는 일본인들에게 미친 영향은 크게 한류와 반한류 측면에서 논의할 수 있다. 그러면 먼저 왜 한류가 일본에서 수용되었는가에 대하여 살펴보고자 한다. 기존연구를 살펴보면 한류가 일본에서 수용되고 일본인들 사이에서 유행하게 된 배경에 대하여 한드(한류드라마)가 일본인의 향수를 자극한 측면이 있다는 설이다. 대표적으로는 히라타(平田紀江, 2005)의 연구로 근대화 과정에서 일본인들이 잃어버렸던 보편적 가치와 가족관계를 '한드'에서 발견하고 수용했다는 주장이다.[30]

---

29) 유창근(2012), p. 401 참조. 신한류는 한류의 성장 배경 속에서 드라마에서 K-pop을 중심으로 아시아에서 유럽, 남미 등 전 세계 지역으로 확산되며 주목받았음. 이러한 신한류를 주도하는 킬러콘텐츠는 바로 아이돌그룹 중심의 K-pop으로 유튜브, 페이스북, 트위터 등 소셜네트워크 서비스(SNS)의 발전에 따른 뉴미디어 현상으로 이해된다고 주장하였음.

30) 정수영(2011) "일본 내 한류지형의 탐색 및 한류 수용자의 문화적 실천에

또한 한류문화의 아시아적 문화적 유사성이나 지리적 근접성과 같은 요인이 일본에서 한류문화의 확산에 큰 영향을 미쳤다는 주장도 있다.[31]

<표 16>에 제시한 바와 같이 한류문화에 관한 고길희(2008), 정수영(2011), 황성빈(2011) 등의 연구를 살펴보면 한류는 1992년부터 시작되어 서서히 관심이 고조되다가 2003년 4월 NHK의 '겨울연가'의 방영을 계기로 2004년부터 본격화되기 시작한다. 그러나 일본에서 과도한 한류열풍에 대한 보도 행태는 2005년 이후 '만화 혐한류'가 출판되면서 '한류 때리기'로 돌아서게 된다. 다음 <표 16>을 보면 알 수 있는 바와 같이 일본인들이 일상생활에서 받는 만화의 영향력은 매우 크다는 것을 알 수 있으며 2005년을 계기로 일본에서 '한드'의 방영은 감소추세로 돌아서고 있다는 사실을 알 수 있다.[32]

일본에서는 2005년부터 2006년 걸쳐 한류 대신에 '만화 혐한류'를 필두로 반한류 출판물이 봇물 터지듯 쏟아져 나오기 시작했다. 그리고 2011년 8월에는 혐한류 데모가 일본 후지TV 앞에 약 1,000여 명이 모인 가운데 개최되었으며 같은 해 9월에는 도쿄 시내에서 약 5,000명이 운집한 가운데 혐한 데모가 발생하여 혐한류시대의 전성기를 맞이하였다. 그럼에도 불구하고 2010년 이후에는 신한류 바람이 'K-pop'을 중심으로 다시 뜨겁게 전 세

관한 연구" 『한국여성커뮤니케이션학회』 미디어, 젠더 & 문화(20호), p. 211.

31) 위의 논문, p. 212.

32) 앞의 논문, p. 8. 일본인들의 1인당 연평균 만화 구독율은 1.1권으로 10대 5.3권, 20대 3.0권, 30대 1.4권인 것으로 나타나고 있음.

계적으로 전개되는 상황이다.

이상과 같은 한류의 흐름을 종합해 보면 일본에서 한류문화의 확산은 한국문화의 일본, 동아시아 및 전 세계로의 확대, 한국 및 한국인, 재일동포 이미지 제고, 한류산업이라는 경제적, 혹은 산업적 관점 등 긍정적이고 부정적인 면들이 다양하게 공존하고 있다는 것을 알 수 있다.[33)]

이 장은 이러한 기존연구의 토대 위에 한 걸음 더 나아가 코리아타운과 한류라는 거주국과의 사회적 교류 관계에 착안하고 있다. 코리아타운과 한류와의 관계 연구는 김현숙(2003), 조현미(2005), 사토(2007), 김정희(2010), 고정자(2010), 이호상(2011), 이향진(2011), 유연숙(2011) 등이 다양한 관점에서 연구를 시도해 왔다. 이들 연구는 지역연구나 문화발신지로서의 코리아타운 등 한류의 역할에 치중한 면이 있고 한류와 일본인과의 사회적 교류측면에 주목한 논문은 매우 드물다. 이 연구는 코리아타운을 방문하거나 거주하고 있는 일본인과 한국인을 대상으로 심층면접을 통하여 코리아타운과 한류, 한류와 반한류의 작동 기제, 한류와 재일동포의 역할, 한류와 코리아타운 거주 일본인과 공생관계 등에 주목하여 코리아타운 뉴커머와 주변 일본인과의 사회문화적 교류 관계 측면에 어떠한 영향을 미치고 있는지 살펴보고자 한다.

---

33) 정수영(2009). "일본 내 혐한류(嫌韓流)의 성격과 함의", 『한국언론학회』 2009년 한국언론학회 50주년 기념행사 및 봄철 정기학술대회, p. 7.

표 16. 한류 문화콘텐츠와 혐한류의 추세[34)]

연도	일본 내 한류 흐름
1992	NHK '임진왜란', '여명의 눈동자', '질투'방영
1993	규슈지역 민간방송 '파일럿', '화려한 휴가', '질투' 방영
2000	'룩 코리아(Look Korea)현상' 시작(영화 쉬리상영), '내 여자 친구를 소개합니다.' 상영
2001	4월 가수 BOA 일본데뷔, 김연자 일본 가요홍백전 출연(영화 JSA 상영) 5월. 뉴스위크 일본판 특집: 한국을 부러워하는 일본인-에스테에서 경제개혁까지 과거에 경시했던 국가를 동경하는 이유. 9월. "일본트렌디" '한국 인기로 알게 되는 일본이 잃어버린 것' 12월. "아사히신문" '한류' 단어 등장
2002	2월. 일본 TBS와 한국 MBC 합작 드라마 'friends'방송(원빈) 월드컵 공동 개최 '아름다운 시절', '가을동화' 방영 '이브의 모든 것', 일본 최초 전국 대상 방영
2003	4월. NHK 위성방송 '겨울연가' 방송(배용준) 12월. '겨울연가' 두 번째 상영
2004	4월. '겨울연가' 세 번째 방송(지상파), '호텔리어' 방영 10월. '대장금' 위성방송(이영애)-TV 중심 폭발적인 인기

연도	일본 내 반한류(혐한류) 흐름
일본의 대표적인 베스트 셀러	〈만화〉 1985년 '드래곤볼'(1억 5,000만부) 1990년 '슬램덩크'(1억 2,000만부) 1997년 'ONE Peace'(1억 5,800만부) 〈단행본〉 2004년 '해리포터-불사조의 기사단편'(290만부) 2005년 '다빈치코드(상/하)'(237만부)
2005	7月. 山野車輪『マンガ嫌韓流』晋遊舎 11月.『マンガ嫌韓流の真実, 韓国·半島タブー』宝島社 12月.『嫌韓流： 反日妄言撃退マニュアル：実践ハンドブック』晋遊舎
2006	1月. 北岡俊明 『嫌韓流ディベート： 反日国家韓国に反駁する』総合法令出版 2月.『マンガ嫌韓流： 公式ガイドブック』晋遊舎 2月. 山野車輪『マンガ嫌韓流2』晋遊舎 9月. 太田修外『マンガ嫌韓流のここがデタラメ』コモンズ 9月. 櫻井誠『反日妄言半島炎上編』晋遊舎
2007	8月. 山野車輪『マンガ嫌韓流3』晋遊舎
2009	4月. 山野車輪『マンガ嫌韓流3』晋遊舎 누적 판매 수 90만부

34) 고길희(2008), 정수영(2011), 황성빈(2011) 등의 논문을 참고로 필자 작성.

<table>
<tr><th>연도</th><th>일본 내 한류 흐름</th><th>연도</th><th>일본 내 반한류(혐한류) 흐름</th></tr>
<tr><td>2005</td><td>10월. '대장금' 지상파 방영</td><td rowspan="5">2011</td><td rowspan="5">8월. 후지TV앞 '노모어 한류' 1,000명 데모
9월. 일본TV '한류프로그램 너무 많다.' 5,000명 데모
10월. 뉴스를 이해하는 A부터 Z까지 제2차 한류붐</td></tr>
<tr><td>2007</td><td>4월. '주몽' 위성방송 방영</td></tr>
<tr><td>2009</td><td>배용준 한류팬 미팅 개최</td></tr>
<tr><td>2010</td><td>K-pop 붐-신한류
11월. 단바 망간탄광 기념관 재건 윤도현과 YB밴드 'Spirit' 채리티 공연
11월. 배용준 도쿄돔 무대 'Message to Asia'
11월. 장기하 인디 장르 공연</td></tr>
<tr><td>2011</td><td>대부분의 일본대학 한국어, 조선어 수강자 급증
K-pop 공연장 K theatre 도쿄 시부야와 에비스에 개장</td></tr>
</table>

제6절 코리아타운 한류와 일본 사회의 변화

1. 코리아타운 한류 전파와 일본인의 반응

코리아타운 내 거주자들이 바라보는 한류의 전개 과정이나 특징을 파악하기 위해 <표 17>과 같이 면접조사와 심층면접을 실시하였다. 분석자료는 신오쿠보 코리아타운을 방문하여 일대일로 실시한 인터뷰 조사자료에 기초하고 있다. 인터뷰대상자는 코리아타운 내에 거주하는 한류 관련 전문가, 현지 주민과의 접촉이 잦은 한인회 임원, 한류붐을 통해 확산된 한국어학원장 등으로 소요 시간은 30에서 1시간 정도였다. 인터뷰내용은 면접자와의 사전 동의하에 녹음을 실시하고 귀국 후 채록 작업을 실시하였다.

<표 17>에 나타난 바와 같이 이 논문에서 사용되고 있는 분석자료는 두 가지인데 하나는 조사표를 통해 직접 기술방식으로 수집된 자료이고, 또 하나는 코리아타운 현지 심층 인터뷰조사를 통해 수집한 자료이다. 그러면 먼저 면접조사에 의해 수집된 자료에 기초하여 일본인의 한류문화에 대한 다양한 의견들에 대하여 긍정적인 태도(한류)와 부정적인 태도(반한류, 혐한류), 중립적인 태도 등 유형별로 분류하여 분석하고자 한다.

표 17. 신오쿠보 코리아타운 한류 인터뷰조사

조사 방법	이름	성별	주요 사항
면접조사	인터뷰조사표에 의한 직접 기술 방식		
한국어학원 운영	L씨	남	코리아타운에서 10년 이상 한글학교 운영
일본어학교 학생	P씨	여	1990년대 후반 도일하여 대학원 재학 및 한국어 강사
한국식당 운영	Y씨	여	1980년대 후반 도일하여 한국식당 운영
한국콘텐츠진흥원소장	K씨	남	일본에 한류문화콘텐츠 발신 기획
재일한국인연합회 부회장	L씨	남	코리아타운 내 거주 일본인과의 마찰이나 상생 노력
재일한인인연합회 사무국장	H씨	남	코리아타운 발전과 한류 경제적 효과

먼저 다음 <표 18>에 제시한 바와 같이 한류가 일본인들에 미친 영향은 크게 세 가지로 긍정적 태도, 부정적 태도, 중립적 태도로 유형화가 가능하다. 분석자료는 먼저 인터뷰조사에 응답한 내용을 중심으로 “일본에서 한류의 경험이나 느낀 점, 개인적인 감상 등을 자유롭게 기재하여 주십시오.”, “귀하는 한류(반한류나 혐한류)가 일본에서 어떤 의미를 가지고 있는지에 대하여 자유롭게 기재하여 주십시오.”라고 질문하여 응답자들이

자유롭게 기술한 문장을 참고자료로 하여 논문의 분석에 활용하였다. 논문의 내용 중 인터뷰자료는 현지 인터뷰조사 자료를 통하여 수집된 자료를 활용하였다. 논문분석의 키워드는 크게 코리아타운의 발생과 한류 관계, 한류에 대한 긍정과 부정적인 태도는 크게 한류와 반한류(혐한류), K-pop 선호도, 한류 보도 태도, 역사적 정치적 태도, 중립적인 태도, 한류의 지속과 전략적인 측면, 한류와 재일동포의 역할, 코리아타운과 현지 일본인과의 관계 등으로 유형화하여 분석을 시도하였다(黄盛彬, 2011).

표 18. 한류 문화가 일본인에 미친 영향[35)]

유형 분류	긍정적인 태도	부정적인 태도
한류-혐한류	· 한국 사람에 대한 이미지가 변했다. 한국인은 매우 친절하고 윗사람에 대한 태도가 굉장하다. 한국에 관한 관심이 높아지고 친한 의식이 높아진 것은 의미 있는 일이다. 예능 문화 음식으로 상호이해로 연결될 소지가 형성되었다고 생각한다. 한류에 흥미를 느끼고 한국어를 배우게 되어 기쁘다.	· 약간 한국에 주도권을 빼앗기고 있다는 생각이 든다. 최근 일본 TV에서의 한류붐이 반대로 혐한의 일본인을 많이 탄생시키고 있다. 가깝고도 먼 나라가 가까운 나라로 변했다. 한류로 한국을 좋아하는 사람도 많아졌지만 모르는 사람들은 유행(뉴스)만을 보고 인기로 인한 위압감이나 공포감 때문에 반감을 품고 있는 경우도 있다. 한류는 비즈니스 목적이라고 생각한다. 신오쿠보에 사람이 너무 많다. 한국문화가 뛰어나다고 인정하고 싶지 않고 한국문화에도 접촉하지 않으려는 일본인의 일부가 있다.

35) 여기에 제시된 내용은 일본인 대상의 인터뷰조사표에서 자유기술형식으로 응답자로부터 기술을 받아 중복되지 않은 내용을 중심으로 필자가 분류하여 제시한 것임.

유형 분류	긍정적인 태도	부정적인 태도
한류, K-pop 선호도	· K-pop, 드라마 등으로 한일 우호적이 되는 것은 매우 좋다고 생각한다. 역사적인 배경을 재인식하는 기회라고 생각한다. K-pop, 드라마, 음식에 흥미를 가진 일본인들이 증가했다. 한국 K-pop이나 드라마의 영향으로 한국을 좋아하는 사람들이 증가했다.	· 아무것도 모르는 사람들에게 K-pop이나 한류드라마를 좋아하는 것은 이해하기 힘들다. 한류비즈니스를 확대하는 사람들은 마케팅을 조심해서 할 필요가 있다. 정품이 아닌 한류 판매 상품이 고액에 팔리고 있다는 것에 의문이 든다. K-pop은 한국어 그대로 일본에서도 불렀으면 좋겠다. 최근 K-pop붐으로 일본 데뷔하는 연예인들이 증가하고 있지만 일본어로 노래할 필요가 있을까? K-pop에는 K-pop의 좋은 점이 있기 때문에 한국어로 노래하면 좋겠다. 한국어로 노래를 부르는 것이 한국을 느낄 수 있고 멋있다고 생각한다.
한류드라마, 방송 보도태도	· 한류 덕분에 한국에 안 가도 한국영화나 드라마를 볼 수 있게 되었다. 한국이 친근해지고 좋아하게 되었다. 드라마를 통하여 한국인의 반일감정을 알게 되었다. 한국과 일본이 보다 가까워졌다. 일본사람들의 관심이 높아졌다. 일회성의 유행이나 상업목적뿐만이 아니라 진정한 문화이해와 교류로 발전했으면 좋겠다. 우호 관계를 바라는 사람과 원하지 않는 사람으로 나누어졌다. 향후 한일교류가 증가하여 양국의 새로운 관계를 만들어가는 과정이 될 것으로 생각된다. 외국문화가 들어오는 것은 시야가 넓어져서 좋다. 일본에는 없는 문화를 갈망하여 특히 여성에게 인기가 많은 것을 느꼈다. 부모를 존경하거나 윗사람을 존경하고 자신에 대해 정직하게 살려는 자세를 배웠다.	· 매일 방송에 내보낼 정도로 유행하고 있다고 생각하지 않는다. 보도 과잉으로 진실함을 느낄 수 없게 되었다. 특별히 흥미가 없다. 보도 과열이라고 생각한다. 한국인의 성격을 잘 이해할 수 없다. 질투하고 있는 것이라고 생각한다. 한류를 매스컴이 너무 많이 다룬다. 이문화에 흥미를 갖는 것은 좋은 일이지만 한류에 편중되어 있다. 가수나 드라마를 통한 한국 정보 이외 일본에서는 한류에 대하여 잘 모른다. 미디어가 방송에서 너무 많이 다루어 신오쿠보에 오기 힘들어졌다. 다른 사람들에게 강요하거나 절대 맞는다고 하는 생각은 좋지 않다고 생각한다. 같은 일본인으로서 슬픈 기분이 든다. 한류라 억지로 말하는 것은 좋지 않다. 정치적 정책적 측면에서 국민의 반대를 누르기 위해 유행시키고 있다. 서민의 생각이나 정치는 반드시 일치하지는 않는다.

유형 분류	긍정적인 태도	부정적인 태도
한류와 역사적, 정치적 관계	· 역사적으로 한일 간에는 여러 상황이 있었기 때문에 일본인들이 한국을 싫어할 것으로 생각하여 열심히 일본어를 배워 접근하는 것을 보고 일본인이 편견을 가지고 있지 않을까? 라고 생각했다. 역사관의 갭이나 일본 제일이라고 생각했던 부분이 추월당한 것에 대한 반감이라고 생각한다. 한국문화를 이해하는 가운데 역사문제에 대한 이해가 젊은 세대에 확대되면 좋겠다. 싫어하는 사람들도 주목하고 있다는 의미에서 상호이해를 확대하고 있다고 생각한다.	· 역사교육이라는 점에서 큰 차이가 있다고 생각한다. 표면상에는 문화의 유행으로 친교적으로 보이지만 독도나 전후 보상 문제는 아직 해결되지 않았다고 생각한다. 일본의 교육에도 문제가 있다고 생각한다. 국가 간 사이가 좋아지더라도 역사 문제까지 해결하는데 발전하지는 않는다. 친한파가 증가했고 반한파도 늘어났다. 극히 일부 사람들이 사상이나 이데올로기가 없이 유행하고 있는 것에 편승하려는 수작이기 때문에 언젠가는 사라질 것이다. 한국에 대해서는 너무 모르고 있다. 한국이라는 이름만으로 혐오감을 갖는 사람들이 아직 많다. 그러나 지금보다 상당히 한국을 의식하게 되었다고 생각한다. 정치적인 균형이 필요하기 때문에 필요악이라고 생각한다.
한류의 중립적인 태도	· 혐한류는 일본을 지키려고 하는 프라이드와 같은 것으로부터 일어나는 현상이라고 생각한다. 백인이면 백 사람 모두가 좋다고 생각하는 것은 없다. 따라서 반한류나 혐한류도 있을 수 있다. 매우 가깝고도 많은 공통점이 있지만 역시 다른 나라, 한국을 올바르게 알아가야 한다고 생각한다. 일본인은 단지 한류붐을 드라마나 음악만의 인기라고 생각한다. 후지TV에서 데모(한류 때리기)가 있다고 들어 매우 유감으로 생각한다. 드라마의 영향력은 매우 강하지만 어느 TV라도 한류만 취급하게 되면 반대로 싫어하는 사람도 생긴다. 한류도 반한류도 필요하다고 생각한다. 반한류나 혐한류는 한국의 유명인에 대해서만 나타나는 현상이라고 생각한다. · 모든 사람들이 한류를 모두 긍정적으로 수용하기는 힘들다. 좋아하는 사람과 싫어하는 사람이 있기 때문에 좋아하는 사람들에게는 가까워졌다. 어느 나라도 다양한 사람들이 있기 때문에 하나의 현상으로 그 나라 전체를 판단하는 것은 옳지 않다. 한류가 편견을 강하게 하거나 약하게 하는 경향이 있다. 그러나 한류가 양국이 가까워지는 기회가 될 것으로 생각하며 일본인이 세계로 시야를 확대하는 계기가 될 것이다. 한국을 잘 모르는 사람들이 변함없이 일본인이 뛰어나다고 생각하고 있으며 매우 부끄러운 행동을 하고 있다고 생각한다.	

주) 현지 조사에 의해 수집된 인터뷰자료에 근거하여 필자가 작성함.

상기 <표 18>에 제시한 바와 같이 일본인들의 한류에 대한 긍정적인 인식내용을 살펴보면 "한국인에 대한 이미지가 변했다. 한국인은 매우 친절하고 윗사람에 대해 존경하는 태도가 부럽다. 한국에 관한 관심이 높아지고 친한 의식이 높아진 것은 의미 있는 일이다. 한일 간 예술, 문화, 음식 등으로 상호이해로 연결될 소지가 형성되었다고 생각한다. 한국을 싫어하는 사람들도 주목하고 있다는 의미에서 상호이해가 확대되고 있다고 생각한다. 한국문화와 역사를 이해하는 젊은 세대가 증가하고 있다." 등이다.

일본인의 반한류에 대한 의견이나 표현을 구체적으로 살펴보면 "한국에 한류 주도권을 빼앗기고 있다는 생각이 든다. 최근 일본 TV에서의 한류붐이 반대로 혐한의 일본인을 많이 발생시키고 있다. 가깝고도 먼 나라가 더욱 먼 나라로 변했다. 한류로 한국을 좋아하는 사람도 많아졌지만 잘 모르는 일본인들은 유행(뉴스)만을 보고 인기로 인한 위압감이나 공포감 때문에 반감이 있는 경우도 있다. 한류는 비즈니스 목적이라고 생각한다. 신오쿠보에 사람이 너무 많다. 한국 문화가 뛰어나다고 인정하고 싶지 않고 한국문화를 무시하여 애써 접촉하지 않으려는 일본인의 일부가 있다. 한국이라는 이름만으로 혐오감을 갖는 사람들이 많다. 그러나 지금보다 상당히 한국을 의식하게 되었다고 생각한다. 정치적인 균형이 필요하기 때문에 필요악이라고 생각한다."라는 의견들이 많았다.

일본인의 한류에 대한 중립적인 인식 태도를 살펴보면 "양국은 거리적으로 매우 가깝고도 문화적으로 많은 공통점이 있지만 역시 유사하지만 다른 나라, 한국을 올바르게 알아가야 한다고 생각한다. 후지TV에서 데모(한류 때리기)가 유행한다고 들었는데 매우 유감으로 생각한다. 한국 드라마의 영향력은 매우 강하지만 어느 TV라도 한류만 취급하게 되면 반대로 싫어하는 사람들도 생긴다. 한류도 반한류도 필요하다고 생각한다. 반한류나 혐한류는 한국의 유명인에 대해서만 나타나는 현상이라고 생각한다. 모든 사람들이 한류를 모두 긍정적으로 수용하기는 힘들다. 좋아하는 사람과 싫어하는 사람이 있기 때문에 좋아하는 사람들에게는 가까워졌다. 어느 나라도 다양한 사람들이 있기 때문에 하나의 표출된 현상으로 그 나라 전체를 판단하는 것은 옳지 않다. 한국을 잘 모르는 사람들이 변함없이 일본인이 뛰어나다고 생각하고 있으며 매우 부끄러운 행동을 하고 있다고 생각한다." 등으로 말했다.

2. 한류 전파와 코리아타운 변화양상

1) 코리아타운과 한류[36]

먼저 코리아타운과 한류와의 관계에 대하여 신오쿠보지역이 어떻게 코리아타운으로 거듭 발전하게 되었고 한류의 메카로 자리 잡게 되었는지에 대하여 인터뷰조사 자료를 통해 살펴보았다.[37] 원래 신오쿠보(新大久保)지역은 코리아타운으로 발전

36) 오쿠보지역 코리아타운 형성 배경에 관한 상세한 연구는 유연숙(2011), "동경의 코리아타운과 한류", 『在外韓人硏究』 제25호, pp. 85-87.

37) 이 논문에서는 뉴커머 중심 신오쿠보 코리아타운을 중심으로 기술하고 있음. 올드커머 중심 오사카 이쿠노쿠 코리아타운에 관한 연구는 고정자·손

하기 이전인 1945년 해방 전후 재일동포가 경영하는 롯데 껌 공장이 존재했다. 롯데 공장이 들어서면서 이곳 햐쿠닌초(百人町)를 중심으로 오쿠보지역(大久保)과 쇼쿠안도오리(職安通り) 주변 신주쿠(新宿)지역에 약 3,000명 정도의 한국인이 살았다고 한다.[38] 해방 전후니까 대부분 올드커머들이 먼저 정착하여 살기 시작했다. 그리고 1980년대 전후 도일한 이곳에 한국인 뉴커머들이 조금씩 정착하기 시작한 것은 1988년 서울올림픽, 1989년도 한국 정부의 여행자유화조치 이후 유학생들이 대거 유입되면서부터이다. 이곳에 거주하고 있는 H씨의 인터뷰에 의하면 좀더 명확해진다.

> "제가 보기에는 1989년을 기점으로 유학생이 들어오기 전에는 한국인들이 아주 조금씩 늘어났습니다. 그런데 한국에서는 그때까지만 해도 외국 나가기 힘들고 여기 온 사람들도 경제적으로 어려운 사람들이 많다 보니까 한국에서 가족을 부르기(가족 초청)도 쉽지 않은 상황이었던 것 같습니다. 그런데 1989년 여행자유화조치 이후 주로 가부키초(歌舞伎町)에서 일하는 분들, 특히 여성분들이 흥행비자(가령 흥행, 예술, 문화활동 등)를 받고 아르바이트를 하기 시작했습니다. 그게 재일동포사회에 알려지게 되었죠. 이 근처에 일본어학교가 굉장히 많습니다. 대략 20개 정도가 넘는 걸로 알고 있습니다. 그러니까

미경(2010). "한국문화 발신지로서의 오사카 이쿠노쿠 코리아타운", 『글로벌문화콘텐츠』 제5호, pp. 87-120.

38) 신오쿠보 코리아타운 지역성의 변화에 관한 연구는 이호상(2011). 「에스닉 커뮤니티 성장에 따른 지역사회의 변화: 도쿄 신오쿠보를 사례로」, 『한국도시지리학회지』 제14권 2호, p. 131.

1980년 전후 처음 도일한 한국인들이 이쪽 일본어학교로 유학을 오면 여기에 살면서 아르바이트와 학업의 병행이 가능했기 때문입니다. 지금 여기 계시는 사장님들 중 40대 후반에서 50대 정도 되시는 분들 대부분은 가부키초(歌舞伎町)에서 당시 아르바이트를 경험했다고 생각하시면 됩니다."

이상과 같이 신오쿠보지역 코리아타운에서 일하는 한국인들이나 사장님들은 80년 전후 낯선 이국에 도착하여 아르바이트를 찾기 쉽고, 주변에 일본어학교가 있어 일본어를 배우기 쉬운 접근성 때문에 이곳에 많이 몰려들기 시작하였다. 그리고 이곳 일본어학교를 졸업하고 일본 전문대학이나 대학, 대학원에 진학한 사람들이 대학을 졸업한 후 귀국한 사람들도 물론 있지만 여기에서 새롭게 사업을 시작한 뉴커머들이 많았다. 이들은 주로 자본금이 필요 없이 소자본으로 간단히 창업할 수 있는 식당, 송금, 풍속, 미장원, 비디오, 전화카드, 국제전화 등 주로 한국인(주로 여성 대상)을 상대로 가부키초(歌舞伎町)를 중심으로 에스닉 비즈니스Ethnic Business를 시작하면서 코리아타운이 급격히 팽창하기 시작하였다.

그러나 이호상(2011)의 연구에서 밝힌 바와 같이 신오쿠보 코리아타운의 발전이 올드커머들이 기존에 존재했기 때문에 자연히 팽창되었다는 주장과는 다른 견해도 있다. 현지 인터뷰조사에 의하면 다음과 같이 설명하고 있다.

"신오쿠보(新大久保)지역이 1945년 전후 올드커머가 많아서 코리아타운Koreatown이 형성되었다고 주장하기는 어렵다고 생각합니다. 저는 올드커머들이 이곳에 많이 살고 있었기 때문이라고 생각하지 않습니다. 왜냐하면 논리적으로 볼 때 도쿄(東京)의 다른 지역들도 올드커머들이 거주하고 있는 곳이 상당히 많이 있습니다. 가령, 다이토구 우에노(台東区上野), 미나토구 아자부주방(港区麻布十番), 스미다구 긴시초(墨田区錦糸町), 에도가와구 고이와(江戸川区小岩), 아라카와구 닛뽀리(荒川区日暮里) 등이 이 지역에 속한데 유독 가부키초(歌舞伎町)에만 유학생들이 많이 모이기 시작하였고 여기에서 그들이 자리 잡기 시작한 것입니다. 이들 지역만 보더라도 코리아타운이 신오쿠보지역에 형성된 것은 가부키초(歌舞伎町)의 뉴커머들의 존재가 굉장히 크다는 것을 알 수 있습니다."

그러나 이들 뉴커머들의 존재도 중요하지만, 무엇보다도 신오쿠보지역이 코리아타운으로 성장하게 된 계기는 2002년 한일월드컵 공동 개최가 하나의 기폭제가 되었다고 할 수 있다. 신주쿠 쇼쿠안도오리에서 열린 한일월드컵 응원전, 한국방송의 집중 보도 등으로 신오쿠보(新大久保) 코리아타운이 매스컴을 통해 알려지게 되면서 한국에서 온 많은 사람들이 "코리아타운에 한국사람들이 많이 모여 살고 있구나. 저 지역에 가면 일본어를 한마디도 못하더라도 아르바이트를 구할 수 있고 어떻게든 생활할 수 있겠지."라고 생각하게 되었다. 이러한 현상은 2002년 이후 신주쿠지역에서 매년 500명~1,000여명의 한국인들이 증가한 것만 보아도 알 수 있다.

이렇게 신오쿠보 코리아타운에 한국인들이 많이 모여들기 시작하면서 2004년 NHK겨울연가 방영 이후에는 일본사람들도 대거 몰려들어 제1차 한류붐이 일어났다. 일본사람들이 몰려오면서 경제적으로 시너지 효과가 나타나 더욱더 한국인들도 많이 모여들기 시작하였고 한국인이 식당하나 차리면 장사가 아주 잘 된다는 소문이 파다하니까 지리적으로 가까운 한국에서 직접 도일하는 사람들도 생겨났다.

또한 2008년~2009년 제2차 한류붐이 일어나면서 계속해서 새로운 이주자들이 한국에서 도일하고 있다. 한국인들이 코리아타운에 거주하면서 가게도 늘어나니까 일본인들이 더 많이 모여들고 코리아타운도 더욱 활성화되어 가는 형국이다. 그러나 이곳 코리아타운은 한국인들이 계속해서 들어와 포화상태이기 때문에 이제 사업을 새로 시작하려고 해도 지금은 절대 쉽지 않다.

2) 한류와 반한류(혐한류)의 등장과 작동 기제

코리아타운에서 시작된 한류가 과연 일본인들에게는 어떻게 수용되고 있는가? 한류가 일본에서 긍정적인 영향들이 훨씬 많은 것은 사실이지만 반드시 좋은 결과를 초래하는 것만은 아니다. 일본에서 불고 있는 한류와 반한류에 대한 구조연구는 황성빈(2011)의 연구를 들 수 있다.[39] 이 연구에서는 한류에 의해 일본인의 한국에 대한 인식이 호전되었다거나 악화되었다고 주장할 수 없다는 결론을 내리고 있다. 그 이유는 글로벌시대 일본에서 한류의 수용이 일본인의 정체성, 젠더와 계층, 지역 등 한류문화의 소비에서도 다양화된 일본 사회의 현실을 반영한

---

39) 黄盛彬(2011).「韓流と反韓流の交差ー日本人のアイデンティティと韓国認識」,『日本学』第33輯, pp. 150-153.

결과라고 지적하였다. 그러면서 한편으로 한류는 소비 능력이 있는 일본 중고령 여성으로부터 소비의 주역인 젊은 여성들에게까지 확대되어 일본을 상징하는 중고령 남성들에게 저항과 주저를 촉발시키고, 젊은 남성들에게는 무관심과 당혹감을 유발하였다고 분석하였다.[40]

이와는 다른 차원에서 접근한 이향진(2011)의 연구는 한류가 일본의 주류문화와는 구별되는 대중문화의 정치적, 혹은 사회적 보수성 때문에 일본의 보수 세력들이 반발하여 반한류나 혐한류를 조장하고 있다고 지적하였다. 특히 한류보다 반한류의 중심에서 있는 일본 보수 세력의 논리는 한류가 한국 정부에 의해 일본에서 의도적으로 조작되었다고 주장하고 있다.[41] 그러나 일본에 지부를 둔 '한국문화콘텐츠진흥원(콘진원)' 소장 K씨의 설명에 의하면 이런 일본 우익의 논리나 주장과는 정면으로 배치된다. 오히려 민간차원에서 자연스럽게 발생한 한류를 정부가 지원하는 역할을 해왔다는 것이 더 설득력이 있다고 주장하고 있다.

> "한국 정부가 문화콘텐츠산업을 육성 진흥시키기 위해서 법도 만들고 예산도 투입하고 노력은 해 온 것은 사실입니다. 그러니까 90년대 후반부터 그런 노력은 계속해왔는데 문화콘텐츠진흥이 아닌 한류를 조장해서 만들었다고 했을 때는 또 다른

40) 앞의 논문. 黃盛彬(2011), p. 161.

41) 임영상(2011). "한국문화의 허브로서의 재외한인사회", 『역사문화연구』 제40집, p. 342. 이 논문에서 한류는 한국 정부가 주도하지 않았다고 단언하고 있음.

얘기가 됩니다. 즉 간단히 말씀드리면 정부(혹은 콘진원)가 겨울연가나 소녀시대에 직접 투자는 안 했기 때문에 당시 투자를 할 수 있는 형편도 아니었지만 이런 것 때문에 저희들이 한류붐을 만든 것은 우리(한국 정부)라고 얘기하기는 어렵다는 겁니다. 다만 자연스럽게 일본에서 만들어진 한류를 지속시키고 유지시키는 데는 저희가 나름대로 역할을 후방에서 지원했다고 말할 수는 있을 겁니다. 민간인들이 가장 먼저 깃발을 들고 앞장서서 한류에 직접 뛰어드신 분들이고 저희들이 후방에서 알게 모르게 지원역할을 했다고 얘기할 수 있습니다."

그러면 코리아타운의 한류열풍에 대하여 일본에서 왜 반한류나 혐한류가 등장한 것일까? 여기에 대한 해답을 모색해보기로 하자. 현지 인터뷰조사에 따르면 일본에서 반한류나 혐한류가 등장하게 된 배경에는 한류에 대한 홍보 부족, 다양성의 한 단면이라는 해석, 반성적인 측면의 이해, 한류의 지속적 발신과 전략 등 다음 네 가지로 설명할 수 있을 것이다.

① 소통과 홍보 부족 (신오쿠보 거주 L씨)

"혐한류에 대해서는 평소 느끼시는 것이라든가, 직접 피부로 경험한 적은 거의 없습니다. 어느 사회나 사상에 대한 자유가 있으니까, 이런 사람 있으면 저런 사람도 있고, 좋아하는 사람 있으면 싫어하는 사람도 있기 마련이죠. 그런데 중요한 것은 서로 소통이 잘 안되고 잘 몰라서 그런 것이라 생각합니다. 무식이 탈이라고 한국문화를 잘 모르니까 반대하는 것이지 한국을 알면 반대할 이유가 없다고 생각해요. 저도 일본에 오기 전에는 일본을 잘 몰랐을 때 막연히 반일파였습니다. 아시다시피 저희 세대(40대 후반~50대)는 거의 대부분이 한국에서 반일

교육을 받아온 사람들인데, 당시에는 일본인들 다 나쁜 사람이라 생각했죠. 그런데 막상 일본에 와서 살아보니 전혀 그게 아니에요. 이처럼 혐한류 주장하는 사람들 거의 대부분이 한국에 대해 잘 모르고 있다고 생각합니다. 한국에 대해 잘 모르니까 한류에 대해 의도적으로 떠드는 것이지 한국에 대해서 올바른 실상을 가르쳐 주면 반한(혐한)할 이유가 없다고 생각합니다. 일본인에게 한국의 문화를 좀 더 정확히 알리는 것이 중요합니다."

② 다양성의 단면 (한국문화콘텐츠진흥원 K씨)

"제 생각에는 일본 내 한류, 반한류, 혐한류에 대해서 저는 별로 그렇게 걱정하지 않아도 된다고 생각합니다. 한류문화가 일본에 들어왔을 때는 긍정적인 측면만 있는 것은 결코 아닙니다. 언제든지 반발 세력이나 반대의견도 나올 수 있다고 보아야 한다는 것입니다. 그러나 다행히도 반한류를 주장하는 사람들이 아직 소수에 머무는 정도입니다. 그리고 어떤 나라도 외부에서 이문화가 들어왔을 때 당연히 처음에는 거기에 대해 반발, 문화마찰이 발생하는 건 당연한 거고, 그것을 일본현대사회의 한 단면으로써 너그럽게 받아들이면 될 것 같아요. 거기에 대해 이렇다 저렇다 거론할 필요는 없을 것 같고 일본 대중여론도 아니고, 대다수 일본인은 한국 드라마를 여전히 즐겨보는 팬들이 많기 때문입니다. 그리고 일본에서 여론을 주도하고 있는 세력, 언론사, 양심적인 지식인, 정치가들 가운데 한류에 긍정적인 분들도 상당히 많습니다. 일본은 여러 측면에서 문화의 다양성을 유지하려고 노력하고 있고, 사회의 건전성 자체는 살아있다고 생각되기 때문에 크게 염려될 건 없을 것 같습니다. 저는 오히려 혐한류가 여론을 주도하는 방식이 한류에 대해 위협을 느끼고 한류문화의 영향력을 인정해 주는 분위기 때문에 오히려 긍정적이라고 생각합니다."

③ 자기반성적인 측면(재일한국인연합회 H씨)

"현재 일본에서 반한감정에 관한 얘기인데 혐한류라는 만화책이 4권 정도 나왔거든요. 지금은 5권이 나왔는지 모르겠습니다만, 혐한류라는 만화책이 나오면서 당시에 70만 권 정도가 팔렸습니다. 이렇게 볼 때 일본에서 혐한류, 반한류의 현상은 어느 정도 존재한 것 같습니다. 그런데 한국인으로서 한류에 대해 왜 일본인들이 반한류의 감정을 가지게 되었는지를 생각해볼 필요가 있습니다.

원래 일본문화는 자신의 감정이나 속마음을 표현하는 문화가 아닙니다. 상대방이 싫다고 해도 그 사람 앞에서 절대로 싫다고 말을 안 합니다. 이게 일본인들의 감정표현 방법입니다. 저는 집사람이 일본사람인데 그러면 친척들이 있을 것 아니에요. 친구들도 많잖습니까? 친구 중에서도 우익적인 친구들이 있어요. 제 바로 앞에서는 한국 싫다는 말 절대 안 합니다. 이게 일본사람들인데 저희들이 생각을 해야 될 게 어느 나라든 혐한류가 있을 거라고 봅니다. 일본 사회에서 혐한류로 근거도 없이 몰아붙이는 그런 측면이 있는 것 같지만, 제가 봤을 때 일본에서 혐한이라는 만화책의 내용이 전부 다 거짓말이라고 생각하지는 않습니다. 어느 정도 한류문화 측면에서 잘못된 부분도 실은 거기에 반영된 걸로 알고 있고, 전부 다 싸잡아서 한류가 나쁘다고 말하고 있지는 않습니다."

④ 한류의 지속과 전략(한국문화콘텐츠진흥원 A씨)

"반한류 바람이 거센 가운데 이것을 극복하기 방안으로서 향후 일본에서 한류의 전략은 세 가지로 설명할 수 있습니다. 첫째로 제 생각에는 지금까지 이어온 현재의 노선을 유지하는 것이 가장 좋을 것 같습니다. 즉 한류 드라마는 여성 중고령층, K-pop은 일정부분 젊은 층을 중심으로 이끌어가고, 이들 K-pop과 드라마가 상호 시너지효과를 창출해내면서 여성 중고령층은 물론이고 젊은 층에게도 일정부분 드라마가 확산되는 전략은 그대로 유지할 필요가 있을 것 같습니다. 이 전략은 좀 더 구체화하는 작업들이 필요할 것 같고 한편으로는 새로운 한류시장을 끊임없이 창출해내야 할 것 같습니다. 그러기 위해서 중년 남성층이 시대극 쪽에 일정부분 많이 투입되는데 젊은 층, 특히 20대~30대 경우 10대들을 어떻게 한류시장에 끌어들이느냐가 중요한 전략이 될 것 같습니다. 이러한 한류 전략들은 개인차원에서 보고서를 통해 끊임없이 주장하고 있습니다. 일본의 젊은 층을 끌어들이는 방안들은 다양한 방법이 있을 수 있겠으나 일본 남성들이 좋아할 만한 톡톡 튀는 개성적이며 굉장히 마니아적인, 어찌 보면 한국 시장에서는 굉장히 어려울 수 있으나 케이블 TV나 드라마 쪽에서 나올 수 있지 않을까 생각합니다.

둘째로는 한류 문화에서 일본 젊은 층이 좋아할 만한 한류 록Rock이나 힙합Hipop 이런 것들을 개발하는 것이 좋을 것 같습니다. 그러면 일본의 젊은 남성들도 한국음악에 주목하게 되고, 모든 일본인들이 좋아할 수는 없지만, 한국 힙합에 일부만이라도 일본 젊은이들이 좋아해 주면 그 힘에 의해서 일본에서 조그마한 마이너시장이라도 형성되면 성공적이라 생각합니다. 그렇게 되면 일본의 주류(메인스트림)를 좌지우지할만한 빅 콘텐츠가 나오기는 힘들겠지만, 일본의 젊은 층의 일부라도 사로잡을 수 있으면 성공적이라 생각합니다. 이런 부분에서 젊은 층을 타겟으로 하는 한류 제작사의 노력, 이런 것이 지금 필요하다고 생각하고 있습니다.

셋째는 한류는 전략적 차원에서 향후 몇 년 동안 지속될 것으로 생각됩니다. 그 이유는 어느 문화든 처음에는 가볍게 시작하여 붐이 일어나면 반드시 인기가 떨어지게 되어 있습니다. 지금은 한류가 어느 정도 일본 사회에서 정착이 되었다고 보기 때문에 더 올라갈 일은 없다고 봅니다. 그런데 한류가 지속된다고 보고, 계속 유지하기 위해서 여기에 거주하시는 분들도 이제는 글로벌 사회이기 때문에 내가 사는 곳이 결국 고향이라는 생각의 전환이 필요합니다. 한국은 그들에게 민족이자 모국이지만, 이제 글로벌시대 자신들이 거주하고 있는 사회를 위해서 무엇을 할 것인지 깊이 고민을 해야 됩니다. 또한 일본 사회의 규율, 규범을 반드시 지켜야 하고 가능하면 정치적 사안이라든지 역사적 사건에는 휘말리지 않도록 노력해야 한다고 생각합니다."

3) 한류와 재일동포의 역할

전술한 바와 같이 재일동포와 한류와의 관계를 고찰한 선행연구는 김지영(2009)의 연구를 들 수 있다.[42] 이 연구에서는 한류가 재일동포에게 다양한 한국 미디어에 접촉할 수 있는 기회제공과 한국문화를 일본에서 새롭게 인식시키는데 기여했다고 분석하고 있다. 또한 이향진(2011)의 연구에서는 한류가 재일동포 사회에 미친 영향에 대하여 민족정체성과 역사의식, 일본사회가 재일동포의 이미지를 새롭게 구축하는 데 중요한 역할을 담당했다고 지적하고 있다.[43] 이들 연구에 의하면 한류는 재

---

42) 김지영(2009). 「「조국」문화로서의 「한류」 재일한국조선인의 「한류」 미디어 접촉을 중심으로」, 『일본문화학보』 제41집, p. 198.

43) 이향진(2011). 「한류와 자이니치」, 『일본학 제23집』 p. 187.

일동포의 실체를 부정해왔던 일본 사회에서 이들을 사회문화적으로 불가시적인 존재에서 가시적인 존재로 변화시키고 글로벌 시대 한국과 일본의 국가적 경계뿐만이 아니라 사회적 경계의 일부를 허무는 효과를 가져왔다고 평가하고 있다.

그러나 피상적으로 보이는 일본인이나 일본 사회의 변화에 한류가 과연 그러한 역할을 충실히 수행해왔는지를 좀 더 상세한 분석을 통해 검증해 볼 여지가 있다. 왜냐하면 인터뷰조사를 통해 일본인의 역사적인 인식 측면에서 볼 때 재일동포에 대한 이미지는 두 가지로 엇갈리고 있기 때문이다. 하나는 일본 내 재일동포의 존재 자체를 모르고 있다는 것이고, 또 하나는 해방 전후 강제 이주로 디아스포라가 된 재일동포에 대한 배척과 차별의 역사를 인식하지 못하고 있다는 사실이다. 응답자의 대부분은 일본 사회나 일본 정치가가 재일동포들을 차별했지 나와는 무관하며 일본인 개인적으로 그들을 차별하지 않았다는 점

사진 3. 도쿄 신오쿠보 코리아타운 한류 카페

사진 4. 오사카 이쿠노쿠 코리아타운 한류상품 판매점

을 강조하였다. 이러한 점에서 생각해볼 때 이향진(2011)이 지적한 바와 같이 재일동포 기억의 역사는 한일 양국에서 다양한 문화적 양식이나 대중이 공감할 수 있는 형태로 재구성하여 후속세대에게 전승되어야 한다는 주장에 대해 일정부분 공감할 수 있다.

다음은 한류문화의 발전적 차원에서 재일동포의 역할에 대하여 생각해보고자 한다. 아래 인터뷰자료에 소개한 바와 같이 H씨는 올드커머와 뉴커머를 포함한 재일동포들의 민족정체성이 약화되지 않도록 정치적인 개입을 피하면서도 모국과의 연결고리를 강화시키는 방안을 강조하였다.

> "지금 뉴커머도 나중에는 기본적으로 조금 있으면 재일동포(올드커머)가 되는데, 이런 부분에서 언젠가는 서로 통합을 해야 할 부분인 것 같습니다. 그런데 지금 한국 정부가 재외국민 선거권을 부여하잖아요. 2002년 이후 국회의원 비례대표와 대통령선거에서 재외국민에게도 선거권을 부여하고 있는데 그분들의 투표율이 아주 저조한 것 같아요. 잘 모르겠지만 재일동포가 주관하는 행사에 같이 동참할 수 있도록 하나의 결집력을 형성하면 좋을 것 같습니다. 뉴커머이든 재일교포든 어쨌든 지방 참정권을 부여한 거니까 한국 정부가 연결고리를 강화시키는 작동이나 기제가 필요할 것 같습니다. 재일동포 1세들은 한국에 대한 정체성이 아직까지 강하니까 재일동포 연합회 활동도 많이 참가하시는데 재일동포 2세~3세들은 일본에 많이 동화되어 대개는 참가가 저조한 것 같습니다. 이 사람들의 의지에 따라 한국 정부와의 연결고리가 형성될 것 같은데 뉴커머도 한국 정부와 연결고리가 될 만한 뭔가 당위성(명분)이 있어야 하고 재일동포 2세~3세들은 연결고리가 더 줄어들 거란 말이

죠. 아마 지금 자신들이 일본인이라고 생각하는 분들도 많을 겁니다. 이렇게 되면 향후 더욱더 한국 정부의 역할이 줄어들 것 같습니다. 그러나 재일동포 1세들은 자신들이 일본인이라기보다는 일본문화까지 잘 아는 한국인이라고 생각합니다. 재일동포 1세들이라면 한국에 대한 정 때문에 활동하지만, 재일동포 2세~3세로 갈수록 일본에서 정착해 나가려 할 것이고 한국인의 정체성은 약화될 수밖에 없는 시스템입니다. 한국의 민족주의적 정서 속에서 재일동포 2세~3세들에게 한국 정부와의 관계를 강조하면 그분들의 활동들이 많이 제한될 것입니다. 그러나 한류와 같은 문화 활동적인 측면에서 국적을 초월하여 자유롭게 활동해 나가도록 하면 이 문제는 해결될 것이라 생각합니다. 재일동포들에게 국가나 민족이라는 것이 무슨 의미가 있을까 이런 생각을 해보면 정치적 개입이 될 수도 있지만 한류는 문화적인 활동이기 때문에 민족을 초월할 수 있다고 생각됩니다. 이점이 재외동포로서의 한류에 대한 역할이 있지 않을까 생각합니다.

4) 코리아타운 한류와 현지 일본인 관계

한류의 메카이자 한류문화의 중심지인 신오쿠보지역 코리아타운은 도쿄의 한 중앙에 자리 잡고 있기 때문에 현지 주민과의 갈등과 이해관계도 상당히 복잡하게 얽혀있다. 김경희(2010)의 연구는 한류를 통해 한국과 일본, 재일동포와의 새로운 관계 구축의 가능성을 제공한 연구라고 생각된다.[44] 뉴커머들은 한류의 메카로서 코리아타운을 발전시켜나가고 싶지만, 현지 일본

---

44) 김경희(2010), "한류를 통한 한국·일본·재일코리언의 새로운 관계 구축을 위한 제언", 『在外韓人硏究』 제22호, pp. 197-199.

인들의 속내는 한국인들에 의한 자기 생활 터전의 점령, 한인 상권의 확대에 의한 일본인 상권의 축소 등 복잡한 심경을 그대로 안고 있다. 그럼에도 불구하고 코리아타운에 거주하는 한인들은 한류에 기대하는 바가 매우 크기 때문에 재일한국인연합회 부회장 L씨의 인터뷰에 의하면 현지 주민들이 주관하는 마쓰리(축제)나 다문화 공생 축제 참가 등 일본인 단체와의 행사 참여에도 각별히 신경을 쓰고 있다고 한다. 그러나 그는 한류의 메카인 코리아타운이 지속적으로 발전하기 위해서는 뉴커머들의 현지 주민과의 관계 개선 노력도 중요하지만, 무엇보다도 현지에 살고 있는 주민들과의 공동체 의식, 즉 뉴커머 자신들의 공생문화를 지향하는 의식개선이 선결되어야 함을 강조하였다.

> "요코하마나 고베 차이나타운은 역사도 길고 체계가 잡혀 있는데 신오쿠보 코리아타운은 이제 겨우 11년째로 아직 시작 단계라고 보아야 합니다. 중요한 것은 이곳에 거주하는 뉴커머들이 한류와 자기 이해관계가 얽힌 집합적 개인주의적 관점에서 한인회를 바라보고 이런 분들이 많이 모이게 되면 한인회는 점차 안정되어 갈 것입니다.
>
> 올드커머와 뉴커머의 관계도 10년이라는 세월이 지나면서 실제적인 행사에서 상호교류가 활발히 이루어지고 있고 빠른 시일 내에 하나의 단체로 협력하자는 의견도 오가고 있습니다. 때문에 2년 전에 오사카에 간사이한인회가 만들어져 회원 약 800명 정도가 활발히 활동하고 있고 한인들이 많이 거주하는 요코하마, 교토, 후쿠오카 등에도 한인회 결성이 필요하다고 생각하지만, 나중에 하나로 화합하는 데 걸림돌로 작용할 수 있어 신중히 자제하는 분위기입니다.

현지 주민과의 관계 개선적인 측면에서 코리아타운 한인회에서 현지 주민이 주관하는 마쓰리에 참가하고 있는 것은 오쿠보 마쓰리, 다문화공생, 신주쿠구에서 주최하는 다문화공생 페스타Festa 등이 있습니다. 코리아타운에 한국인들이 많이 거주하여 공동체를 형성하다 보니 일본인들이 조금 불편해하는 것도 있고 거리도 좀 지저분해지고 시끄러운 부분도 있습니다. 이런 걸 싫어하는 사람도 있고 거리문화가 다문화, 이문화 되어가고 이문화가 들어왔을 경우 기존의 일본문화와 충돌하기 때문에 그 자체가 혼란스러워 거기에 대한 반응일 수도 있습니다. 한류문화나 K-pop 이런 것은 사실 이 지역에서 예전부터 일본인들이 선점하던 업종을 한국 사람들이 와서 일본인들 가게나 생활 터전을 빼앗은 것은 아닙니다. 가령 옛날부터 일본 사람들이 여기에서 야끼니쿠식당을 운영했다거나, 한류상품, 한국식품을 팔았던 사람들이 아니에요. 코리아타운은 일본인들과 상관없는 업종이 들어와서 영업을 하고 있음에도 불구하고 한국인들이 상권을 다 점령해가니까 미움을 받는 건 당연하죠. 당장 일본인 상점 조합의 매년 매출액이 감소하고 있는 현실이니까요.

코리아타운의 명칭도 여기에 사는 뉴커머들은 우리끼리 하는 얘기인데 밖에 나가서 기사화된다거나 그러면 주변 일본인들이 민감해집니다. 아주 조심스럽습니다. 지역과 상관없는 다른 사람이 코리아타운이라고 부른다면 어쩔 수 없이 듣는 사람도 받아줍니다. 하지만. 한인회나 신주쿠 발전회와 같은 이런 타이틀을 갖고 있는 사람들 입에서 코리아타운이라는 말이 나오면 일본인들이 반발할 소지가 많습니다. 그래서 저희들은 코리아타운이라는 표현을 잘 안 하는데, 뭐 자연스럽게 코리아타운이 형성되어 자타가 공인하는 코리아타운이라 부르게 되면 우리도 그렇게 부르겠지만 아직은 그렇게 부르지 못하고 있습니다. 코리아타운이 너무 급격히 한국인들이 증가하고 한류 가게가 늘어나다 보니 정비할 틈도 없이 팽창되어 제도적인 절차 부분이 소홀해진 건 사실이기 때문에 정착하기까지는 아직 시간이 필요합니다.

코리아타운의 발전적인 측면에서 다시 한번 강조하지만, 한국 분들의 마음가짐이 절대적으로 중요합니다. 한국인들은 이곳 코리아타운이 그냥 스쳐 지나가는 장소가 아니라, 현재 살고있는 공동체라는 의식 전환이 필요합니다. 여기에 살면 같은 지역사회 구성원이고, 최소한 지켜야 할 예의가 있을 것이고, 이러한 의식이 개선되면 자연스럽게 거리 질서도 만들어질 것이며, 지역주민들이 할 일에 자신들이 앞장서서 참가하게 되면 자연스럽게 지역사회와도 융화가 될 것 아니겠습니까? 그렇게 하기 위해서는 역시 한국인들의 생각 자체가 바뀌어야 한다고 생각합니다."

제7절 코리아타운과 한류

이 장의 목적은 한류가 일본에 전파되면서 일본인들에게 구체적으로 어떤 영향을 미쳤는가에 대하여 중점을 두고 사례조사를 통해 고찰하였다. 연구 방법은 코리아타운을 방문하거나 거주하고 있는 일본인과 한국인을 대상으로 인터뷰조사를 실시하여 코리아타운과 한류, 한류와 반한류의 작동 기제, 한류와 재일동포의 역할, 한류와 코리아타운 거주 일본인과 공생관계 등에 주목하여 코리아타운 거주 뉴커머와 주변 일본인과의 사회문화적 관계 측면에 상호 어떠한 영향을 미치고 있는지 살펴보았다.

분석자료는 도쿄 신오쿠보 코리아타운 내에 거주하는 한류 관련 전문가들, 현지 일본인과의 접촉이 잦은 한인회 임원, 한류 붐을 통해 확산된 한국어학원장을 대상으로 인터뷰조사를 실시하여 자료를 수집하고 분석하였다. 분석의 키워드는 크게 코리아타운의 발생과 한류 관계, 한류에 대한 긍정과 부정적인 태도는 크게 한류와 반한류(혐한류), K-pop 선호도, 한류 보도 태도, 역사적 정치적 태도, 중립적인 태도, 한류의 지속과 전략적인 측면, 한류와 재일동포의 역할, 코리아타운과 현지 일본인과의 관계 등으로 분류하였다.

분석 결과를 살펴보면 먼저 인터뷰조사 결과, 긍정적인 태도(한류)와 부정적인 태도(반한류, 혐한류), 중립적인 태도 등으로 유형별 분류가 가능하였다. 또한 인터뷰조사에 응한 6명의 한류 전문가를 분석한 결과 한류가 코리아타운, 일본인과의 관계에 미친 영향은 다음과 같이 제시할 수 있다.

첫째, 코리아타운의 탄생과 한류와의 관계에 대한 논쟁인데 신오쿠보(新大久保)지역이 1945년 전후 올드커머가 많아서 코리아타운Koreatown이 자연적으로 형성되었다기보다는 코리아타운이 신오쿠보지역에 형성된 것은 1980년대 전후 모여들기 시작한 가부키초(歌舞伎町)의 뉴커머들의 존재가 상당히 중요하다는 것을 알 수 있었다.

둘째, 한류와 반한류, 혐한류의 작동 기제에 대하여 반한류의 중심에 서 있는 일본 보수 세력의 논리는 한류가 한국 정부에 의해 일본에서 의도적으로 조작된 결과라고 주장하였다. 그러나 일본에 지부를 둔 '한국문화콘텐츠진흥원(콘진원)' 김영덕 소장(2012)이나 임영상(2011) 연구에 의하면 민간차원에서 자연스럽게 발생한 한류를 정부가 지원하는 역할을 해왔다는 것이 더 설득력이 있는 것으로 나타났다.

또한 인터뷰조사 결과, 일본에서 반한류나 혐한류가 등장하게 된 배경은 일본인 대상의 적극적인 한류 홍보 부족으로 발생하는 오해, 문화 다양성 표출의 한 단면으로 볼 수 있다는 견해, 코리아타운 거주자나 한국인들이 일본인들에게 미친 부정적인 영향에 대한 자기반성적인 측면, 한류의 발전과 지속을 위한 일본 사회 규범준수와 정치적 불개입 등이었다.

셋째, 한류와 재일동포의 역할에 대해서는 한류와 같은 문화활동적인 측면에서 국적을 초월하여 자유롭게 활동할 수 있는 재일동포의 존재가 국가 간의 정치적 충돌이나 개입을 피하면서도 한류문화를 발신하고 지속시키는데 가교역할을 담당할 수 있다는 것이다.

넷째, 코리아타운 한류와 현지 주민과의 관계에 대해서는 코리아타운이 그냥 스쳐 지나가는 장소가 아니라, 현재 한국인들이 일본인과 함께 생활하면서 공생문화를 함께 발전시켜나는 공동체라는 의식 전환이 중요하다는 점을 지적할 수 있다. 코리아타운에 살고 있는 한국인들의 의식개선이 이루어지면 코리아타운의 거리 질서도 형성되고 자연스럽게 지역주민과 지역사회와의 융화가 이루어질 것이라는 주장이었다.

이 장의 시사점은 한류문화가 향후 코리아타운을 중심으로 일본 전국으로 발신되기 위해서는 재일동포의 문화적 가교역할이 중요하다는 점, 한류의 적극적인 홍보로 일본인의 오해 불식과 한국인의 반성적 자각의 필요, 그리고 무엇보다도 코리아타운에 거주하는 한국인들의 인식 전환에 의한 일본인과의 공생이 중요하다는 점을 들 수 있을 것이다.

제7장

한류 문화와 K-문화콘텐츠의 확산

제7장

한류 문화와 K-문화콘텐츠 확산

제1절 한류와 K-문화콘텐츠

일본에서 한류 붐의 원조는 2000년 일본에서 개봉된 한류 영화 '쉬리'와 2001년 'JSA'로 2003년 NHK과 2004년 NHK 종합에서 방영된 '겨울소나타'라는 한류 드라마가 등장하기까지 중요한 매개역할을 담당했으며 한국 대중문화로서 처음으로 일본인들에게 많은 영향을 미쳤다. 한국 드라마는 2002년 '겨울연가'로 방영되어 일본에 수출하여 2003년과 2004년 방영된 '겨울소나타'에서 '욘사마'의 인기로 이어지면서 한류 드라마로 일본 한류 확대에 중요한 역할을 담당했다. 그리고 2010년 전후 일본에서 동방신기, 빅뱅, 소녀시대, 카라 등 K-POP를 통한 한류 붐이 일었다. 이러한 한류 붐을 계기로 2016년경에는 10대~20대 일본 여성들의 한국 화장품, 음식, 그리고 남성 아이돌 그룹에 대한 인기로 한류 상품에 한류 붐이 일어나기도 했다. 일본에서 한류 붐의 유행과정을 살펴보면, 먼저 한국영화, 드라마, K-POP 순으로 확대되어왔다.

최근 2021년에는 tvN 드라마에서 '사랑의 불시착', JTBC의

'이태원 클라쓰' 등 한국 드라마의 인기에 더하여 BTS의 국제적 활약으로 새로운 한류 붐 시대를 맞이하고 있다. 코로나 이후 재택근무가 증가하면서 넷플릭스에서 한국 드라마의 유행과 소셜네트워크서비스SNS를 통한 홍보 효과 등으로 한·일관계가 최악인 상황에서 다른 세대에 비해 정치적 영향을 덜 받은 일본 청년층 사이에 상호문화에 대하 호의도가 높아지고 있다. 특히 최근에는 OTT 인터넷을 기반으로 한 새로운 형태의 한류 소비와 유통을 통해 한류 붐을 일으키고 있다.[1)]

이런 한류 붐의 근본적 요인에 대해서는 1988년 서울올림픽, 1998년 일본 대중문화개방과 한일공동선언, 2002년 한일월드컵 공동 개최, 2003년과 2004년 '겨울연가(소나타)'의 인기 등 다양한 요인들로 설명되고 있지만, 한류 붐에 대한 정확한 진단을 내리지 못하고 있다(鄭栄蘭 2017: 85-88). 또한 한류 붐의 유행과 쇠퇴에 대한 여러 가지 요인 중 선행 연구에서는 영토문제와 역사문제를 거론하는 정치적 요인들로 설명되는 경우가 상당한 설득력을 가지고 있다. 이러한 재일동포의 역사 논란의 중심에서 있는 것이 최근 열풍을 일으킨 '파친코' 드라마라고 할 수 있다. 즉, 한류 붐이 정치적 요인들로 인해 일본에서는 한류의 쇠퇴요인으로 작용하기도 했지만, 또 다른 측면에서는 일본 내 재일동포의 역사문제를 통해 논란을 촉발시키는 수단이 되기도 했다는 점이 차별성이라 할 수 있다.

이 장은 한류 붐의 유행과 쇠퇴과정을 순서대로 살펴보고, 기

---

1) "'K-드라마 피워' 日서 한국 소주 판매량 급증, 화장품도 열풍": https://view.asiae.co.kr/article/2022080808305363957(검색일: 2022.08.08.).

존 한류 붐의 유행과 쇠퇴요인, '파친코' 드라마를 통한 새로운 형태의 한류 붐의 긍정적 요인 등을 종합적으로 고찰하고 한류에 대한 새로운 시각과 시사점을 제공한다.

제2절 일본문화개방과 단계별 한류유행 추이

한류 붐의 중요한 계기가 된 한일문화개방에 대해 살펴보면, 1998년 10월 김대중 대통령은 방일 당시 오부치 게이조(小淵惠三) 일본 총리와의 수뇌회담에서 '21세기를 향한 새로운 한일 파트너십 공동선언' 중에 일본문화개방 방침을 발표하였고 1998년 10월 제1차 개방이 개시되었다. 계속해서 제4차 일본문화개방까지 단계별로 정리하면 <표 19>와 같다. 일본문화개방에 의한 영향은 문화개방 이전부터 해적판 서적이나 CD 등 불법 복제 상품 등에 의해 한국인의 일상생활에 깊게 침투하고 있었던 것으로 한국의 영화, TV 드라마, 애니메이션, 음악 등의 문화산업도 이미 일본 문화의 영향 하에 있었던 시기였다.

일본문화개방과 더불어 일본에서 한류 붐은 지금까지 4차례에 걸쳐 진행되었다. 먼저 제1차 한류는 2003년 NHK에서 '겨울소나타'의 방영을 시작으로 일본 TV에서 '욘사마' 열풍이 연일 방송되어 사회현상으로 나타나던 때였다. 제2차 한류는 2010년 전후 K-POP의 대두로 동방신기, BIGBANG, 소녀시대, KARA 등 그룹명이 일본에서 널리 알려져 2011년 일본 NHK 홍백가합전에도 한국 아티스트들이 다수 등장하기 시작했다.

제3차 한류는 2017년 전후로 BTS, TWICE 등 아이돌 그룹에서 치즈 닭갈비, 치즈 핫도그 등 한국 음식이나 미용과 같은 한국 문화 전반에 걸쳐 일본 젊은 여성들을 중심으로 유행한 시기였다. 마지막으로 제4차 한류 붐은 코로나로 인한 재택근무(스테이 홈)가 증가하여 인터넷 배급 드라마가 본격화된 시기로 '기생충', '오징어 게임' 등이 주축을 이루고 있다. 2020년 한일 공동 다큐멘터리 'Nizi Project'로 데뷔한 'NiziU'도 인터넷 배급프로그램으로 주목받았다.[2)]

표 19. 한국 정부에 의한 단계적 일본문화개방 과정[3)]

<table>
<tr><th>문화
콘텐츠</th><th>제1차
문화개방
(1998.10)</th><th>제2차
문화개방
(1999.9)</th><th>제3차
문화개방
(2000.6)</th><th>제4차
문화개방
(2004.1~2006.1)</th></tr>
<tr><td>출판</td><td colspan="4">일본어판 출판 만화책 및 만화잡지 완전 개방</td></tr>
<tr><td>영화</td><td>세계 4대 국제영화 수상작</td><td>국제영화제 수상작, 전 연령가능 영화</td><td>18세 미만 관람 불가 이외의 모든 영화</td><td>완전 개방</td></tr>
<tr><td>극장용
애니메이션</td><td>미개방</td><td>미개방</td><td>국제영화제 수상작</td><td>2006년 1월 완전 개방</td></tr>
<tr><td>가요공연</td><td>미개방</td><td>2,000석 이하의 실내공연</td><td colspan="2">완전 개방</td></tr>
<tr><td>비디오</td><td colspan="3">한국 국내 상영 완료 영화작품</td><td>국내 상영 완료 영화 및 극장용 애니메이션 영화</td></tr>
</table>

2) 「第4次到来!?データで見る韓流ブーム」: https://www.at-s.com/s/business/data/285.html(검색일: 2022.07.24.).

3) 鄭栄蘭(2017), 「政治的対立と文化交流による日韓相互認識の変遷ー日韓の文化受容(韓流・日流)が国民意識の変化に与える影響ー」, 『プロジェクト研究』 12, p. 89.

문화 콘텐츠		제1차 문화개방 (1998.10)	제2차 문화개방 (1999.9)	제3차 문화개방 (2000.6)	제4차 문화개방 (2004.1~2006.1)
음반 (레코드/CD)		미개방	미개방	연주만, 일본어 이외 혹은 한국어 번역 가사 음반	완전 개방
게임 소프트		미개방	미개방	게임센터, 컴퓨터, 온라인용 게임 소프트	완전 개방
방송	지상파	미개방	미개방	스포츠, 다큐멘터리, 보도프로그램	국내상영영화, 교양 프로그램, 공동제작 TV 드라마, 일본인 가수 공연프로그램
	뉴미디어 (위성방송, 케이블 TV 등)	미개방	미개방	스포츠, 다큐멘터리, 보도프로그램, 국내 상영 완료 전 연령 가능 영화 및 애니메이션	국내 상영 완료 애니메이션 영화, 한일 공동제작 TV 드라마, 전 연령 가능 TV 드라마, 일본어의 가창 전반

일본에서 한일문화개방으로 시작된 한류 붐의 주요 K-콘텐츠에 대하여 간략히 살펴보면 <표 20>과 같다.

제1차 한류 붐(2003년~2004년)의 K-콘텐츠는 일본에서 방영된 '겨울소나타'를 계기로 욘사마 현상이 폭발적으로 유행하여 화제가 되었다. 이어서 '대장금' 등의 드라마가 히트하여 주로 한류드라마를 중심으로 유행하였다. '한류'라는 용어 자체가 일본에 침투하기 시작한 것도 이 드라마가 계기가 되었다. 제1차 한류 붐을 견인한 일본인 중심층은 대부분 욘사마 팬이었던 중년·고령층의 여성들이 담당했다.4)

4) 「第4次韓流ブーム」は「ステイホーム」の産物だった。:

표 20. 한류 붐의 단계별 주요 K-콘텐츠[5)]

구분	기간	대상	주요 콘텐츠	비고
제1차 한류	2003년 ~ 2004년	중년 고령층	겨울소나타, 대장금 등 드라마	한류드라마 붐
제2차 한류	2010년 ~ 2011년	청소년층	동방신기, BoA, KARA, 소녀시대, BIGBANG, 2PM 등 K-POP 그룹 일본 진출	한국 아이돌 그룹 일본 미디어방송 진출, K-POP 대중화 붐
제3차 한류	2016년 ~ 2017년	10~20대 청소년층	BTS나 TWICE 인기로 한국 치즈 닭갈비, 얼짱 메이크업, 프티프라 패션 등 한국 미용 주목	트위터나 인스타 그람 영상에 의한 맛집 소개와 미용, SNS 활용
제4차 한류	2020년 ~ 현재	전 연령층으로 확대	사랑의 불시착, 이태원 클라쓰, 기생충, 한일 공동 다큐멘터리 Nizi project -'NiziU', BTS 등	코로나 시대 Stay Home, 넷플릭스, Amazon prim video, U-NEXT에 의한 드라마와 영화

제2차 한류 붐(2010년~2011년)의 K-콘텐츠는 동방신기, KARA, 소녀시대, BIGBANG, 2PM 등 K-POP가 등장하여 일본 미디어 방송으로 진출하기 시작했다. 당시 일본에서 동방신기와 BoA 등 한류 아티스트의 인기가 여전했지만, K-POP 붐까지는 일어나지 않았다. 그런데 갑자기 일본 청년들의 마음을 사로잡는 폭발적인 K-POP 붐이 유행하기 시작했다. 일본에서 K-POP가 청년들을 중심으로 인기를 얻어 2011년에는 인기의 절정에 달했다. 2011년에는 일본 NHK 홍백가합전에도 한류 아이돌이 등장하는 등 일본 내에서 최대 시장 규모를 형성하기도

---

https://r.gnavi.co.jp/g-interview/entry/gohan/5125(검색일: 2022.07.24.).

5) 이 표는 신문 기사와 논문의 내용을 바탕으로 필자가 작성하였음.

했다. 2012년에는 한국에서 아이돌 그룹이 포화상태가 되어 일본에서 한류 붐이 주춤하기도 했다.

제3차 한류 붐(2016년~2017년)의 K-콘텐츠는 주로 한국 맛집 소개를 계기로 시작되었다. 당시 인스타 영상이 유행하여 경쟁하듯이 맛집 소개가 등장하기 시작했다. SNS 영상을 중심으로 한 맛집 소개에서는 치즈 관련 메뉴나 화려한 카페 메뉴 등 대표적인 음식으로는 춘천 치즈 닭갈비였다. 미용으로는 한국식 얼짱 메이크업과 프티프라로 개성적인 패션 등이 일본 청년들의 동경 대상이 되었다. 일본에서 치즈 닭갈비의 인기로 다양한 치킨이나 핫도그 등도 유행하였다. 제3차 한류 붐은 2016년~2017년경 10~20대의 젊은 여성들을 중심으로 유행하였고 BTS, TWICE 등의 인기에 힘입어 미디어 발신이 아니라 SNS 투고 등 사용자 발신으로 유행하였다. 제3차 한류 붐은 SNS를 구사하는 청년 발신 SNS 영상이 중요한 키워드로 한국요리와 궁합이 잘 맞는 치즈를 사용한 요리가 주목받았다.

제4차 한류 붐은 코로나로 인한 재택환경에서 새로 탄생한 한류 붐이라 할 수 있다. 코로나의 영향으로 K-콘텐츠는 주로 영화 분야에서 나타났는데 일본에서 영화 '기생충'의 히트로 서서히 주목받기 시작하여 한류 붐으로 발전되었다. 제4차 한류 붐의 주요 콘텐츠는 '사랑의 불시착', '이태원 클라쓰' 등 인터넷으로 배급된 드라마와 걸스 그룹의 데뷔까지 구성원의 성장 과정을 다큐멘터리로 밀착 취재한 'Nizi Project (NiziU)' 등이었다. '사랑의 불시착'은 2020년 유캔 신조어·유행어 대상으로 후보에 올랐다. 탑 10에 들어가지는 못했지만, 관련 키워드였던 인기

드라마 '사랑의 불시착'은 탑 10에 올랐다. 제4차 한류 붐은 2021년에 들어서면서 '사랑의 불시착', '이태원 클라쓰', 'NiziU', BTS 등 드라마와 K-POP 부문에서 대유행하였다.[6] 2020년 4월부터 미증유의 코로나 발생으로 여행 레저보다는 재택근무 STAY HOME가 일상화되었고 집에 머무는 시간의 장기화, 배달음식 주문서비스 등으로 사업이 이동하였다. 이때 급성장한 것이 여가의 정석이라 할 수 있는 자택에서 즐길 수 있는 동화배급서비스의 수요증가로 '영상배급서비스'가 넷플릭스나 아마존 프라임 비디오, U-NEXT 등에서 드라마나 영화를 누구나 즐길 수 있는 소비자수요가 폭발적으로 증가하였다. 이러한 가운데 넷플릭스에서 배급되었던 '사랑의 불시착', '이태원 클라쓰'를 비롯한 한국 드라마가 인기를 끌었다. 제4차 한류 붐을 견인한 이들 두 작품에서 공통으로 등장한 것이 한국식 치킨으로 덩달아 한국 치킨도 큰 인기를 얻었다. 특히 한국영화 '기생충'은 아카데미 4관왕을 차지하였고 일본 지상파에서도 방송되는 등 큰 화제가 되었다. 당시 한일 공동 다큐멘터리 'Nizi Project'로 데뷔한 'NiziU'의 인기도 상당했다. 이 시기는 코로나로 재택근무가 늘어나면서 한국에 관심 있는 청년은 물론 한국 드라마나 K-POP에 관심이 없었던 층까지 의도하지 않았던 접촉 기회가 증가하여 폭넓은 연령층으로 확대되었다. 이는 자연 발생적인 한류 붐으로 연결되어 지금까지 한류를 접할 수 없었던 매니아층까지 끌어들였다는 점에서 매우 의미가 깊다.

---

6) 활화산: https://farfasan.com/20210513(검색일: 2022.07.24.).

제3절 일본에서 K-콘텐츠 유행과 확산

일본에서 한류 문화의 대표라 할 수 있는 한국 영화, 드라마, K-POP를 중심으로 1998년 '한일공동선언' 이후 일본에서 한국 대중문화가 어떻게 일본 대중들에게 확산하여 갔는지, 그 경로에 대하여 살펴보고자 한다.

1. K-영화

먼저 '한일공동선언'은 1998년 10월 8일 도쿄에서 오부치 일본 총리와 김대중 대통령이 선언한 '21세기를 향해 새로운 한일 동반관계를 위한 행동'에서 비롯되었다. 이 선언문에서는 한·일 양국 간의 다양한 문화와 인적교류 확대의 중요성이 제기되었다. '한일공동선언' 이후 한일관계는 문화와 인적 교류의 분야에서 크게 확대되기 시작했다. '한일공동선언'은 1965년 한일기본조약체결 이후 일본에 의한 식민지지배의 사죄에 대하여 언급하고 있으며 한국과 일본 관계를 새로운 파트너로서 규정한 매우 큰 의미를 지니고 있다.[7)]

이러한 한·일관계의 새로운 정비 위에 한류가 등장하게 된다. 한류라는 단어는 2001년 한국 드라마의 유행을 타이완 미디어가 다루면서 확대되기 시작했는데 타이완에서 시작된 '한류(寒流)'와 한류(韓流)의 발음이 거의 비슷하여 현재 한류(韓流)로

---

7) 小此木政夫(2009)「100年目に訪れた機会ー日韓の「成熟したパートナーシップ」」, 『外交フォーラム』 2009年9月号.

통칭하여 사용하고 있다.[8)] 한류의 정의는 한국 영화, 드라마, K-POP, 패션, 화장품 등 비교적 넓은 의미를 포함하고 있다. 여기에서는 한류 영화, 드라마, K-POP 등 일본에서 한국대중문화의 인기에 한정하여 살펴볼 것이다. 특히 일본에서 한류의 전환점이라 할 수 있는 2004년 4월 NHK 종합에서 방영된 드라마 '겨울소나타' 이후 나타난 한국대중문화의 인기에 한정하여 '한류'로 정의하고자 한다.

1998년 '한일공동선언' 이후 일본 대중문화가 한국에서도 단계적으로 개방되고 일본에서도 한국 대중문화가 보급되면서 '한류'가 확대되기 시작했다는 점에 주목할 필요가 있다. 1945년 해방 전후 일본에서 최초로 수입한 한국 영화는 1962년 공개된 '춘향전(1961)'이었다. 1980년에는 한국문화원이 정기적으로 한국영화상영회를 개최하기도 했다. 하지만 일본에서 대중적인 확산을 보이기 시작한 영화는 한일공동선언 이후 일본에서 한류가 발생하기 이전인 2000년 1월 방영된 '쉬리'라고 할 수 있다. 영화 '쉬리'는 일본에서 한국 영화로서 사상 최고의 120만 관객동원과 흥행수입 18.5억 엔을 달성했다. 이후 2001년에는 'JSA'가 공개되어 흥행수입 11.6억 엔을 달성했다. 2004년 이후에는 '겨울소나타'의 히트를 계기로 '내 머릿속의 고무지우개' '4월의 눈' 등이 인기를 끌었다.

일본에서 상영된 영화 랭킹 가운데 일본에서 한류 영화의 히트작은 <표 21>에 나타나 있다.

---

8) 酒井享(2007). 「台湾における韓流ー韓流の発祥地·台湾」 石田佐恵子·木村幹·山中千恵編, 『ポスト韓流のメディア社会学』ミネルバ書房.

표 21. 일본에서 영화순위 중 K-영화와 연도별 순위(영화: 2005년~2013년)9)

영화 제목	최고 순위	최고 순위 획득일	등장 수
내 머릿속의 지우개	1	2005.10.20./11.04	8
JSA	2	2001.06.02/09	8
4월의 눈	2	2005.09.23	5
나의 여자 친구를 소개합니다	3	2004.12.17	4
실미도	4	2004.06.12	5
태극기 휘날리며	4	2004.07.03	4
누구나 비밀이 있다	4	2004.12.03	3
연리지	4	2006.04.21	2
목소리	5	2003.05.03	4
마라톤	5	2005.07.08	3
태풍	5	2006.04.14	2
이중스파이	6	2003.06.14	4
데이지	6	2006.06.02	2
Sad Movie	6	2006.11.17	1
당신은 애완동물	6	2012.01.21	2
괴물-한강의 괴물	7	2006.09.08	2
스캔들	8	2004.05.29	5
친구	8	2002.04.13	2
달콤한 인생	9	2005.04.29	1
아저씨	9	2011.09.17	1
엽기적인 그녀	10	2003.02.15	1
올드보이	10	2004.11.12	1
신부수업	10	2005.07.22	1
웰컴 투 동막골	10	2006.11.03	1
왕의 남자	10	2006.12.15	1
쓰나미	10	2010.10.01	1
왕이 된 남자	10	2013.02.16	1

9) 岡見浩史(2015). 「日韓共同宣言以降の文化·人的分野における交流の進展ー日本における韓国大衆文化を中心に」, 『第一回鶴峰賞受賞作』, p. 7.

2000년의 '쉬리'를 시작으로 2001년의 'JSA', '엽기적인 그녀', '친구' 등 수 편의 히트작이 계속해서 등장하기 시작했다. 2004년 '겨울소나타' 이후 2006년까지 한류 영화의 인기는 상당했는데 2007년부터 2010년까지 휴식기를 거쳐 '쓰나미'라는 한류 영화가 새롭게 재등장하였다.

이상에서 살펴본 바와 같이 한류 영화는 1998년 '한일공동선언' 이후 유행과 쇠퇴를 반복해왔다. 2000년 한류 영화 '쉬리'와 2001년 'JSA'는 2004년 '겨울소나타'라는 한류 드라마가 등장하기까지 중요한 한류의 매개 역할을 담당했으며 한국대중문화로서 처음으로 일본인들에게 큰 영향을 끼쳤다. 한국 영화는 '한일공동선언' 이후 한일문화와 인적 교류 차원에서 가장 초기에 공헌했다는 점에서 높이 평가할 수 있다.[10]

2. K-드라마

지금까지 한국 영화의 일본 진출과정에 대해 살펴보았는데 이어서 한류 드라마의 진출과정에 대해 살펴보고자 한다. 한국 영화의 일본에서의 인기에 힘입어 2004년 NHK에서 방영된 '겨울소나타'로 이때부터 한국 드라마가 한류 문화의 중심에 서게 되었다. '겨울소나타'가 등장하기 이전에도 한류드라마는 2001년 NHK에서 '다시 한번 키스', 2002년 '프렌즈', 2002년 '이브의 모든 것'이 일본에서 방영된 적이 있었다. 그러나 이들 드라마

10) 鄭栄蘭(2014). 「日本における「韓国文化受容」と今後の課題ー放送·映画部門での「韓流」受容の過程を中心として」, 『日本国際情報学会誌』 11(1), pp. 44-48.

는 그다지 큰 인기를 끌지 못했다. 그러다가 2003년 4월부터 NHK(BS2)에서 '겨울소나타'가 방송되기 시작했다. 초기에는 별로 인기가 없었지만, 드라마가 구전으로 알려지면서 인기를 얻기 시작하여 2013년 12월 BS2에서 재방송되었다. 2004년 4월에는 드라마의 주인공 배용준이 도일하여 공항에 일본인 팬들이 쇄도하는 등 이후 한류 붐으로서 이어지게 되었었다. 2004년 4월 개시된 NHK 종합 TV 방송에서는 최종회의 시청률이 20.6%를 기록하기도 했다.

이런 한류드라마의 인기에 힘입어 소설 판 '겨울소나타'가 122만 부의 매출액을 올리는 등 큰 히트를 기록했으며 NHK 관련 회사의 비디오, DVD, 서적의 매출이 90억 엔으로 2004년 히트상품으로 '겨울소나타'가 선정되었다. 2004년 유캔 신조어 유행어 대상으로 '겨울소나타'가 후보에 올랐다. 이러한 '겨울소나타'의 인기에 따라 일본 지역방송에서도 한국 드라마를 본격적으로 방송하게 되었다. '겨울소나타' 방송종료 이후 일본 지상파에서 한국 드라마의 방영 추이를 살펴보면 <표 22>와 같다.

이상과 같이 일본에서 한류드라마 역시 성장과 쇠퇴를 반복하면서 지속해오고 있지만, 여전히 유행의 가능성은 존재하고 있다. 이러한 가운데 24시간 한국 관련 프로그램을 전송하는 전문 채널이 등장하기 시작했다. 가령 1996년 10월 일본 거주 한국인 대상 KNTV가 개국하였으며 2000년 6월에는 Mnet의 방송 개국, 2006년에는 KBS World가 개국했다. '한일공동선언' 이후 문화와 인적 교류가 한일 간 확대되면서 '겨울소나타'는 중요한 매개체 역할을 담당했다고 볼 수 있다.

표 22. 일본 지상파 방송의 K-드라마 방영 추이(드라마 : 2004년~2015년)[11)]

연도	작품 수	방송 시간	방송 프로그램
2004.08	1	1	'겨울소나타' NHK
2005.08	3	6	'진실' 일본 TV, '슬픈 연가' 후지 TV, '올인 운명의 사랑' NHK
2006.08	3	6	'태양을 향해' TV 동경, '러브스토리 인 하버드' TV 동경, '대장금' NHK
2007.08	3	3	'눈의 여왕' TV 동경, '봄의 왈츠' NHK, '당신은 어느 별에서 왔는가?' 일본 TV
2008.08	2	5	'태왕사신기' NHK, '가을동화' TV 동경
2009.08	4	13	'일지매' TV 동경, '대장금' TBS, '꽃보다 남자' TBS
2010.08	6	19	'온 에어 히어로' TBS, '궁 러브인 팰리스' 후지TV, '미남이군요' 후지 TV, '꽃보다 남자' TBS, '아이리스' TBS, '주몽' TV 동경
2011.08	6	19	'드림하이' TBS, '제빵왕 김탁구' 후지 TV, '연애 매뉴얼 아직 결혼하고 싶은 여자' 후지 TV, '추노' TV 동경, '주몽' TV 동경, '이산' NHK
2012.08	3	14	'겨울소나타' TV 동경, '러브레인' 후지 TV, '보스를 지켜라' TBS
2013.08	2	10	'무신' TV 동경, '탑의 피아니스트' TBS
2014.08	3	9	'야왕-사랑과 욕망의 끝' TV 동경, '백년 신부' TBS, '태양을 품은 달' NHK
2015.08	1	5	'엄마의 마지막 선물' TV 동경

3. K-POP

일본 한류에서 K-POP 분야는 한국 대중문화 중에서도 1998년 한일공동선언 이전부터 일정한 성과가 있는 분야였다. 대표적으로는 일본인들에게 널리 알려진 '돌아와요 부산항에' 등의

11) 岡見浩史(2015).「日韓共同宣言以降の文化·人的分野における交流の進展－日本における韓国大衆文化を中心に」,『第一回鶴峰賞受賞作』, p. 12.

히트곡을 가지고 있는 조용필로 1987년~1990년까지 4년간 연속으로 NHK 홍백가합전에 출전하였다. 이외에도 1988년~1994년까지 7년 연속으로 홍백가합전에 출전한 계은숙, 1985년과 1995년, 그리고 2001년 홍백가합전에 출전한 김연자 등이 있다. 이러한 트로트 가수 이외에 일본에서 최초로 주목받은 한국인 가수는 S.E.S.라고 볼 수 있다. S.E.S.는 3인으로 구성된 여성 그룹으로 구성원 중 한 명이 일본 가나가와현 출신 재일동포였다. 이후 한국인으로 일본에서 처음으로 성공한 K-POP 가수는 '보아'라 할 수 있다.[12)]

다음 <표 23>에서 제시하는 바와 같이 BOA는 2000년 8월 S.M.엔터테인먼트로부터 한국에서 데뷔하여 2001년 5월 에이벡스로부터 일본어판으로 일본 데뷔를 달성했다. 2002년 일본 레코드 대상 금상을 받아 2007년까지 6년간 NHK 홍백가합전에 연속 출전했다. 보아는 2002년 이후 일본 K-POP에서 꾸준히 10위 안에 머무르면서 2005년에는 'DO THE MOTION'으로 1위를 달성했다. 보아의 K-POP 1위 달성 이후 2002년에는 한일월드컵 공동 개최의 시기로 한일 아티스트들이 공동으로 참여한 voice of KOREA/JAPAN이 탄생하여 공식 주제가였던 'Let's Get Together Now'가 오리콘 주간 랭킹 3위를 차지했다.

이후 2004년에는 '겨울소나타'가 NHK에서 반영되어 일본에서도 한류 현상이 본격화되기 시작했다. 한류 드라마의 영향으

12) 梁仁寛(2007). 「もう一つの韓流ー韓国映画のなかの「在日」像」, 『石田佐恵子·木村幹·山中千恵編『ポスト韓流のメディア社会学』』ミネルバ書房.

로 K-POP 음악 분야에서도 한국인 가수가 일본에서 다수의 히트곡을 내기 시작했다.

표 23. 일본에서 오리콘 주간 차트 K-POP 순위 한국 가수와 연도별 최고위 획득수(K-POP: 2005년~2015년)13)

최고위	가수 명	최고위 취득 곡명	발매일
1	보아	DO THE MOTION	2005.03.30
1	동방신기	Purple Line 등 전 11곡	2008.01.16
1	KARA	제트코스 클럽	2011.04.06
1	장근석	Let me cry	2011.04.27
1	T-ARA	Bo Pee Bo Peep	2011.08.28
1	CN BLUE	Where you are	2012.02.01
1	김현정	HEAT	2012.07.04
1	소녀시대	Oh!	2012.09.26
1	2PM	Winter Game 등 전 2곡	2013.10.16
1	SUPER JUNIOR	MAMACITA~AYAYA	2014.12.29
1	BTS	FOR YOU	2015.06.17
2	류시원	사쿠라 등 전 3곡	2005.04.13
2	이병헌	언젠가	2008.10.15
2	BEAST	SHOCK	2011.10.15
2	FTISLAND	SATISFACTION	2011.04.20
2	MBLAQ	Your Luv	2011.05.04
2	조신성	그리운 날에 너를 만나고 싶어	2011.06.15
2	SHINee	너는 나의 모든 것 등 전 6곡	2011.06.22
2	SUPER JUNIOR DONGHAE & EUNHYUK	오빠, 오빠	2012.04.04
2	Infinite	Be Mine 등 전 2곡	2012.04.18
2	SUPER JUNIOR-K.R.Y	Promise You	2013.01.23
2	B.A.P	NO MERCY 등 전 2곡	2014.04.02

13) 岡見浩史(2015). 「日韓共同宣言以降の文化·人的分野における交流の進展ー日本における韓国大衆文化を中心に」, 『第一回鶴峰賞受賞作』, p. 18.

최고위	가수 명	최고위 취득 곡명	발매일
2	U-KISS	Sweetie	2014.12.17
2	JYJ	WAKE ME TONIGHT	2015.01.21
2	Apink	Mr. Chu 등 전 2곡	2015.02.18
3	BIG BANG	MY HEAVEN	2009.06.24
3	RAINBOW	A	2011.09.14
3	2AM	Never let you go	2012.09.12
3	BOYFRIEND	너와 댄스 댄스 댄스! MY LADY	2012.11.28
3	B1A4	이게 무슨 일이야 등 전 3곡	2013.08.28
3	GOT7	AROUND THE WORLD	2014.10.22
3	MY NAME	HELLOAGAIN	2015.07.28
4	SE7EN	Start Line Forever	2005.10.19
4	SS501	LUCKY DAYS	2008.06.18
4	John-Hoon	너를 지키고 싶다	2008.07.16
4	AOA	Like a Cat	2015.02.25
4	BTOB	여름색 MY GIRL	2015.08.19
5	K	Over... 등 전 2곡	2005.03.02
5	대국남아	Jumping	2012.03.28
5	2PM+2AM 'One day'	Oneday	2012.07.04
5	IU	You & I	2012.07.18
5	2NE1	I LOVE YOU	2012.09.19
5	D·LITE(from BIGBANG)	I LOVE YOU	2013.07.31
	CODE-V	지금 전하고 싶은 것	2013.11.13
5	BEE SHUFFLE	Wlecome to the Shuffle 등 전 곡	2014.02.05
5	CROSS GENE	Future	2015.01.14

이상과 같이 일본에서 활동하고 있는 K-POP 가수의 특징은 <표 24>와 같이 3유형으로 구분할 수 있다. 먼저 제1유형은 '한류드라마 유형'으로 한국에서 배우로 활동하다 일본에서 붐을 일으킨 드라마에 출연한 배우가 곡을 내는 경우이다. 제2유형은 '한일 동시 활동형'으로 한국에서 가수로 활동하다 일본에서도 처음부터 가수로 진출하여 한일 거의 동시에 가수로서 활

표 24. 한국인 가수의 한류 음악 K-POP 진출 유형[14)]

한류 가수 유형	활동 내용
제1유형: 한류 드라마형	한국에서 배우로 활동하다 일본에서 화제가 된 드라마에 출연한 배우가 곡을 출시한 경우
제2유형: 한일 동시 활동형	한국에서 가수로 활동하면서 일본에서도 처음부터 가수로 진출하여 한일 거의 동시에 가수로서 활동하는 경우
제3유형: 기타 혼합유형	한류 이전부터 트로트로 활동하고 있는 가수나 일본에서만 활동하고 있는 가수로 계은숙, 김연자, K, CODE-V, BEE SHUFFLE, SHU-I, JUNO 등

동하고 있는 경우를 말한다. 제3유형은 계은숙이나 김연자와 같이 한류 이전부터 트로트를 중심으로 활동하고 있는 가수나 K, CODE-V, BEE SHUFFLE, SHU-I, JUNO 등 일본에서만 활동하는 가수로 '기타 유형'에 속한다. '한류드라마 유형'은 '겨울소나타' 이후 2005년~2008년경에 인기가 절정에 달했고 '한일 동시 활동형'은 2008년 이후 인기를 끌었다. '한일 동시 활동형'으로 가장 인기가 많았던 가수는 '동방신기'로 2005년 일본에 데뷔하여 2008년~2009년 우수작품상을 수상하였으며 홍백가합전에도 출전하였다.

당시까지만 해도 전무했던 K-POP가 일본 시장에서 수용하게 된 배경에는 한국 내 표현의 자유 확대, 한국 대중문화에 대한 한국 정부의 장려 정책, 국내 협소한 시장을 의식한 일본 진출 희망, 한류 이후 한국 대중문화를 수용하는 일본 내 분위기 형성 등을 들 수 있다. 특히 유튜브나 SNS 활동에 의한 팬의 존재와 음악의 확산, 1990년대까지 미모나 댄스를 중시한 아이

14) 이 표는 본문의 내용을 바탕으로 연구자가 작성하였음.

돌에서 본격적인 노래로 경쟁하는 가수들이 탄생했다는 점 등은 일본 내 한류 확산에 많은 영향을 미쳤다. 2010년 유캔 신조어와 유행어 대상에 K-POP가 후보에 올라 오리콘 신인 아티스트별 매출액 순위 1위에 KARA, 2위에 소녀시대 등이 일본에서 주목받았다.

이상과 같이 1998년 '한일공동선언' 이후 한일 간 문화와 인적 교류는 한국 영화와 한류드라마 '겨울소나타'를 매개체로 급성장하였다. 한류드라마는 중·고령층의 여성 팬들이 중심에 서 있었지만, K-POP은 한일 동시 활동형 가수가 많았고 팬의 중심층이 10대~20대가 대부분이었다. 한류드라마 '겨울소나타'를 필두로 가수 보아, 동방신기, 소녀시대를 잇는 K-POP은 일본에서 한국 대중문화의 수용층을 확대하는 데 이바지했다고 볼 수 있다.

제4절 K-콘텐츠와 '파친코' 드라마

한국의 글로벌화와 맞물려 코리안 디아스포라의 규모 및 영향 범위는 점차 확대되어왔다. 가령, 코리안 디아스포라로 총칭되는 「재외동포재단법」의[15] 「재외동포의 출입국과 법적 지위에 관한 법률」[16]에서 명시하고 있는 재외동포의 정의에 따르면,

---

15) 법제처(2020), 재외동포의 출입국과 법적 지위에 관한 법률」(2020.02.04. 법률 제16917호).

16) 법제처(2020), 재외동포재단법」(2020.05.26. 법률 제17307호).

재외동포는 한민족의 혈통을 가지고 있으면 국적에 상관없이 재외동포로 분류되고 있다. 이러한 재외동포의 수는 2020년 12월을 기준으로 한국의 재외동포 인구는 약 730만 명으로, 이는 2021년 한국 인구의 약 14%에 달한다. 한국의 재외동포 주요 거주국으로는 미국, 중국, 일본 등이라 할 수 있다. 이들 국가는 한반도와 지정학적으로 밀접한 관계를 맺고 있으며 문화·경제·사회적 교류 등을 활발히 진행하고 있다.

전 세계에 거주하는 코리안 디아스포라(재외동포)는 2017년 약 753.9만 명까지 증가한 이후 코로나의 영향으로 2019년에는 749.3만 명, 2021년에는 약 732.5만 명까지 감소세를 보였다. 지역별로는 일본 및 중국을 포함한 동북아시아가 316.9만 명으로 가장 많이 거주하고 있으며, 북미가 287.1만 명, 유럽이 67.7만 명의 순으로 나타났다. 국가별로는 2021년 기준 미국 거주 재외동포가 263.3만 명으로 가장 많았으며 다음으로 중국이 235만 명, 일본이 81.8만 명, 캐나다가 23.7만 명의 순으로 나타났다.

이상과 같이 19세기 말 시작된 전 세계에 거주하는 코리안 디아스포라의 역사는 거주국에서 여전히 이주의 역사적인 삶을 당당히 이어가고 있다. 미국의 경우 구한말 하와이의 사탕수수밭으로 이주하여 노예처럼 일하던 한국 이민자들의 이야기를 시작으로 '사진 신부'라는 사진 한 장만으로 미국으로 시집간 한국 여성들의 기막힌 한국인들의 삶의 사연도 있다. 미국에 이민 간 이민자의 삶을 소재로 한 영화 '미나리'가 아카데미상으로 주목받으며 여우조연상을 받은 것도 같은 맥락이라 할 수 있다. 코리안 디아스포라는 미국뿐만 아니라 독일에 광부와 간호사로 파견되었다가 그곳에서 한평생을 보낸 재독 한인교포들도 있다. 또한, 카레이스키로 불리는 구소련지역과 CIS지역 거주 고려인들의 삶도 있고, 중국에 거주하는 조선족으로 불리는 재중동포의 이주역사도 있다. 이처럼 코리안 디아스포라들은 세계 곳곳에 거주하며 살아남기 위해서 전 세계 어디서든 잡초처럼 근성을 가지고 현지에서 악착같이 버티며 살아오고 있다.

한국과 가까운 이웃 나라 일본에서 펼쳐졌던 총련과 민단이라는 치열한 이념 싸움의 장소로 변한 일본 거주 재일동포들도 존재한다. 일제 식민지기 일본으로 강제징용을 당해 태평양 한가운데서 죽어가야만 했던 젊은 청년들도 있고, 종군위안부라는 이름으로 희생된 꽃다운 조선의 여성들도 존재한다. 최근 화제가 되었던 재일동포를 소재로 한 '파친코' 드라마는 조선에서 건너가 오사카에 뿌리를 내린 재일동포들의 이야기를 다루고 있다. 코리안 디아스포라의 스토리텔링을 발굴하여 역사의 격변 속에 태어난 디아스포라, 재일동포를 다룬 대하드라마라고 할 수 있다. '파친코' 드라마에서는 조선에서 벌어졌던 수탈과 강제노역뿐 아니라 관동대지진 학살 등 일본 본토에서 핍박받았던 재일동포들의 모습이 선명하게 담겨있다. 일제강점기부터 재일동포 후세대의 삶까지 대서사를 다룬 애플TV+ 드라마 '파친코'는 한국의 역사인 동시에 디아스포라diaspora(고국을 떠난 사람)의 역사적인 이야기이다.

재일동포를 소재로 다룬 '파친코'는 원래 재미동포 이민진 작가의 동명 소설에서 시작된 8부작 드라마로 제작되어 온라인 동영상 서비스OTT 후발주자로 비교적 구독자가 적은 애플TV+에서만 보급되어 시청할 수 있는 범위가 좁은데도 작품의 반향은 대단했다. '파친코'의 원작은 예일대에서 역사학을 전공한 이민진 작가가 30년 동안 구상하고 집필한 소설로 '역사가 우리를 망쳐놨지만 그래도 상관없다.'라는 대담하고 비장한 문장으로 시작되고 있다. 이 소설을 드라마화한 '파친코'의 평가에 대해서는 다양한 해석이 존재한다.

여기에서는 '파친코' 드라마에 대한 다양한 해석을 중심으로 다음과 같은 점에 주목하여 구체적으로 살펴보고자 한다. 첫째, 재일동포 자신들의 평가에 대해서는 민족산업으로서 파친코 산업 태동의 역사는 무엇인지 살펴볼 필요가 있다. 둘째, 한류 문화의 측면에서 원작을 각색한 '파친코'를 한국 드라마로 인정할 수 있을 것인지의 문제이다. 미국 기업인 애플TV+가 한국 제작사를 거치지 않고 직접 제작한 드라마이며 공동 연출을 맡은 코고나다 감독과 저스틴 전 감독, 각본을 쓴 수 휴 총괄 프로듀서, 테라사 강 로우 책임 프로듀서 등 제작진 다수가 한국계 미국인이기 때문이다. 셋째, '파친코' 드라마는 재일동포 가족사와 한국의 근현대사를 압축한 민족사이자, 침략당한 경험을 가진 국가들의 아픔과 다양한 인종이 섞여 사는 이민사회의 현실을 반영한 '재일동포의 스토리'라는 것이다. 즉, '파친코'가 한국 역사물에서 흔히 언급되는 일제강점기 민족의 한 뿐만 아니라 재일동포의 삶을 섬세하게 다루고 있다는 점에서 일본에서는 '파친코'를 '역사 왜곡'·'반일 드라마'로 평가되고 있다. 이러한 문제에 대해 과연 그러한지 자세히 살펴볼 필요가 있다.

이상과 같이 현재 '파친코' 드라마를 둘러싼 국내외 다양한 평가가 존재하는데 한류 문화와 재일동포 파친코 드라마의 디아스포라적 서사구조, 드라마를 통해 촉발된 한일 역사 논쟁 등에 대해 상세히 살펴보고자 한다.

1. 민족산업으로서 파친코 산업의 등장

일본에 거주는 재일동포들의 3대 민족산업은 파친코 산업, 야끼니쿠 산업, 토목건축업이다. 이들 민족산업은 일제강점기와 해방기를 전후로 해 일본에 건너가 정착한 재일동포들이 전후 일본 현대사회에서 심한 사회적인 차별로 인해 직업 선택 자유를 제한받았다. 일본기업들은 재일동포들을 오랫동안 국적과 민족 출신이 한국이라는 이유로 취업차별에 의한 채용을 거부해왔기 때문에 제대로 된 직업을 찾기가 힘들었다.

따라서 일본 거주 재일동포들이 일본 사회에서 경제적으로 성공하기 위해서는 크게 다음 세 가지 사업에 종사하는 길밖에 없었다. 먼저, 야쿠자에 가입하거나, 파친코 사업장이나 한국음식점과 같은 자영업을 운영하거나, 아니면 예체능계로 진출하는 방법이다. 야쿠자는 현대에 들어 사실상 거의 배후로 사라졌지만, 일본 파친코 사업장의 상당수가 현재까지도 재일동포들이 사업을 운영하고 있으며 일본 스포츠계와 예능계에도 많은 재일동포들이 활약하고 있다. 따라서 '파친코'라는 제목에서 알 수 있듯이 원작 소설과 이 드라마는 이런 배경이 재일동포 스토리의 핵심 요소로 작용하고 있다.

전술한 바와 같이 재일동포 민족산업의 하나인 '파친코'의 원작은 어린 시절 미국에 이민 간 이민진 작가의 2017년 베스트셀러 소설이다. '파친코'는 일제강점기 부산 영도에서 태어난 선자가 일본으로 건너간 뒤, 온갖 역경을 극복하는 과정에서 재일동포 가족으로서 4대에 걸쳐 한국-일본-미국을 오가며 생활하는 이들 '사이에 낀' 디아스포라적 삶을 다루고 있다. 이 과정에서 재일동포들이 겪어야 했던 참혹했던 '종군위안부' 같은 전쟁범죄들과 재일동포 차별문제 등도 동시에 다루고 있다. 이민진 작가는 '위안부' 문제와 함께 일본 사회 안에서 '사이에 낀' 채 일종의 변종으로 살아온 재일동포들의 치열한 삶을 인종차별적 측면에서 조명하고 있다. 소설이 글로벌 온라인 동영상 서비스(OTT)를 통해 드라마화되면서 세계 시민사회에 잔잔한 감동과 함께 일본 정부에 대해서는 식민지지배를 둘러싼 일본 정부의 대처에 대한 실망과 분노를 안겨주었다.[17)]

2. 파친코 드라마의 디아스포라적 서사구조

'파친코' 드라마가 한류 문화의 측면에서 소설 원작을 각색한

---

17) OTT(Over The Top·온라인 동영상 서비스) 업체들의 글로벌 콘텐츠 전략은 크게 두 가지다. 먼저 특정 지역에서 개발돼 그 지역 시청자를 타깃으로 한 콘텐츠가 세계적 호응을 얻기를 기대한다. 한국 시청자를 노리고 한국에서 제작한 작품이지만 세계 시청자들의 관심을 끌며 일종의 문화현상으로 솟아오른 '오징어 게임'이 대표적이다. 그 전에 넷플릭스에서 흥행한 '종이의 집'은 스페인 드라마인데, 그 또한 비슷한 경우다. 반면 앞서 언급한 '나르코스'나 '파친코'처럼 OTT 본사에서 만든 글로벌 콘텐츠도 존재한다. 이는 '내수용'으로 만든 작품이 해외에서 인기를 끄는 현상과는 다른 경우다. 미국이 아닌 다른 나라를 배경으로 하며, 해당 지역의 풍토 및 현지인의 정서를 십분 반영하고 있지만, 어디까지나 기본적으로는 '미국 드라마'이다.

'파친코'를 한국 드라마로 정의할 수 있을 것인지 라는 문제이다. 혹자는 미국 기업 애플TV+가 한국 제작사를 거치지 않고 직접 제작한 작품으로 공동 연출을 맡은 코코나다 감독과 저스틴 전 감독, 각본을 쓴 수 휴 총괄 프로듀서, 테라사 강 로우 책임 프로듀서 등 제작진 다수가 한국계 미국인이기 때문에 한국 드라마로 정의할 수 없다고 주장하기도 한다. 제작사를 기준으로 하면, 미국 작품이고 이주민의 정체성을 다루고 있다는 차원에서 살펴보면, 디아스포라 문학으로 보아야 한다는 평가도 있다.

그런데도 부분적으로 한국적 드라마 색채가 강한 요소로 쌀밥과 김치 등이 등장하고 한국어, 일본어, 영어 3개 언어에다 부산과 제주도 사투리가 완벽하게 구현되고 있는 점 등을 제시하고 있다. 따라서 이렇게 본다면 한류 문화적 요소와 디아스포라적 서사가 결합한 작품으로도 볼 수 있으며 <표 25>에서 K-드라마와 '파친코' 드라마의 이슈를 정리하였다.

표 25. 글로벌 OTT 경쟁 K-드라마와 '파친코' 드라마 등장(2022년 3월 기준)[18]

한류 문화(K-드라마) 인기	'파친코' 드라마의 서사구조
• 넷플릭스 오리지널 중 상위 70위 중 7편 한국 작품 • K-드라마, 구독자 2억 명 플랫폼에서 상위 10% 장악 • 할리우드 입지 노리는 한국…제2의 콘텐츠 강국 기대	• 일제강점기 조선인의 삶 • 민족과 역사의 고찰 • 재일동포 민족차별과 취업차별의 역사 • 근현대 역사적 시기를 살아낸 한 재일동포 여성의 강한 삶과 가족 4대의 삶 • 시대적 상황: 일제강점기와 일본 버블경제의

18) [이슈분석] K-콘텐츠 명성 잇는 '파친코'…글로벌 OTT 경쟁 '치열': https://biz.sbs.co.kr/article/20000056530(검색일: 2022.07.05.).의 내용을 바탕으로 필자가 작성.

한류 문화(K-드라마) 인기	'파친코' 드라마의 서사구조
• K-콘텐츠 인기에 글로벌 OTT 한국콘텐츠 제작 증가 • 올해 넷플릭스 오리지널 드라마 등 20편 이상 전망 • 오징어 게임, 250억 제작비로 1조 가치 창출 '갓성비' • 서구권이 시작한 좀비물…'K-좀비'로 단골 소재 등극 • '소년심판', 韓시리즈 첫 소년 법정 조명… 2주 연속 1위 • 2021년 11월 19일 '파친코' 드라마 공개, 오징어 게임이 시작한 K- 드라마 흥행을 파친코가 계승	호황이 절정에 이르렀던 시기인 1989년 • 일본으로 끌려가는 조선인과 주류사회로 편입하고자 하지만 편견의 벽에 부딪히는 재일조선인의 삶을 교차편집 구성으로 극화함. • 제작 규모 1,000억 원, 총 4시즌 32부작 (현재 1시즌 8부작 방송함) • 제작사를 기준으로 하면 미국 작품이고 이주민의 정체성을 다루고 있다는 차원에서 살펴보면 디아스포라 문학

3. 파친코 드라마와 한·일 역사 논쟁

'파친코' 드라마 속에는 일본 넷 우익들이 역사 왜곡이고 날조라며 선동하는 드라마 부분과 사건들이 등장한다. 가령, 일제 식민지시기 한국의 강제식민지화, 2차 대전 전범국이란 타이틀보다 그들이 더 감추고 싶은 강제징용이나 종군위안부 문제 등이 등장하고 있으며 드라마에서 실제 밝혀진 사건보다 그 수위가 낮게 표현된 점이 아쉽다는 논평도 있으며 다음 <표 26>에서 논쟁적 쟁점을 정리하였다.

이에 대해 미국 시카고 신학대학원 정승훈 교수는 드라마 파친코 논쟁에 대하여 일본의 집요한 역사 왜곡을 단숨에 뒤집었다고 평가하면서 다음과 같이 주장하고 있다. "'파친코'는 대학박물관처럼 은닉되고 왜곡된 역사를 파헤치는 구실을 하는 '유효한 역사'라 할 수 있다. '파친코'는 이러한 유효한 역사를 가장 대중적인 방법으로 구현한 실제 사례에 속한다. 일본 정치학자들은 1951년 샌프란시스코 평화협정 이후 한일기본조약(1965) 청구권 협정에서 강제징용이나 식민지배에 연관된 모든 문제가 종결되었으며 대한민국이 더 이상 위안부나 강제징용 또는 식민시대 학살 등을 언급하는 것은 국제법을 어기는 것이라 주장한다. 그러나 한국이 국제법 위반이라기보다는 일본이 영토를 점령한 지역에서 시민들의 권리와 삶을 보장해야 한다는 국제법을 어겼다. 망쳐놓은 역사를 치유하는 것은 포스트 콜로니얼 이론의 중심이다. 희생자의 아픔에 공감하는 자만이 유효한 역사를 현재에 써나갈 수 있다."[19]라고 단호히 주장한다.

연합뉴스 2022년 5월 1일자에서도 "파친코"가 일제강점기 한민족의 한뿐만 아니라 재일동포의 생활을 섬세하게 다루고 있으며 일제강점기 당시의 역사를 바로잡는 모멘텀 역할을 했다고 주장한다. 일제 식민지 조선에서 벌어졌던 수탈과 강제노역뿐만 아니라 관동대지진 학살 등 일본 본토에서 핍박받는 조선인들의 모습이 담겼다는 이유에서라고 소개하고 있다.[20]

---

19) 한겨레신문 2022년 5월 7일, "일본의 집요한 역사 왜곡 단숨에 뒤집은 '파친코' 효과.": https://www.hani.co.kr/arti/society/society_general/1041899.html(검색일: 2022.07.05.).

20) 연합뉴스 2022년 5월 1일, "'파친코'가 남긴 것 디아스포라 소재로 기억해야 할 역사 담아내.": https://www.yna.co.kr/view/AKR20220501000900005(검색일: 2022.07.05.).

표 26. '파친코' 드라마의 논쟁점 분석 결과[21)]

분석단위 구분	'파친코' 드라마의 논쟁점
민족문제-파친코 산업	• 한국계 미국인 제작진과 한국 배우 '글로벌 프로젝트' • 한국인 역사 다룬 미국 자본…韓 정서 살리며 시너지 • '경계인' 한국계 미국인, 이방인의 아픔 고스란히 전달 • '파친코'' 메시지에 공감…더 깊고 입체적인 작품 완성 • 코고나다 감독 "모국·조상 이해하는 과정이었다"
한류 문화와 K-콘텐츠-디아스포라적 서사구조	• 애플TV+ '반격'…'파친코' OTT 통합 랭킹 1위 기록 • 제작비 1,000억 '대작'…애플TV+의 오리지널 시리즈 • 파친코, 韓 이민자 가족의 희망과 꿈을 그린 드라마 • 동명 NYT 베스트셀러 원작…재일조선인 가족 이야기 • 아픈 역사 속 '선자' 통해 여성들의 역할·희생 조명 • 한·미·일 삼중언어 구성…4세대 걸쳐 겪는 고난 조명 • 민족 정체성과 역사·시대 흐름 응축…情과 恨 표현
역사논쟁-모멘텀	• 한국인 아픈 역사 조명…왜곡 논란 없이 작품성 호평 • 자문가 "전 세계 제국주의 표현…이민 통한 생존 다뤄" • 쏟아지는 '파친코' 호평…일본 누리꾼들 거세게 반발 • 일부 일본 누리꾼 "역사 왜곡한 반일 드라마" 반발 • 첫 장면, 식민지 사실 자막…일본 정부, 강제 식민지배 부정 • "일본인 멸시 견딘 재일조선인 표현" 평가에 일본인 분노

제5절 영화와 TV 속 다문화가정

1. 영화 속 다문화가정

일반적으로 다문화가정은 '결혼이민자와 출생·인지·귀화에 의해 국적을 취득한 한국인으로 이루어진 가족' 또는 '인지·귀화에 의해 대한민국 국적을 취득한 외국인과 출생·인지·귀화에 의해 국적을 취득한 한국인으로 이루어진 가족'으로 정의하고

21) 연구내용을 바탕으로 필자가 작성하였음.

있다. 한국보건사회연구원(2019)이 발행한 동아시아 국가의 다문화가족 현황 및 정책 비교연구 보고서에 따르면, 한국의 결혼이민자 및 혼인귀화자를 중심으로 한 다문화가족은 결혼이민자 및 인지·귀화자 약 29만 5천 명, 그 배우자 자녀가 약 20만 명으로 나타났다.[22)]

영화 <완득이>는 장애인 아버지와 필리핀 어머니 사이에서 태어나 잘하는 것은 싸움밖에 없는 다문화가정의 자녀 완득이의 일상을 담은 영화다. 그의 가정과 학교생활 속에서 겪게 되는 성장 이야기를 코믹장르의 특성을 살려 유쾌하고 담담하게 그려내고 있는 성장영화라고 할 수 있다.[23)] 영화는 한국 사회의 보편적 가족문화를 재현하고, 동시에 다문화가정을 소재로 채용함에 따라 변화하고 있는 한국 가족문화에 대한 새로운 재현을 시도하고 있다. 완득이의 주변 인물들의 관계망을 통해 다양하게 발생하고 있는 사회적 문제와 다문화가정에 대한 시선을 스크린 밖으로 끌어내고 있다.

영화 <완득이>는 다문화가정을 주제와 소재로 빌리면서 문화 간의 충돌이 사회적 문제로 야기될 수 있음을 영화를 통해 전달한다.[24)] 등장인물들의 관계망을 살펴보면 우선 가족관계를 형성하는 꼽추 아버지, 지적장애가 있는 삼촌, 방황의 시기를

---

22) 여성가족부(2019) 『2018년 전국다문화가족실태조사 연구』 한국여성정책연구원.

23) 이영아(2015) 「완득이에 나타난 다문화사회에서의 '차이' 형상화 연구」, 『동아시아문화 연구』.

24) 정선주(2014) 「소설 『완득이』를 통해 본 한국 사회의 다문화 판타지 고찰」, 『다문화교육 연구』.

겪고 있는 완득이로 구성된다. 주변의 인물들로는 완득이의 담임선생 동주, 이웃으로 등장하는 호정 남매, 여자 친구 윤하로 구성되어 있다. 완득이의 가족을 살펴보면 어머니의 존재가 밝혀지지 않으며, 남성들로만 구성된 부계 중심의 가족임을 알 수 있다. 영화는 완득이가 자신의 가족을 설명하면서 시작하지만, 어머니에 대한 설명은 전혀 없다. 영화가 진행되면서 어머니의 존재가 밝혀지기 전까지 관객들은 완득이가 다문화가정의 자녀임을 알아채지 못한다. 이후 담임 동주에 의해 어머니가 필리핀 사람임을 완득은 알게 되고 관객 또한 완득이의 가족집단을 완전히 이해하게 된다.

영화는 어머니에 대한 존재를 영화 중반까지 드러내지 않는 것으로 다문화가정에 대한 정보를 숨겨 놓는다. 이는 영화 초반에 어머니에 대한 존재가 공개될 경우 관객들의 시선은 다문화가정으로 인식하고 완득이의 가족을 보편적 가족으로 인식하기보다는 편견 섞인 시선에 의해 영화의 재미를 위한 가족캐릭터로 인식할 가능성이 존재하기 때문이다. 따라서 영화가 진행된 후에 공개함으로써 관객들의 시선 중립성을 확보하고, 이주자의 낯설음에 대한 적응을 이끌기 위함으로 풀이된다. 이 같은 전략은 단순히 장치를 숨겨놓는 복선을 통해 궁금증을 유발하는 영화적 장치 차원의 기능을 넘어 내러티브의 방향성을 강화시키는 역할을 한다. 또한 영화가 드러내고자 하는 메시지를 명확하게 제시하는 중요한 임무를 수행하도록 만든다. 즉 어머니의 존재가 밝혀지기 전까지 완득이는 단지 어려운 환경 속에서 성장하는 불우 청소년으로 인식된다. 학업에 관심이 적고 욱하는 성격으로 자주 싸움을 일으키지만 그렇다고 하여 완득이가 사회부적응자로 재현되지는 않는다. 학교생활의 일탈은 대부분의 청소년들이 경험하게 되는 일반적인 경험이며, 이를 특별한 것으로 여길 필요는 없다. 싸움 역시 대부분 자신의 가족을 지키기 위한 방어적 본능에 의한 것이지 어떠한 정신적 문제나 특별한 이유가 존재하는 것으로 받아들여지지 않는다. 오히려 불우한 환경 속에서 가족과 잘 어울리고 상대를 위할 줄 아는 정 많은 아이로 자란 것이 대견하게 느껴질 정도다. 하지만 극을 이끌어가는 내러티브는 어머니의 존재가 밝혀지는 순간 보편성에서 벗어나 갈등을 심화시키고 완득이와 가족을 특별한 가족으로 인식하도록 만들어 놓는다.

모성이 부재한 가족의 모습에서 필리핀 어머니의 등장으로 인해 영화는 하층계급에서 살아가는 청소년의 모습을 재현하는 것에서 벗어나 다른 측면의 이야기를 전개하게 된다. 이주민 어머니의 모습을 통해 복고적인 의미의 한국적 모성을 강조한다. 외형은 외국인이지만 어머니가 가지는 개인들의 '인간적 결속'을 지켜주는 보루로써 모성을 강조하며 복고주의적 가족주의의 성향을 보여주고 있다. 영화는 전통적인 한국 문화의 어머니 모성을 재현하고 있으며, 자연스럽게 이주민의 형태를 완득이 어머니의 모습에 주입하고 있다. 이는 영화 속 등장인물의 외형적인 모습은 무언가가 부족한 한국인의 모습과 이주민인 어머니의 모습을 동일한 형태로 재현하고 있다고 볼 수 있다. 또한, 이주민을 사회적 약자로 선정하고, 온정주의, 국가주의, 인종주의 형태로 바라보는 시선과 함께 한국 사회의 전형적인 어머니의 모습으로 재현하는 형태를 동시에 가지고 있다. 완득이의 어머니에 대한 존재가 공개되기 전까지 완득이가 보여주는 일탈은 우리가 흔히 경험하게 되는 일반 청소년의 성장 과정과 별반 다르지 않다. 일부 관객들에게는 문제아로 인식될 가능성도 존재하지만, 완득이는 가정과 학교라는 제도권 내에 머물며 사회적 제도와 체계의 중심에서 벗어나려는 시도는 하지 않는다. 하지만 담임선생님인 동주가 어머니의 존재에 대하여 밝히는 순간 완득이는 운동장을 가로질러 제도권 밖으로 일탈한다. 완득이에 있어 어머니의 존재는 자기 존재의 시작임과 동시에 자신이 알고 있던 공적이고 사적인 체계 내에서의 위치적 변동을 의미한다.

다문화가정의 문제는 한국 사회의 변화에 의해 문제가 발생했고, 한국 사회는 이러한 다양한 사회적 문제를 야기할 수 있는 위치적 변동의 준비 없이 갑작스럽게 맞이한다. 하지만 이러한 문제는 단지 기우일 뿐 실질적으로는 이를 바라보는 우리들의 특별한 외부적 시선에서 시작된다. 완득이에게 어머니에 대한 사실을 말하는 담임 동주의 대사에서 외부적 시선을 발견할 수 있는데, "내가 너 처음 봤을 때부터 인마, 니 좀 튄다. 이런 느낌이 있었어!"라는 대사에서 이미 완득이에게 보편적이지 않은 특별한 시선을 부여하고 있음을 알 수 있다. 이때의 특별함은 긍정적이기보다는 부정적인 의미로 해석되어 정상성에서 벗어난 소외된 존재로 인식하도록 만들어 버린다.

따라서 이후에 발생하는 완득이의 갈등과 일탈은 특별한 소외된 계층에서 발생하는 사회적 문제로 귀결되고 특별한 이유를 동반하는 전과는 다른 일탈이 된다. 실체가 드러나지 않는 어머니의 존재로 인해 완득이는 한순간 주변부로 밀려나게 되고 사회적 문제로 인식되는 소외된 타자로 성격이 변화하게 된다.

완득이의 일상적 일탈은 더 이상 보편적이지 않으며, 제대로 된 훈육을 받지 못한 것으로 인식되며, 완득이의 일탈 행동은 모든 원인이 다문화가정의 환경에서 비롯된 것처럼 느껴진다. 다문화가정의 가족문제에 대한 대물림은 완득이 아버지의 대사에서 구체화 된다. 완득이 아버지는 선생 동주와의 술자리에서 "선생님! 저도 제 몸이 정말 싫었습니다. 이게 저한테서 끝나는 문제가 아니라 멀쩡한 제 아들놈한테까지 피해가 가니 말입니다."라며 신세 한탄을 하게 된다.

아버지의 신체적 장애를 다문화가정이 수반하고 있는 가족문제의 요인으로 상징화할 때, 앞서 말한 자녀에게 이어지는 훈육의 한계성에 의한 문제의 대물림은 대사를 통해 영화에서 재현된다. 완득이 어머니에 대한 존재의 여부는 주인공인 완득이만 특별한 존재로 인식하게 하는 것이 아니라 가족 전체를 특별한 존재로 만든다. 영화 초반에 보이는 가족 캐릭터들의 이미지는 가난하고 신체적 장애를 동반한 가족 집단의 형태로 보인다. 이는 한국 사회가 안고 있는 사회적 문제인 빈부격차, 장애인에 대한 편견 등의 일반적인 사회문제로 연결하는 이미지의 재현이라 볼 수 있다. 하지만 필리핀 이주여성인 완득이 어머니의 등장으로 가족 재현에서 등장한 결핍이미지는 다문화가정에서 겪게 되는 갈등의 상징적 결핍의 이미지가 되며, 아울러 가족 전체가 소외된 계층을 상징하게 한다.

동주의 캐릭터는 학교 선생님으로 분장하며 학교에서는 아이들이 올바른 방향으로 성장할 수 있도록 돕는 기능을 수행하고 있다. 사회적으로는 올바른 교육을 통해 미래사회의 밝고 건전한 원동력이 될 수 있는 자원을 길러내는 선생님이라는 직업적 특성을 확인하며, 끊임없이 사회적으로 긍정적인 에너지를 발산할 수 있는 미래 환경을 조성하는 임무를 수행하게 된다. 다시 말해 동주의 사회적 배려는 학교뿐만 아니라 사회적인 기능을 수행할 수 있는 환경을 제공한다. 사비를 털어 교회를 매입함으로써 문화재단을 만들고 소외된 계층을 아우르는 행위를 재연한다. 완득이의 아버지와 삼촌이 과거 업으로 삼았던 춤은 영화 초반 부부를 이별하도록 만들었던 갈등의 요소였으며, 카바레의 저급한 이미지는 춤에 대한 인식을 저급한 문화로 상기되도록 하였다. 하지만 춤이라는 부정적인 이미지는 동주와 교회의 이미지가 결합되며 긍정적인 이미지로 전환된다. 장애가 있는 아버지와 삼촌의 재능기부를 통해 비장애인들과의 문화적 교류를 이룰 수 있는 장을 마련 한 것이다. 즉 동주는 결핍된 다문화가정을 치유하며, 한국 사회의 일반적인 사람들과의 교류의 장을 확보하고 통상적인 가족으로서의 모습을 재현할 수 있는 계기를 마련해 준 것이다.

영화 <완득이>에서 재현되고 있는 다문화가정의 모습을 통해 바라본 한국 가족문화는 사회적 변화와 문제에 따른 가족 해체의 위기 속에서 가족집단의 화해와 봉합을 통해 다양한 문화의 충돌과 사회적 문제를 해결하려는 시도가 깔려 있음을 짐작하게 한다.[25)] 영화는 다문화가정, 장애인, 이주민, 외국인 노동자 등을 소외된 계층으로 형상화하여 등장인물로 내세운다. 상징적으로 서로 다른 문화 간의 충돌을 갈등으로 재현하기도 한다. 하지만 영화는 무거운 메시지를 함축하고 있는 내용을 코미디 장르의 웃음 코드와 드라마가 갖는 감동적 요소를 결합하여 밝고 경쾌하게 이끌어낸다. 코미디 장르의 웃음코드는 관객들의 호응을 이끌어 영화로 하여금 쉽게 대중성을 확보할 수 있도록 만든다는 장점을 지니고 있다. 그러나 웃음코드가 동반하고 있는 분위기의 가벼움은 자칫 중요한 의미를 담고 있는 사회적 메시지를 반감시키거나 희석시킬 위험성도 함께 존재한다.

2. TV 속 다문화가정

대중매체를 통해 살펴본 바와 같이, 다문화 사회에서 발생하는 문제점은 그 범위도 넓고 양상 또한 다양하다. 먼저, 가장 문제가 되는 지점은 바로 언어적인 측면일 것이다. 이주 외국인들이 제대로 된 한글 교육을 받을 수 있는 경우는 드물어 엉터리 한국어는 물론이고 비속어부터 입에 붙게 된다거나, 한국에서 직장을 구하게 되더라도 의사소통의 문제로 인한 부당 대우를 받는 일이 부지기수이다. 2018년 여성가족부에서 발간한 전국 다문화가족 실태조사 연구보고서(2019)에 따르면, 직장/일터에서 지난 1년간 가끔/자주 차별받은 적이 있는 이들이 76.9%에 달해 차별 경험 빈도가 매우 높음을 알 수 있다.[26)]

25) 윤상현(2014). 『한국 영화 속 이주민의 재현에 대한 연구』, 경희대학교 석사학위논문.

26) 여성가족부(2019). 『2018년 전국다문화가족실태조사 연구』, 한국여성정

이들이 다문화가정을 꾸리게 되어도 한국어 구사 능력이 미흡하여 자녀의 한국어 습득 또한 부진하고, 그로 인해 주변 친구들로부터의 따돌림과 의사소통의 어려움을 겪기 쉽다. 결과적으로 다문화가정의 자녀들은 기초학습 능력의 부족으로 공부에 대한 자신감을 상실하여 사회에 적응하지 못하고, 훗날 이들이 꾸리는 가정에도 문제점이 반복되는 악순환이 이어진다.

다음으로 다문화 사회에서 발생하는 문제점 중 가장 일반적으로 생각되는 것이 외모에 대한 차별이다. 한국인과 다른 외모라는 이유만으로 차별은 정당화되기 쉬워지며, 남다른 외모가 곧 그의 정체성이라도 되는 것처럼 외국인을 나라 이름으로 부르는 일이 허다하다. 영화 '완득이'나 '마이리틀히어로'에서처럼 외모 때문에 자신의 재능마저 인정받지 못하거나 차별당하고 괴롭힘을 받는 경우 또한 흔하며, 그 피해는 심각하다.

다문화가정은 그 자체만으로도 갈등의 원인이 되는 경우가 많다. 자녀와의 갈등, 부부 갈등, 고부갈등 등 가정 안에서도 수많은 갈등이 발생한다. 2018년 여성가족부 전국 다문화가족 실태조사 연구보고서에서 지난 1년간 부부간 문화적 차이를 느낀 적이 있다는 응답이 절반을 초과하여 55.9%였으며, 지난 1년간 배우자와 다툰 경험이 61.8%를 기록할 만큼 다문화가정의 기본이 되는 부부간의 관계에 있어서 심각한 갈등 상황이 빚어지고 있다는 것을 알 수 있다

이러한 통계 조사로 미루어 보면, 한국 사회에서 다문화가정

책연구원.

은 대외적으로도 그 시선이 곱지는 않은 것에 더하여 가정 내에서도 문화적 차이로 인한 부부 갈등과 그러한 환경에서 자라는 어린 자녀가 각종 고통과 정체성의 혼란에 시달릴 위험이 상당히 높은 것으로 추정해볼 수 있다.

한국은 '미녀들의 수다', '러브 인 아시아', '이웃집 찰스', '다문화 고부열전' 이외에도 다문화가정을 배경으로 하는 TV 프로그램을 편성하며 다문화가정이 겪고 있는 문화충돌과 편견에 대한 경각심을 일깨워주고 있으나, 자극적인 소재를 1순위로 삼는 것을 좋아하는 방송가의 분위기상 무작정 부정적인 면만 부각시키고 극대화하는 것을 지적하는 시선이 존재한다.

또 다른 큰 문제점은 바로 '동화(同化)주의'인데, 실제로 2019년 11월 열린 '이주민이 말하는 예능 속 차별과 혐오, 사소하지 않은 차별'이라는 주제의 토론회에서 민주언론시민연합의(민언련) 사무처장이 "'방송에서 외국인이 한국 음식을 잘 먹는 모습에 집중한다. 잘 먹는 모습을 보면 '한국 사람이 다 됐네.'라는 이야기를 굉장히 많이 한다. 이런 것이 바로 동화주의다. 외국인이 한국 음식을 잘 먹어야만 할 것 같은 그런 분위기를 조장한다."라고 지적했다. 한국거주 외국인이면 한국 문화를 무조건 받아들이며 감탄해야 하고, 한국인처럼 생각하고 행동하는 것이 정답인 양 바라본다는 것이다. 다문화 사회의 대중매체는 대중의 다문화 인식 및 태도 형성에 중대한 영향을 미치기 때문에, 대중매체가 다문화에 관한 정보 지식 및 이미지를 어떻게 생산하고 전달하는지는 중요한 문제로 떠오르고 있다. 한국 영화나 TV 프로그램뿐만 아니라, 시사교양 프로그램, 라디오, 인터넷, 신문 등에서 갈수록 이주 외국인들의 대중매체 출연이 점점 잦아지는 만큼 한국 사회에서도 이러한 동화주의적 시각은 경계해야 할 것이다. 대중매체는 그 파급효과가 큰 만큼 다문화가정을 대상으로 미디어를 제작하는 경우 다문화 사회의 의미를 제대로 알고 외국인을 평등한 사회구성원으로서 대하는 태도가 요구된다.

3. 영상미디어와 다문화가정

영화나 TV와 같은 대중매체를 통해 다문화가정을 객관적인 시선으로 인식하고 수용하는 것은 대중매체가 다문화사회에서 바람직한 방향을 제시하는 역할을 수행하는 것으로 볼 수 있다. 그러나, 전술한 바와 같이 대중매체는 사실을 반영하는 데 있어 어느 정도의 왜곡 및 과장이 존재할 수 있다는 점을 간과해서는 안된다.

또한, 대중매체 속 외국인이 한국문화를 좋아하는 모습을 보며, 그들을 긍정적으로 평가하는 태도가 바로 동화주의적 관점에 해당하는 것이었으며, 다문화사회를 지향하면서도 내면에는 한국문화를 그들에게 강요하고 있었다는 점을 망각해서는 안된다. 한국이 다문화가정에 관한 정책을 동화 모델에서, 공존 모델로의 전환을 시도하면서, 관점 변화의 필요성이 대두되고 있다. 다문화가정으로서 마땅히 누릴 수 있는 혜택을 동정이나 특혜적인 시선으로 바라보는 것은 차별이 될 수 있으므로 주의해야 한다. 이는 다문화사회로의 전환에 있어서 큰 걸림돌 중 하나이며, 아무리 다문화가정에 도움이 될만한 좋은 정책이 시행되더라도 다문화가정을 평등하게 대우하지 않는다면 결국 실패한 정책이 될 것이다.

1948년 12월 10일 유엔총회에서 제정되어 다양한 인권 문제의 기준이 되는 세계인권선언에는, 모든 사람은 인종, 피부색, 성, 언어, 종교 등 그 어떤 이유로도 차별받지 않는다'라고 명시되어 있다.[27] 즉, 인권은 사람이 마땅히 누리고 행사하는 기본적인 자유와 권리로서, 인권 앞에서 국적이란 존재하지 않는다. 현재 한국에서도 다문화사회로 더욱 나아가기 위한 법적 제도와 프로그램을 개설하고 있으나, 겉으로 보이지 않는 차별은 존재한다. 영화와 TV 프로그램을 포함한 대중매체가 앞으로 이러한 문제점을 제기하는 프로그램을 생산하여 한국인들의 인식변화에 도움을 주고, 그것을 수용하는 대중들 또한 다문화사회를 맞이하기 위한 포용의 자세를 취할 필요가 있다.

제6절 한류와 K-문화콘텐츠

이 장은 일본에서 한류 문화의 현상, 즉 단계적 성장 과정, 유행과 쇠퇴요인, 한류 문화와 '파친코' 드라마를 통해 본 디아스포라적 서사구조, 파친코 드라마로 촉발된 한일 역사 논쟁 등에 대해 고찰하고 시사점을 도출하였다. 연구 결과는 다음과 같다.

첫째, 일본에서 한류 붐의 근본적 요인에 대해서는 1988년

27) 한겨레 2007년 8월 19일자 유엔, 한국 '단일민족국가' 이미지 극복 권고.

서울올림픽, 1998년 일본 대중문화개방과 '한일공동선언', 2002년 한일월드컵 공동 개최, 2004년 '겨울연가'의 인기 등 다양한 요인들에 의해 설명되고 있는 것으로 나타났다. 둘째, 일본에서 한류의 단계적 성장은 90년대 말 한류 영화, 2004년 한류드라마, 2005년 K-POP 순으로 성장해온 것으로 나타났다. 1998년 '한일공동선언' 이후 한일 간 문화와 인적 교류는 한국 영화와 한류드라마 '겨울소나타'를 매개체로 급성장하였다. 한류드라마는 중·고령층의 여성 팬들이 중심에 서 있었지만, K-POP는 한일 동시 활동형 가수가 많았고 팬의 중심층이 10대~20대가 대부분이었다. 한류드라마 '겨울소나타'를 필두로 가수 보아, 동방신기, 소녀시대를 잇는 K-POP는 일본에서 한국대중문화의 수용층을 확대하는 데 이바지하였다. 셋째, K-POP 가수의 특징은 '한류드라마 유형'으로 한국에서 배우로 활동하다 일본에서 붐을 일으킨 드라마에 출연한 배우가 신곡을 출시하는 경우, '한일 동시 활동형'으로 한국에서 가수로 활동하다 일본에서도 처음부터 가수로 진출하여 한일 거의 동시에 가수로서 활동하는 경우, 제3유형은 한류 이전부터 트로트를 중심으로 활동하고 있는 가수나 일본에서만 활동하는 '기타 유형'으로 분류할 수 있다. 넷째, 일본에서 한류 붐의 유행과 쇠퇴에 대한 여러 가지 요인 중 선행연구에서는 영토 문제와 역사문제를 거론하는 정치적 요인들로 설명되는 경우가 상당한 설득력을 가지고 있었다. 그러나 최근에는 글로벌 온라인 동영상 서비스OTT나 넷플릭스를 통해 한국에 관심 있는 청년은 물론 한국 드라마나 K-POP에 관심이 없었던 층까지 의도하지 않았던 접촉 기회가 증가하여 폭넓은 연령층으로 확대되어 자연 발생적인 한류 붐으로 연결되고 있으며 지금까지 한류를 접할 수 없었던 매니아층까지 끌어들였다는 점에서 큰 의미가 있다.

다음으로 최근에 촉발된 K-문화와 '파친코' 드라마의 역사적 의미에 대해 살펴보면 다음과 같다. 첫째, 재일동포들의 3대 민족산업은 파친코 산업, 야끼니쿠 산업, 토목건축업이었다. 이들 민족산업은 일제강점기와 해방 전후 일본에 건너가 정착한 재일동포들이 전후 현대 일본에서 사회적인 차별과 취업차별로 틈새시장을 개척한 결과 선택한 업종이었다. 특히, 재일동포들은 파친코 산업을 통해 가족의 생계와 사회적 경제적 지위 달성을 위한 발판으로 삼았다. 둘째, '파친코' 드라마는 제작사를 기준으로 보면 미국 작품이고 이주민의 정체성을 다루고 있다는 차원에서 살펴보면, 디아스포라적 서사로 볼 수 있다. 그렇지만 한국적 드라마 색채가 강한 쌀밥과 김치 등이 등장하고 한국어, 일본어, 영어 3개 언어에다 부산과 제주도 사투리가 완벽하게 구현되고 있다는 점에서 K-드라마의 성격을 가지고 있다. 따라서 한류 문화적 요소와 디아스포라적 서사가 결합한 작품으로 볼 수 있다. 셋째, "파친코"가 일제강점기 한민족의 한뿐만 아니라 재일동포의 생활을 섬세하게 그리고 있으며 일제강점기 당시의 위안부나 강제징용, 식민시대 학살 등 역사를 바로잡는 모멘텀 역할을 했다는 점을 되새겨 볼 필요가 있다.

결과적으로 일본 내 한류, 즉 K-문화콘텐츠라고 할 수 있는 한국 영화, 드라마, K-POP는 한일 정치적 요인에 의해 유행과 쇠퇴를 거듭하고 있지만, 한편으로는 일본 청년층 수용자들을 대상으로 한류에 의한 한국과 한국인에 대한 부정적인 태도를 호의적인 태도로 바꾸어주는 모멘텀 역할을 했다는 측면에서 의미를 찾을 수 있을 것으로 생각된다.

제8장

한류 문화와 BTS 현상

제1절 한류와 혐(嫌)한류의 흐름

제2절 재일동포 정책과 한국인관

제3절 한국 문화정책과 BTS 현상

제4절 한류의 미래와 과제

제8장

한류 문화와 BTS 현상

제1절 한류와 혐(嫌)한류의 흐름

이 장은 한국과 일본의 정치적 관계와 경제 문화적 관계를 고찰하고 있다. 즉 한일 간 경제적 및 문화적 관계가 정치적 관계를 극복하고 한류와 혐한이 공존할 수 있을 것인지에 대한 근본적 질문에 대해 의문을 제기하고 BTS 활동 사례를 통해 바람직한 해결책을 제시하는데 있다. 그동안 한일관계가 경제적 및 문화적으로는 많은 진전을 이루었고 나름대로 성과를 내고 있지만 정치적 관계는 늘 제자리에 머무르고 있다는 연구 결과들이 많았기 때문이다.

한국과 일본의 대중문화 개방에 대하여 하야시 나츠오(林夏生 2008: 232-270)는 외교정책, 문화정책, 산업정책이라는 3가지 차원에서 다음과 같이 제시한 바 있다. 먼저 외교정책 차원에서는 대일관계 개선을 위한 수단과 계기 마련을 위해 시행되었지만, 한일관계의 외교적 위기에서 민간단체나 자치단체가 등장하게 되었고 교류의 주체가 정부가 아닌 국민 참여가 가능해졌다는 점이다. 문화정책 측면에서는 1987년 민주화 선언 이후 문화 관련법 규제 완화, 북방외교 전개, 1988년 서울올림픽 개최로 인한 국제인지도 상승과 문화정체성의 확립 등 급격한 변화를 경험했다는 것이다. 산업정책 측면은 1980년대 이후 국제사회의 무역 자유화 확대와 지적재산권보호의 국제적 조류로 인한 국내 문화산업의 무역자유화 대비와 새로운 경제성장 축으로 육성 등을 제시하고 있다.

염종선(2006: 405-406)은 '한류를 바라보는 일본 사회의 두 가지 시각에서 '한류가 한국 사회의 역동성과 민주주의적 활력에서 힘입은바 크다는 점을 지적하면서 한류의 발신자로서의 자부심과 책임감을 지적하였다. 그러면서 한류와 혐한류에 대하여 극단적으로 상호 대립되는 듯하지만, 일본에서 이러한 두 흐름은 서로 맞물려 나타나고 있는 현상임을 지적하고 있다.

이타가키 류타(板垣竜太, 2006)는 '혐한류의 해부학'에서 '혐한류'는 어떤 욕망의 구조 위에서 성립되어 있고 욕망의 마케팅에 깊이 관련되어 있음을 지적하였다. 일본에서 식민지 지배나 전후 보상 등 그동안 주류보다는 비주류에 속해있던 대항문화적 표현의 장을 형성한 것이 '혐한류'라는 것이다. 이런 의미에서 '혐한'은 특정 민족 혹은 인종을 향하고 있다는 점에서 'Korean-phobia' 또는 인종주의로 표현할 수 있음을 주장하였다. 이타가키(板垣 2006: 407-416)는 혐한류의 원류에 대하여 전후 일본의 재일조선인 정책의 특징이고 '불령선인'을 타깃으로 삼는 조선인 전체에 대해 식민지 시대부터 계속 취해온 인식이라고 지적하고 있다. 혐한류로 대표되는 일본의 외국인 혐오 혹 인종주의는 현재 세계를 지배하는 현상 담론과도 맞닿아 있고 일본 내 비주류 소수자이지만 일정함 힘을 발휘하며 확산되고 있다는 점을 기억할 필요가 있다. 이러한 '혐한류'의 해결책으로 학계의 정확한 인식, 공교육과 매스컴 유통, 시민의 수용과 교양 시민화 등을 제시하고 있다.

다음으로 한류와 혐한류의 흐름에 대하여 오구라 키조(小倉紀蔵 2006: 416-423)의 주장은 눈여겨볼 만하다. 한류는 일본에서 그동안 식민지의 나라 한국에서 상상할 수도 없었던 'Look Korea(한국을 배우자)', 즉 일본 사회를 재주체화-재근대화하자는 운동이라는 것이다. 따라서 혐한류도 일본인들이 주체성을 가지고 역사를 인식하고 잘못된 것은 당당하게 주장하는 한류와 같은 뿌리에서 태동했다는 점을 주장한다. 이상의 선행 연구를 살펴보면 한류와 혐한류는 역사적으로 구축되어 온 한국인관(현재 일본에 거주하는 재일동포와 동일한 개념으로 사용하였음)과도 밀접한 관련성을 가지고 있으며 세계적인 자유주의 추세에서 한국문화의 글로벌화, 일본 문화의 쇠퇴 현상과 자기반성, 한류와 혐한류의 공존 현상 등을 확인할 수 있다.

이 장은 혐한류의 원류로서 일본에서 한국인관의 역사적 성립 배경, 한국의 문화정책과 한류의 현상, BTS 현상, 한류와 혐한류의 공존 가능성과 개선방안 등에 대하여 살펴본다.

제2절 재일동포 정책과 한국인관

1. 1945년 이전 식민지 시기와 불령선인(不逞鮮人)

전술한 바와 같이 이타가키(板垣 2006)는 혐한류의 원류에 대하여 해방 전후 일본의 재일조선인 정책으로 조선인에 대해 식민지 시대부터 취해온 인식이라고 지적하고 있다. 일본에서 '선인(鮮人)'은 현재 잘 사용되고 있지는 않지만, 해방 이전 조선을 식민지 지배한 일본에서는 일반적으로 '선인'은 '조선인'의 약칭으로 사용되고 있었다. 다른 하나는 일본인들이 말하는 '선인'이란 한일 강제 병합 전후 식민지 조선인을 가리키는 차별적 명칭으로 일본인의 '선인'이라는 호칭에 당시 조선인들은 거부 반응을 보였다. 일본인 사이에 약칭으로 정착한 '선인'이었지만 조선인들은 이를 차별적 용어로 받아들였다(内海愛子·梶村秀樹, 鈴木啓介編 1991: 88-104).

일본에서 '선인'이라는 용어는 일본인의 식민지 지배자로서의 우월감, 지배자 의식이 응축되어 있었기 때문에 조선인들은 이를 매우 싫어하였다. 일본인들이 약칭이라고 생각하고 있는 '선인'은 조선인들에게 차별적 명칭으로 받아들이고 있다. 그러면 조선인들이 '선'이라는 글자에 민감하게 반응하게 된 역사적 경위에 대해 살펴보고자 한다.

일본 정부는 한일 강제병합 전인 1905년 제2차 한일협약에 근거하여 한국에 통감부를 설치하고 외교권을 박탈하였다. 그리고 합병조약은 한국 전부에 대한 일체의 통치권을 완전 혹은 영구적으로 일본 천황에게 양도한다는 것을 명기하였고 일본의 조선 식민지화를 강요하였다. 조선은 1897년 10월 16일 국호를 조선에서 '대한제국'으로 개칭하여 공문서의 기술도 조선에서 한국으로 바뀌었다. 한일 강제병합 전 대한제국 시기에는 한국, 한국민이라는 용어가 사용되었다. 신문이나 매스미디어에서도 한국이 많이 사용되었다. 조선과 한국이라는 명칭이 신문지상에서 동시에 병용되었고 국호의 변경이 있었지만, 사회적으로 종래의 조선 혹은 조선인의 명칭이 일반적으로 사용되고 있었다. 하지만, 대한 혹은 한국이라는 명칭은 이씨조선이 황제의 자리에 있던 14년 간의 국호였다. 이러한 14년 간의 대한제국 시대에도 조선이라는 호칭이 일반적으로 사용되어왔다. 조선과 한국이 병행해서 사용되는 가운데 당시 일본의 신문은 한국인, 한인, 한민족, 조선인의 호칭을 동시에 사용하였다. 그러나 신문에서 사용된 것에 한정하면 '한인'이라는 용어가 가장 빈번하게 사용되었으며 조선인으로 호칭하는 경우나 약칭하는 경우 반드시 '한인'으로 지칭하였다. 습관적으로 '한인'이 조선인의 약칭으로 사용되었으며 한일 강제병합 이전 한국에서는 조선인, 한인이라는 용어는 있어도 '선인'이라는 단어는 없었다.

한일 강제병합이 공포된 1910년 8월 29일 칙명에 의해 대한제국의 국호는 폐지되었고 국호를 대신하여 지역을 가리키는 명칭을 '조선'으로 개칭하였다. 외견상으로 조선이라는 호칭 자체는 대한제국에 국호가 변경되기 이전의 명칭으로 되돌아오는 듯이 보였다. 그러나 일본이라는 지배자에 의한 국호의 폐지와 조선이라는 새로운 명칭의 용어는 같았어도 13년 전의 조선과는 전혀 다른 의미를 내포하고 있었다. 조선이라는 용어는 이제 일본의 식민지 조선이 되었다는 것을 의미하는 명칭으로 사용하였다. 한국으로부터 조선으로의 호칭 변화는 일본의 조선 식민지 지배에 의해 발생한 일본인과 조선인의 관계 변화를 확실히 보여주었다. 일본인의 손에 의해 한국 호칭이 사라지고 조선으로의 변경을 장려하였다. 신문의 명칭에서도 독립국가로서의 대한이나 한국의 명칭이 폐지되어 '조선'이라는 단어 사용이 강요되었다. 조선에서 신문이나 잡지부터 '대한'이라는 문자가 삭제되고 일본 식민지지배의 진행과 함께 '조선'으로 대체되었다. 신문지상에서의 조선인에 관한 호칭 방식에도 변화가 나타나기 시작했다.

이상과 같이 '한인'이라는 약칭의 폐지와 '선인'이라는 새로운 약칭이 조선의 식민지 지배라는 새로운 일본과 조선의 관계가 전개되는 과정에서 일본인 측으로부터 도입하게 된 것으로 생각된다. 일본인이 '한인'에서 '선인'으로 약칭을 변경하게 된 것은 조선 식민지화에 따른 일본인의 조선인에 대한 우월의식, 지배자 의식이 반영되어 있었던 것으로 짐작할 수 있다. 나중에 '선'은 '만선', '귀선', '일선' 등의 표현으로도 사용되었다. 조선을 '선'의 문자로 표현하는 방식은 '선인'으로부터 이러한 표현을 확대해온 것으로 볼 수 있다. 이것이 나중에는 '북선', '남선'이라는 용어를 구축하게 되는 계기가 되었다. 그리고 한일 강제병합 2개월 후에는 조선을 '선'으로 지칭하는 방식이 일본 신문지상에 정착하게 되었다.

이상에서 보는 바와 같이 '선인'이라는 호칭은 한일 강제병합 이후 조선에서 일본인의 손으로 구축되고 유포된 용어라고 할 수 있다. 식민지 지배자인 일본인이 식민지의 인간을 부르기 위해 만들어진 지배자의 언어가 된 것이다. 이런 이유로 식민지지배가 장기화 되는 가운데 일본인은 일반 민중까지 '선인'이라는 용어를 사용하였지만, 당사자인 조선인은 결코 스스로 '선인'이라 부르지 않았다. 가령 조선의 역사로부터 조선의 문자를 사용하는 것이 자연스러운 경우에도 조선인들은 일부러 '한'이라는 문자를 즐겨 사용하였는데 그것은 일본의 식민지지배에 대한 저항의 자세를 보여주려는 의도가 깔려있기 때문이다. 조선이라는 명칭은 한일 강제병합 전후를 계기로 독립국이었을 당시의 조선과 병합 후 일본 정부의 손에 의해 만들어진 조선은 조선인들에게 그 내용이 전혀 다른 성질의 것이 되어 있었다(明石書店編集部編 1984: 36-45).

조선인이 '한'을 집요하게 사용한 것은 이러한 저항의 의미를 포함하고 있었기 때문이다. '선인'은 약칭이라고 일본인이 주장하여도 그렇게 지칭되는 측이 그 언어를 말하는 일본인으로부터 지배자 의식, 우월감을 느끼는 것은 이러한 역사적 배경이 자리하고 있기 때문이다.

일본에서 '선인'이라는 용어는 조선인들이 1923년 9월 1일 발생한 간토대지진 후 '조선인 폭동'의 유언비어에 의해 6,000명이 살해당한 역사와 깊은 관련이 있다. 간토대지진 당시 조선인들은 '선인'이라는 이유로 살해당했다. '불령선인'으로 일본인에 죽임당하거나 쫓김 당한 조선인이 '선인'이라고 부르는 일본인에 분노와 공포를 느끼는 것도 경험 가운데 축적된 것이라 볼 수 있다. 간토대지진 뿐만 아니라 일본의 식민지 지배 중 조선인들은 '선인'으로서 많은 사람들이 죽임당했다. 조선인과 일본인의 역사적 경험의 차이, 즉 죽임당하는 자와 죽이는 자의 경험의 차이가 '선인'이라는 단어를 받아들이는 차이를 확실히 갈리게 하였던 것으로 생각된다.

2. 해방 전후 '제3국인'

일본에서 재일조선인을 지칭하는 '제3국인'이라는 용어를 통한 조선인 인식에 대해 살펴보고자 한다. 1945년 해방 이후 조선인을 '선인'으로 부르는 일본인은 거의 사라지게 되었다. 그러나 '선인(鮮人)'과 '여보(ヨボ)'라는 해방 이전의 차별적 명칭 대신에 '제3국인'이라는 새로운 차별적 명칭이 등장하였다. 원래 제3국인이라는 말 자체는 차별의 의미를 포함하고 있지 않고 자신과 상대 이외의 제3자를 부를 때와 같이 당사국 이외의 국가, 제3국에 소속된 인간의 의미로 '제3국인'이라는 용어는 일반적으로 사용되었다. 현재에도 이와 비슷하게 당사국 이외의 제3국의 국적이나 시민권을 가지고 있는 사람을 의미하는 용어로써 사용되고 있다. 그러나 제3국인의 용어는 특정 대상에 대한 특별한 의미를 내포하여 사용되는 때도 있었다(内海愛子·梶村秀樹, 鈴木啓介編 1991: 111-120).

해방과 더불어 일본 국내에는 강제 연행된 조선인 노동자를 포함하여 240만 명에 달하는 조선인들이 거주하고 있었다. 일본 점령군에게 재일조선인들은 관리와 치안대책 상 큰 문제였다. 당시 일본인도 아니고 연합국의 국민도 아닌 조선인들을 어떻게 처우할 것인지에 대한 대책이 전혀 없었다. 일본 국내에서 조선인의 처우는 연합국 국민도 아니고 적국 일본인도 아니었으며 해방된 민족이었지만 일본 적국의 신민이기도 했기 때문에 때에 따라서 적국민으로서 애매모호한 지위를 가진 외국인으로 처우되었다. 이러한 일본 국내 점령정책에 따라 좌우되는 법적지위가 '제3국인'이라는 용어의 지위를 구축해나갔다.

따라서 '제3국인'은 연합국민 및 중립국민, 즉 외국인은 아니고 동시에 일본인과 반드시 법적 지위가 같지 않은 조선인 이외의 '종래 일본 지배하에 있었던 모든 나라 국민'을 가리켰다. 원래 '제3국인'은 관리상의 지위가 불확실하고 과거 식민통치 하에 있었던 조선인, 대만인을 다른 외국인과 구별하는 개념으로 사용되었다. 이러한 '제3국인'의 정의는 조선인의 관리상의 지위 변화를 경험한 일본 경찰과 정부에 의해 적극적으로 이용당하는 결과를 초래하였다. GHQGeneral Headquarters(연합국최고사령부)는 적국민인 일본인보다는 조선인, 대만인 등을 우대하는 정책을 펼쳤다. 그러나 어제까지만 해도 탄압과 억압의 대상이었던 조선인에 대한 새로운 상황에서의 대응이 필요해졌다. '제3국인'의 정의는 연합국민, 중립국민, 즉 외국인은 아니지만, 일본인으로 부를 수 없는 일본 통치하에 있던 모든 국민, 혹은 일본에서 할양된 지역의 이민자를 지칭하게 되었다. 따라서 '제3국인'은 원칙적으로 일본의 재판권의 영향을 받는 존재들이었다. 연합국인도 중립국인도 아닌 '제3국인'은 '해방국민 규정'에도 불구하고 일본 경찰권력, 사법권력에 의해 통치되는 존재로 보았다. '제3국인'이라는 용어에 포함되는 범위는 반드시 고정적이지는 않았지만, 조선인은 반드시 포함되었다. 이렇게 '제3

국인'은 주로 조선인을 가리키면서 오키나와인, 대만인을 포함하는 용어로 사용되기도 하였는데 연합국인, 중립국인, 무국적자 등을 병용하면서 해방 후 일본에서 '비일본인' 혹은 '외국인'을 분류하는 범주로 사용되었다. 종래 일본 지배하에 있었던 국가의 국민으로서 처우가 미정이었던 탓에 이들을 연합국인, 중립국인과 구별하여 일괄적으로 부르기 위한 총칭으로서 '제3국인'을 사용하였다.

해방 이후 재일조선인의 지위는 해방 국민과 적국민 사이의 경계에 있는 것처럼 보였지만 실제로는 일본의 주권 하에 법치의 지배를 받고 있어서 일본인과 동등한 처우를 인정받고 있었다. 그러나 GHQ는 조선인에 대하여 해방 국민으로서 실제상의 보호나 편의를 제공하기도 했지만, 필요에 따라 적절히 취급하였다. 그 결과 어떤 경우는 '비일본인'과 '외국인'으로서, 혹은 '비일본인'에서 제외되어 '일본인'으로 처우되기도 하여 매우 불안정한 지위에 놓이게 되었다. 이렇게 하여 '제3국인'이라는 용어가 처음 의도와는 다른 일본 국내 법적지위 상 불안정한 재일조선인을 의미하는 용어로 정착되기 시작하였다.

이러한 차별적 명칭의 계보 속에는 식민지 지배에 대한 일본인 의식의 불변을 확인할 수 있다. 일본이 식민지 지배자의 언어로 표현하는 것을 자제하지 않는 한 일본과 조선의 관계는 나아질 수 없다. 일본인들이 지배자의 언어를 버리도록 하기 위해서는 과거 식민지 지배의 책임을 계속해서 상기시킬 필요가 있다. 현재 식민지 지배자의 언어가 일본인의 정신 구조와 함께 여전히 일본인들의 의식 속에 살아있다. '선인'과 '제3국인'이라는 차별적 명칭에 응축된 그들 내부에 뿌리 깊게 남아있는 일본인의 식민지 지배자의 사상, 그것을 일본인 스스로가 수정해 나가도록 계속 주장할 필요가 있다.

3. 2000년대 이후 재특회의 불령선인(不逞鮮人)과 혐한

재특회(정식명칭은 '재일특권을 허용하지 않는 시민의 회'로 이하 재특회)는 재일조선인을 포함한 외국인들이 일본에서 부당한 권리를 누리고 있다는 것을 호소함으로써 세력을 확장해온 대표적인 우익계 시민단체라고 할 수 있다(安田浩一 2012: 3). 재특회 설립은 2007년 1월 20일로 모체는 2채널(2チャンネル)과 같은 넷 게시판에서 보수적 의식을 가지고 활동한 사람들이라 할 수 있다. 그들은 집회 활동 장소를 떠나면 보통 사람들로 인터넷 게시판 등에서 동지를 모집하고 인터넷상에서 간단히 회원 등록이 가능하며 회원 수는 11,000명을 넘어 섰다. 그들이 주장하는 핵심은 조선학교수업료무상화반대, 외국적주민생활보호지급반대, 불법입국자추방, 영토탈환, 핵무기추진, 강한 일본 등 보수 우파의 슬로건을 외치며 전국 각지에서 데모와 집회를 열고 있다. 그들은 쓰루하시(鶴橋) 등 재일조선인들이 집거하고 있는 다양한 장소에서 재일조선인들에게 공격적이고 도발적인 말로 다음과 외쳤다.

> "촌코(チョンコ) 있는가? 나와라. 듣고 있는가? 불만 있는 촌코(チョンコ)는 덤벼라. 촌코(チョンコ), 조센징(朝鮮人). 조국으로 돌아가라. 바퀴벌레 조센징을 일본에서 쫓아내자. 중국인

을 동경만에 처넣어라. 어이 저기 불령재일(不逞在日), 일본에 서 나가라. 죽어라(安田浩一, 2012: 3)."

재특회의 공식 사이트에는 회장은 사쿠라이 마코토(桜井誠, 본명 高田誠)로 회원 수(2012년 2월 기준)는 11,181명, 일본 홋카이도에서 가고시마까지 전국 34개 지부를 설치하고 있으며 해외에도 270명의 회원이 있다고 소개하고 있다. 회비는 별도로 없으며 클릭만으로 회원자격이 부여되며, 네트워크를 통해 해외에서도 일본에서 외국인 배척을 주장하는 새로운 형태의 보수우익단체로 소개하고 있으며 일본 우익단체 중 최대 규모를 자랑하고 있다(安田浩一 2012: 20). 그들의 최대 정치적 과제와 주장은 재일조선인의 '특권 박탈'이라 할 수 있다. 일본이 오랫동안 재일조선인의 범죄나 착취(조선인의 악행)에 시달려 왔다는 것이 그들의 현상 인식으로 '불령 재일과의 싸움'을 회원들에게 호소하고 있다. 최근에는 규탄 대상을 재일조선인뿐만 아니라 외국적 주민 전반 및 한국, 북한, 중국 등 그들이 지칭하는 소위 '반일 국가'로 확대하고 있다. 이러한 재특회의 활동은 '니코니코 동영상', 'USTREAM' 등 네트워크상의 동영상 투고사이트에서 생중계되고 유튜브나 블로그, 트위터 등 링크를 통해 확산되어 왔다(安田浩一 2012: 32). 이 때문에 그들을 '넷 우익'이라 지칭하고 있다.

일본 넷 우익은 넷 게시판 등을 통해 애국, 반조선, 반중국, 반좌익 등을 외치는 자들로 정의하고 있다. 왜냐하면 넷이 일반화되기 시작한 90년대 이후 출현하기 시작했으며 아침부터 저

녁까지 컴퓨터나 휴대전화에 달라붙어 익명성을 활용하여 게시판에 글을 올리는 '오타쿠(オタク)'의 변형으로 정의하기도 하기 때문이다. 이러한 넷 우익의 등장 배경에는 2002년 한일월드컵 공동 개최와 고이즈미수상(小泉首相)의 방북에 두고 있다. 한일월드컵 공동 개최는 일본인의 잠재적인 내셔널리즘을 자각하게 만든 측면이 있고 고이즈미 방북은 북한의 납치사건 인정으로 국가적 범죄에 대한 일본인의 분노를 증폭시켰다는 것이다.

그러나 재특회의 활동은 일본인의 과거 차별적 한국인관에 대한 또 다른 형태의 차별적 선동을 보여준 것으로 생각된다. 왜냐하면 100년 전 일본인들이 외쳤던 재일조선인에 대한 차별적 호칭이었던 불령선인(不逞鮮人)이 지금은 촌코(チョンコ), 불령재일(不逞在日)로 바뀌어 재일동포에 대한 차별적 언어폭력으로 21세기 일본인의 한국인관을 자각시키고 약한 민족에 대한 폭력적 선동의 불변성을 그대로 보여주고 있기 때문이다.

제3절 한국 문화정책과 BTS 현상

1. 한국의 문화정책과 한류 현상

한국에서 지금까지 문화정책의 전개에 대하여 살펴보고자 한다. 한국에서 역대 정권의 문화정책은 <표 27>에 나타나 있다. 한국의 문화정책은 해방 이후 1970년대 박정희 정권까지는 '검열로서의 문화정책'이었다, 그리고 전두환 정권과 노태우 정권까지는 '동화로서의 문화정책'이었다. 전두환 정권의 문화정책은 1986년 제6차 경제사회발전 5개년 계획의 문화 부문에서 '문화의 국가발전 동력화'를 중요한 정책 목표로 설정하고 국민의 문화생활 향상을 위해 '문화 매체 산업의 육성' 정책의 필요성을 제기하였으나 문화산업을 육성하기 위한 구체적인 정책 사업을 추진하지는 않았다. 노태우 정권의 문화정책은 문화 분야 전담 독립정책부처인 문화부를 신설하고 '모든 국민에게 문화를'이라는 비전을 달성하기 위해 '문화발전 10개년 계획(1990~1999)'을 수립하였다. 정책 목표로는 문화창조력 제고의 추진 방향으로 문화산업 진흥이 제시되었고 주요 사업으로 전통문화의 산업화를 설정하였다. 그러나 이 시기의 문화산업 정책은 문화산업의 경제적 가치에 바탕을 둔 것은 아니고 문화민주화 차원에서 시작되었다(김기현 2012: 42-43).

1990년대 이전 박정희 정권의 문화정책은 1968년 '문화공보부 출범', 체제 유지 및 통제 관리 수단, 문화향유자로서의 국민에 대한 무관심 등이었다. 1993년 문민정부부터 국민의 정부, 참여정부까지는 '자율로서의 문화정책'이었다. 김영삼 정권 당시 문민 정부의 문화정책은 1993년 '문화체육부 신설', 문화의 집 건립 등 국민의 문화 향유 사업 개시, 관광문화산업을 문화정책 대상으로 포용 등이었다. 김대중 정권 당시 국민의 정부 문화정책은 1998년 '문화관광부 신설', 예술지원 정책의 원칙 수립, 공급자중심에서 수요자 중심의 문화정책으로의 전환, 문화예산의 대폭 증액(1%), 문화산업의 집중 등이었다(이동연 2004).

김대중 정부는 대선 문화정책공약에서 '세계 속의 한국문화 창출과 21세기 문화대국 건설'을 국정 목표로 '문화재정의 확충,

문화 향유권 확대, 문화유산과 우리 문화의 세계화, 문화산업 육성' 등을 내세웠다. 일본에서 한류의 시발점은 김대중 전 대통령이 1998년 2월 25일 제15대 대통령 취임식에서 연설에서 비롯되었다고 볼 수 있다. 취임 연설의 일부를 살펴보면 다음과 같다. "전 세계는 물질적인 자원이 경제발전의 요인이었던 현재의 공업사회로부터 무형의 지식과 정보가 경제발전의 원동력이 되는 지식정보사회로 이행하고 있다. 정보혁명은 세계를 하나의 지구촌으로 변화시키고 국민경제로부터 세계 경제 시대로 이행을 이끌고 있다. 정보화시대란 언제, 어디에서나, 누구라도 아주 싼 값으로 정보를 입수하여 이용할 수 있는 시대이다. 이것은 민주주의 사회에서만 가능하다. 신정부는 우리의 세대가 지식정보사회에서 주도적인 역할을 할 수 있도록 노력할 것이다. 초등학교 때부터 컴퓨터 과목을 가르치고 대학 입시에서는 학생이 컴퓨터 과목을 선택할 수 있도록 하겠다. 우리는 정보대국의 기초를 다지고 세계에서 가장 컴퓨터 집약적인 국가를 만들겠다. 우리는 국민문화의 글로벌화에 초점을 두지 않으면 안 된다. 전통문화에 담겨진 높은 문화적 가치를 계승하고 발전시켜 나가겠다. 문화산업은 21세기 기간산업이다. 관광산업, 컨벤션 산업, 영상산업, 문화적 특산품 등 무한시장이 기다리고 있는 부의 보고이다."라고 문화산업을 국가 기간산업으로 육성하겠다는 정책 의지를 분명히 선언했다.[1)]

---

1) [김대중 대통령 취임사 전문(全文)] : https://www.korea.kr/news/policyNewsView.do?newsId=148741323(검색일: 2023.07.21.).

표 27. 역대 정권의 문화정책과 한류(황선혜 2023: 75)

<table>
<tr><th>역대 정권</th><th>김대중 (1998~2003)</th><th>노무현 (2003~2008)</th><th>이명박 (2008~2013)</th><th>박근혜 (2013~2017)</th><th>문재인 (2017~2022)</th></tr>
<tr><td>의제</td><td>Dynamic Korea (2001년~)</td><td>Premium Korea (2006년~)</td><td colspan="3">Creative Korea (2016년~2017년)</td></tr>
<tr><td>관련법</td><td>문화산업 진흥기본법 (1999)</td><td>온라인디지털 콘텐츠산업 발전 기본계획 영화 및 비디오물의 진흥에 관한 법률(2006)</td><td>문화 비전 (2008년~ 2012년), 한국콘텐츠진흥원(KOCCA) 신설 콘텐츠 산업진흥법 (2010)</td><td>지역발전 5개년 계획(2012년), 지역문화진흥 기본계획 (2015년)</td><td>문화비전 2030(2018년), 콘텐츠산업 경쟁력 강화 핵심 전략(2018년), 콘텐츠산업 3대 혁신전략 (2019년)</td></tr>
<tr><td>기본 방향</td><td colspan="2">콘텐츠 산업에 착안</td><td colspan="3">국가 브랜딩 전략 본격화</td></tr>
</table>

이 취임 연설에서 김대중 정부는 문화정책을 적극적으로 추진하여 창조성에 의해 지식의 경쟁력을 높이고 새로운 고용 창출과 국민소득을 높이는 데 집중하였다. 그리고 1998년 10월 8일에는 오부치 일본 총리와 김대중 대통령이 '한일 공동선언-21세기를 향한 새로운 파트너십'을 발표하고 정치, 경제, 문화 등 광범위한 교류 확대를 포함한 43개 항목의 행동계획을 만들고 이를 양국에서 실천하기 위한 상호 협력과 문화교류의 역할을 강조했다. 그리고 마침내 1998년 10월 20일에는 한국에서 일본 대중문화가 개방되었다.

노무현 정권은 문화정책 공약을 '문화 한국 건설'을 국정 목표로 문화산업의 육성, 문화 활동 지원, 예술 활동 진흥을 주장하였다. 취임사에서는 '지식 정보화 기반을 지속적으로 확충하고 신산업을 육성하고자 하며, 문화를 함양하고 문화산업 발전도 적극적으로 지원할 것'이라는 문화산업에 대한 지원 의지를 밝혔다. 고도의 디지털 환경 변화에 대응하여 문화콘텐츠 산업을 10대 성장동력 산업(국가 전략산업)의 하나로 선정하고 세계 문화산업 5대 강국 실현을 위한 문화산업 진흥정책의 비전을 제시하였다. 참여정부 노무현 정권의 문화정책의 지향점은 자율, 참여, 분권이었다. 특히 문화예술인의 참여를 확대하고 대중의 문화 향유권을 확대하는 방향으로 전개되었다. 1993년 문민정부에서 전개되었던 문화산업육성 전략이 김대중 정권을 거쳐 노무현 정권에서도 강력히 추진되었다는 점이 특징이라 할 수 있다. 참여정부의 문화정책의 핵심은 창의 한국, 새 예술정책(예술의 힘), 문화강국(C-Korea) 2010 등이었지만, 지향점은 문화예술인의 전문성 보장, 문화 향유 기회 확대, 문화산업의 중요성 인식과 국가적 단위에서 기간산업으로의 육성이었다. 참여정부에서 가장 많이 등장했던 것은 문화콘텐츠, 게임, 영상, IT 등이었다. 국민의 정부에서 제정된 '문화산업진흥기본법'이 2005년 개정되어 영화, 비디오, 게임, 음악 등의 활성화를 위한 문화산업진흥법이 만들어졌다.

원도연(2007: 173-174)은 일본을 비롯한 동남아시아에서의 한류의 등장과 강세에 대하여 산업으로서 한국문화가 성공했다기보다는 문화적 보편성으로의 전환의 의미가 크고, 한류 현상은 동아시아의 문화적 통합을 알리는 신호라고 평가한 바 있다. 참여정부는 '국민의 정부'의 문화개방정책을 계승하여 세계화의 흐름 속에 등장한 한류의 성공을 문화적으로 정착시키고 보편화시키는 데 일조한 것으로 볼 수 있다. 실제로 참여정부의 문화정책은 산업적 성장 기반을 다져 한류 등을 통해 수출은 증가시켰으며 영화, 온라인게임, 음악, 캐릭터 및 만화 등에서 국산 콘텐츠의 점유율을 제고하였다.

이명박 대통령은 취임사에서 '이제는 문화도 산업이다, 콘텐츠산업의 경쟁력을 높여 문화강국의 기반을 다져야 한다.'라고 문화산업의 중요성을 강조하였다. 2008년에는 국정 목표로서는 '세계 5대 문화 콘텐츠 산업 강국 도약'을 정책 비전으로 내세웠다. 2011년에는 정책 비전으로 '스마트콘텐츠 코리아 구현'을 제시하고 정책 목표를 2013년 세계 7대 콘텐츠 산업 강국, 2015년 세계 5대 콘텐츠산업 강국으로 도약을 제시했다. 이명박 정부의 문화정책은 창작 인프라와 투자 융자 지원체계 구축, 문화기술 개발 및 해외 진출 지원, 콘텐츠 진흥체계 일원화 등 문화산업 인프라를 제공하고 타 산업과의 융합과 경제적 부가가치 창출 가능성을 증대시켰다는 점에서 긍정적인 평가를 얻고 있다(김기현 2012: 62-63).

이상과 같이 1990년대 이후 한국의 문화정책은 국가전략산업으로 정부가 차지하는 비중이 높고 정책의 일관성과 지속성의 유지로 한류 문화의 선도와 성공에 직접적인 관련성을 가지고 있는 것으로 나타났다. 따라서 향후에도 한국의 정치적 전환기에 잦은 정책의 변화로 한류 문화의 세계시장이 흔들리지 않도록 정책적 일관성에 대한 노력이 필요할 것으로 생각된다.

2. 한류의 시기별, 산업별 동향

1990년대 들어 일본 대중문화 개방이 본격화되면서 한류의 붐도 힘을 얻기 시작했다. 과거 일본 대중문화에 관한 담론이 정치적 관계에 종속되었지만, 1990년대에는 문화와 정치, 역사를 분리하려는 움직임이 일기 시작하였고 단계적 개방론이 주류를 이루었다. 하지만 여전히 한일 간에는 과거사 문제와 반일 정서, 혐한 정서 등이 정치, 경제, 문화 전 영역에 영향을 미치고 있는 것으로 보인다. 일본 대중문화 개방과 한류 문화는 한일 양국 간 상호 교류를 촉진하는 측면이 있으나 여전히 유동적이고 양국 간 정치 관계에 의해 연동될 여지가 크다(한영균 2023: 287-288).

한류의 시기별 동향은 <표 28>에 나타나 있다. 제1기(1990년대 후반~2002년)는 중화권, 일본, 동남아 지역으로 한류가 확대되는 시기로 주요 한류 문화콘텐츠는 드라마, 영화, 제1세대 아이돌 등이었다. 주로 중화권을 중심으로 한류 문화가 전개되었는데 1997년 '사랑이 무엇이길래'(중국), 1998년 드라마 '첫사랑'(베트남), 1999년 중국 북경 청년보 '한류' 용어 첫 사용, 2000년 'HOT' 북경 콘서트, 영화 '쉬리' 일본 흥행, 2002년 BoA 일본 오리콘 싱글 순위 1위 기록 등이 대표적이라 할 수 있다. 제2기(2003년~2009년)는 아시아 전역으로 한류 문화가 확대된 시기였다. 이때의 한류 콘텐츠는 드라마와 영화, 그리고 제2세대의 K-POP가 유행하던 시기였다. 일본에서 드라마 중심의 한류가 확산되고 K-POP 음악 수출이 증가하였다. 한류의 유행을 선도했던 것은 2003~2004년 드라마 '겨울연가'(일본),

표 28. 한류의 시기별 동향(한국콘텐츠진흥원 2022)

시기별	제1기 (1990년대 후반~2002년)	제2기 (2003년~2009년)	제3기 (2010년~2017년)	제4기 (2018년~현재)
지역 권역	중화권, 일본, 동남아시아	아시아 전역	아시아 전역, 기타 아시아 지역	전 세계 글로벌
주요 콘텐츠	드라마&영화, 제1세대 아이돌	드라마&영화, 제2세대 K-POP	영상(드라마, 영화, 버라이어티), 제2세대 K-POP, 게임	영상, 제3세대 K-POP, 타 장르, 생활문화
한류 성과	1997년 '사랑이 무엇이길래'(중국), 1998년 드라마 '첫사랑'(베트남), 1999년 중국 북경 청년보 '한류' 용어 첫 사용, 2000년 'HOT' 북경 콘서트, 영화 '쉬리' 일본 흥행, 2002년 BoA 일본 오리콘 싱글 순위 1위 기록	2003~2004년 드라마 '겨울연가'(일본), 2005년~드라마 '대장금'(중국), 이후 87개국 방영, 2004년 영화 '올드보이' 칸국제영화제 수상, 2007년 영화 '밀양' 칸국제영화제 수상, 2008년 원더걸스, BoA, 세븐, 비의 미국 진출	2010년 소녀시대, KARA 일본 데뷔, 2012 PSY '강남 스타일', 2012년 게임 '크로스 파이어', 2014년 드라마 '별에서 온 당신', 2015년 영화 '엽기적인 그녀'중국판, 2016년 드라마 '태양의 후예', '꽃보다 할배' 포맷&2017년 드라마 '굿닥터' 리메이크	2018년 BTS 'Fake Love' K-POP 첫 빌보드 핫 100 첫 10위권 진입, 2020년 영화 '기생충' 아카데미상 수상, BTS '다이너마이트 '빌보드 1,001위, 2021년 영화 '미나리' 배우 윤여정 아카데미 여우조연상 수상
한류 특징	중화권, 콘텐츠 해외 전개 개시	드라마 중심 한류 확산, 음악 수출 증가	콘텐츠 기획 단계에서 협업과 현지화	글로벌 플랫폼, 팬덤, 생활문화

2005년~드라마 '대장금'(중국), 이후 87개국 방영, 2004년 영화 '올드보이' 칸국제영화제 수상, 2007년 영화 '밀양' 칸국제영화제 수상, 2008년 원더걸스, BoA, 세븐, 비의 미국 진출 등 다양한 지역으로 확대되기 시작했다. 제3기는(2010년~2017년) 한류 문화가 아시아 전역으로 확대되고 기타 아시아 지역으로까

지 확산되는 시기라고 볼 수 있다. 주요 한류 콘텐츠는 영상(드라마, 영화, 버라이어티), 제2세대 K-POP, 게임 등으로 한류 문화도 콘텐츠의 기획 단계에서부터 일본 기획사와 협업으로 제작하여 철저하게 현지화가 이루어지기 시작했다. 제4기(2018년~현재)는 한류의 전 세계 지역으로 글로벌 확대이다. 주요 한류 콘텐츠는 영상, 제3세대 K-POP, 타 장르, 생활문화에 이르기까지 다양해지고 있다. 이 시기에는 한류의 글로벌 플랫폼의 구축이나 팬덤 형성, 한국의 생활문화에 관한 관심 증대 등 전반적인 영역에서 한류의 확대를 목격하게 되었다. 특히 2018년 BTS 'Fake Love'의 K-POP 첫 빌보드 핫 100 첫 10위권 진입, 2020년 영화 '기생충' 아카데미상 수상, BTS '다이너마이트 '빌보드 1,001위, 2021년 영화 '미나리' 배우 윤여정 아카데미 여우조연상 수상 등 BTS의 인기에 주목할 만하다(한영균 2023: 288). 한류의 시기별 동향은 <그림 4>에서 보여준 바와 같이

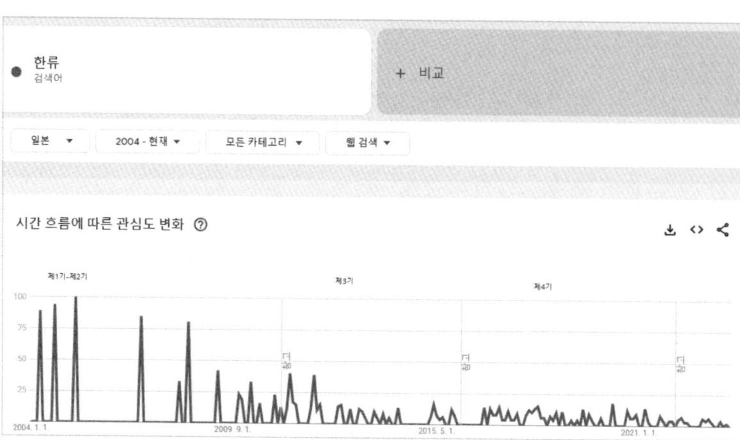

그림 4. 일본에서 한류 관심도 추이[2)]

제1기-제2기(1990년대-2009년)에는 상당히 관심도가 높았지만 2009년 이후에는 거의 비슷한 양상을 보여주고 있다.

3. 한류와 혐한류, BTS 현상

일본에서 BTS(방탄소년단)의 본격적인 등장은 다음 <표 29>에 제시한 바와 같이 2017년 이후이다. 그 이전까지만 해도 K-POP는 BoA, 동방신기, 소녀시대, KARA, BIGBANG 등이 인기를 독차지하고 있었는데 2017년 TWICE, BTS, BLACK PINK 등의 아티스트 등장은 일본 사회를 크게 변화시켰다. 더구나 중앙일보가 2021년 3월부터 2022년 2월까지 유튜브 음악 차트 통계를 분석한 결과 BTS의 소비국 1위는 한국이 아닌 일본으로 알려졌다. BTS의 공식 뮤직비디오, 사용자 제작 콘텐츠(UCC), 가사 동영상 등은 이 기간 151억 뷰를 달성했는데 이 가운데 20억 뷰 이상이 일본에서 재생되어 BTS 소비국 1위였고 한국에서는 7억 6,800뷰로 6위를 차지하였다.

재생 횟수 10억 이상을 기록 8팀의 개인 소비자는 대부분이 한국 이외의 국가로 BTS에 이어 유튜브에서 음악 동영상이 가장 많이 재생된 K-POP 그룹의 2위는 BLACK PINK로 85억 9,000만 뷰였다. 특히 BLACK PINK를 가장 주목한 인도에서는 8억 2,000만 뷰를 달성하였다. 계속해서 TWICE(일본), Stray Kids(멕시코), ITZY(일본), 세븐틴(일본) 등 전부 해외 재생 횟

2) 한류에 대한 관심도(일본, 2000년~현재) : https://trends.google.co.jp/trends/explore?date=all&geo=JP&q=%ED%95%9C%EB%A5%98,%ED%98%90%ED%95%9C(검색일: 2023.07.22.).

수가 한국을 압도했다. IU와 aespa만이 재생 횟수 1위가 한국이었다. 한류의 산업별 동향은 <그림 5>에 제시하고 있는 바와 같이 K-POP과 K-DRAMA의 경우 비슷한 관심도를 보이고 있지만, 2018년과 2020년 BTS의 'Fake Love'와 'Dynamite'에 높은 관심도를 보여주고 있다.

표 29. 한류의 산업별 동향(鞠重鎬編著, 2022)

연도	2002	2003	2006~	2007~	2012~	2017~	2020~
한류 단계	한류의 태동	제1차 한류		제2차 한류	한류 퇴조기	제3차 한류	제4차 한류
문화 콘텐츠	TV 아사히 '이브의 모든 것'	NHK '겨울소나타'	한류 콘텐츠 견제	동방신기, 소녀시대, KARA, BIGBANG	한류 콘텐츠 견제	TWICE, BTS[3]	'기생충', '사랑의 불시착', '이태원 클라쓰', '82년 출생, 김지영', 'Beyond Live', 'BANGBANG CON', NijiU
미디어	방송	방송	방송	라이브 방송	BS방송	라이브, 인터넷, SNS	인터넷 OTT, 라이브 스트리밍 애플리케이션
장르	드라마	드라마	드라마	음악	음악	음악, 소비재, 커뮤니티	드라마, 음악, 출판, 웹툰
관련 산업		DVD, 잡지	DVD, 잡지	CD/DVD, 잡지, 식료품		화장품, 패션, 여행	코리아타운 상권, e-커머스

3) 일본에서 BTS와 TWICE 관심도 증가추세: https://trends.google.co.jp/trends/explore?date=2004-08-20%202022-09-20&geo=JP&q=bts,TWICE(검색일: 2023.07.21.).

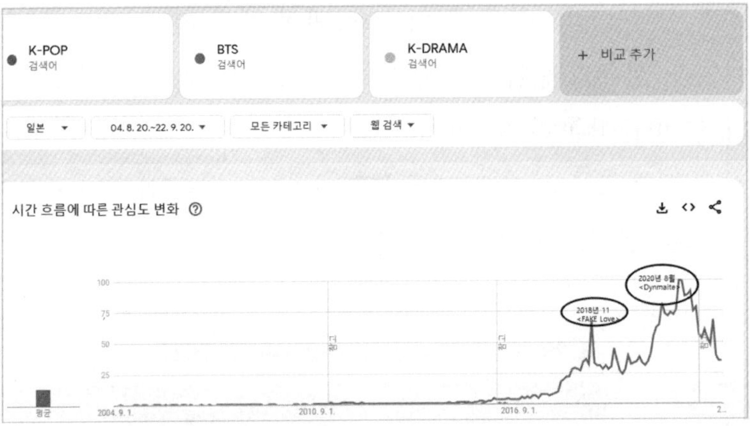

그림 5. K-POP, BTS, K-DRAMA의 관심도 추이[4)]

K-POP의 국제화와 더불어 레코드의 판매량도 급증하였다. 2021년 레코드 판매량은 시상 최초로 5,000만 장을 초과하였다. K-POP의 수출국은 2012년 23개국에서 2021년 88개국으로 증가하였다. 참고로 한국이 일본에 수출한 레코드는 2억 2,085만 달러(약 273억 엔)에 달했다. K-POP의 세계화는 우연히 발생하였다기보다는 엔터테인먼트 회사를 중심으로 육성에서부터 창작, 음악 활동, 예능 활동, 휴식 혹은 창작에 연결된 음악 상품의 순환을 확립하고 그 과정에서 세계적인 경쟁력을 키울 수가 있었다. BTS가 개척한 K-POP의 명성은 다른 K-POP 그룹에 영향을 미쳤다. JYP엔터테인먼트의 8인조 보이스 그룹 Stray Kids가 2022년 3월 28일 미국 빌보드 앨범 순위 '빌보드 200'에

4) K-POP, BTS, K-DRAMA의 관심도 추세: https://trends.google.co.jp/trends/explore?date=2004-08-20%202022-09-20&geo=JP&q=K-POP,BTS,K-DRAMA(검색일: 2023.07.22.).

서 1위를 차지하였다. Stray Kids는 BTS와 Super M에 이어 빌보드 200에서 1위를 달성한 3번째 K-POP 아티스트가 되었다.[5)] 빌보드 200은 미국 내에서 발매된 앨범의 판매량과 재생 횟수 등에 순위를 매기고 있다.

다음은 일본 내 가수별 매출액과 팬클럽의 추이에 대해 살펴보고자 한다. 일본 내에서 가수별 매출액 순위는 <표 30>에 나타나 있다. BTS가 117억 엔으로 1위를 차지한 가운데 세븐틴이 34억 엔으로 9위를 차지하였다. 팬클럽의 회원 번호로 추정되는 BTS의 일본 팬클럽의 인원은 2018년 30만 명, 2019년 45만 명, 2020년 50만 명, 2021년 약 70만 명이었다. 한국의 팬클럽 수는 2018년 100만 명, 2019년 약 115만 명, 2020년 약 150만 명, 2021년 약 180만 명으로 BTS의 한국과 일본의 팬클럽 수는 합계 250만 명 정도로 나타났다. 일본의 아이돌 팬클럽의 인원은 2023년 현재 아라시가 약 300만 명, SnowMan이 약 120만 명, King&Prince가 약 100만 명 정도로 추정되고 있기 때문에 한국에서의 팬클럽 수는 일본의 아라시(嵐)와 거의 비슷한 수준이다.[6)]

5) 중앙일보 2022년 3월 30일 '한국은 5위에 들어가지도 못하고 BTS 소비국은 의외로 1위가 일본': https://japanese.joins.com/JArticle/289348(검색일: 2023.07.21.).

6) BTS 팬클럽 수 일본과 한국: https://idea-noto.com/bts-number-of-fans/(검색일: 2023.07.21.).

표 30. 일본 내 가수별 매출액 순위(デジタルコンテンツ白書 2022)

순위	가수	매출액(억 엔)
1	BTS	117
2	SnowMan	106
3	아라시	84
4	노기자카46	62
5	SixTONES	58
6	King&Prince	54
7	Kis-My-Ft2	45
8	V6	40
9	SEVENTEEN	34
10	B'z	32

일본에서 한류와 혐한류의 추세는 <그림 6>에서 보여주고 있는 바와 같이 1998년 한국과 일본의 대중문화개방 이후 한류와 혐한류의 유사한 흐름이 동시에 나타나고 있음을 알 수 있다. 즉, 정도의 차이는 있지만 한류가 높아질 때 혐한류 현상도 높아지거나 낮아지는 현상을 보여준다. 그러나 '파친코' 드라마나 K-POP의 TWICE 혹은 BTS 현상은 정치적 관계의 영향을 뛰어넘는 특별한 문화적 현상임을 보여주고 있다.

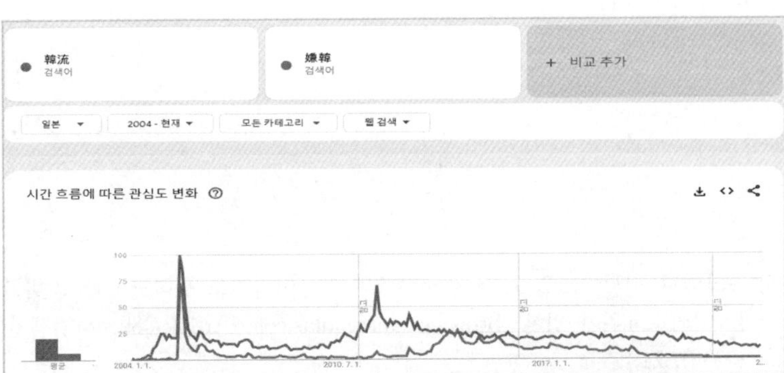

그림 6. 한류와 혐한류의 관심도 추이 변화(2004년~현재)[7]

제4절 한류의 미래와 과제

이 장은 한류에 의한 한국과 일본의 정치적 관계와 경제적 및 문화적 관계를 고찰하는 데 있었다. 즉 한일 간 경제적 및 문화적 관계가 정치적 관계를 극복하고 한류와 혐한이 공존할 수 있을 것인지에 대한 근본적 질문에 물음을 제기하고 BTS 활동 사례를 통해 바람직한 방안을 도출하고자 시도하였다. 그동안 한일관계가 경제적 및 문화적으로는 많은 진전을 이루었고 나름대로 성과를 내고 있지만 정치적 관계는 늘 제자리에 머무르고 있다는 지적이 많았다.

그동안의 연구 성과를 바탕으로 한류와 혐한류는 역사적으로 구축되어 온 한국인관과도 밀접한 관련성을 가지고 있으며 세계적인 자유주의 추세에서 한국문화의 글로벌화, 일본 문화의 쇠퇴 현상과 자기반성, 한류와 혐한류의 공존 현상 등을 먼저 분석하였다. 이를 바탕으로 혐한류의 원류로서 일본에서 한국인관의 역사적인 성립 배경, 한국의 문화정책과 한류 현상, BTS 활동을 통한 한류와 혐한류의 공존 가능성과 개선방안 등에 대한 결과를 제시하였다.

첫째, 혐한류의 원류는 전후 일본의 재일동포 정책의 특징성을 지니며 '불령선인'을 타깃으로 삼는 동포사회 전체에 대해 식민지 시대부터 계속 취해온 인식에서 시작된 것으로 볼 수 있

7) 일본에서 한류와 혐한의 관심도 변화(2004년~현재): https://trends.google.co.jp/trends/explore?date=all&geo=JP&q=%E9%9F%93%E6%B5%81,%E5%AB%8C%E9%9F%93(검색일: 07.22.).

다. 한류 저변의 혐한류는 욕망의 구조와 비주류의 문화적 표현의 장으로 존재해오고 있다는 점을 상기할 필요가 있다. 둘째, 한국의 문화정책과 대중문화정책 개방은 1987년 민주화 선언 이후 북방외교, 무역 자유화와 새로운 경제성장 축의 필요, 대일관계 개선 수단과 외교적 위기에서 민간단체나 자치단체의 교류 증가 등의 긍정적인 측면을 가져왔다. 셋째, 한일관계의 외교적 위기에서 정치적 관계와 무관하게 민간단체나 자치단체에서 BTS 현상은 한류 문화의 획기적인 유행으로 평가될 수 있다. 그동안 한일 역사학자나 사회학자, 정치학자 등 각계 연구자들이 시도할 수 없었던 방식으로 미국에서 인기를 얻어 전 세계로 확대된 2022년 '파친코' 드라마가 대학박물관처럼 은닉되고 왜곡된 역사를 파헤치는 구실을 했던 '유효한 역사'로서 가장 대중적인 방법으로 구현한 실제 사례에 속한다면, BTS는 일본인 수용자들을 대상으로 한국에 대한 호의적인 태도 전환과 교류 확대를 가져온 것에 큰 의미가 있다.[8] 넷째, 일본에서 한류와 혐한류의 현상은 극단적으로 상호 대립하는 듯하지만, 두 흐름은 서로 맞물려 동시에 진행되고 있는 현상으로 볼 수 있다.

결론적으로 일본 사회에서 한류와 혐한류는 역사적 욕망에 갇혀 동시에 출현하는 공존 현상으로 당분간 지속될 것으로 생각된다. 이를 위한 개선책으로는 지속적인 학계의 관심과 정확한 인식, 공교육에서의 활용과 매스컴의 유통, 시민사회의 수용과 시민 교양화를 위한 노력 등이 필요할 것이다.

---

8) 임영언(2022)「일본에서 K-콘텐츠의 확산과 의미에 관한 고찰」,『한국과 세계』 4(5), pp. 67-94.

제9장
맺음말

제9장

맺음말

이 책은 전 세계적인 저출산 및 고령화라는 글로벌 이동 현상에 따른 다문화사회의 도래, 이를 통한 문화의 확산, 이동에 따른 거주국에서 언어와 정체성 혼란의 문제, 정착 과정에서 이주자들이 경험하게 될 반다문화 사회의 출현, 그리고 글로벌 이동에 따른 한류문화의 확산 등을 중점적으로 다루고 한국 다문화사회와 한류문화의 미래를 예측하고 방안을 제시하는 데 있다. 주요 내용은 다음과 같다.

첫째, 국내 체류 외국인 유형 및 현황을 파악하고 다문화사회의 도래를 통계적으로 비교 분석하여 제시하였다. 특히 광주광역시의 외국인 체류유형과 분포현황을 제시하고 외국인 체류자격별 경제활동 현황을 살펴보았다. 2020년 기준 광주의 총등록외국인 수는 21,232명이며 주요 국적별로는 베트남 5,568명(26.1%), 중국 3,455명(16.2%), 우즈베키스탄 2,282명(10.7%) 순으로 높은 비중을 차지하고 있는 것으로 나타났다. 광주광역시 내 외국인 거주가 가장 밀집되어있는 지역은 월곡2동 5,450명(13.4%), 하남동 2,548명(6.3%), 용봉동 2,351명(5.8%) 순으로 나타났다. 이들 지역의 특징은 공단과 대학이 인접해 있는 지리적 특징을 가지고 있다. 광주의 다문화가정 증가 추이 곡선은 광산구 5.3%, 북구 3.9% 순으로 가파른 증가율을 보이고 있으며 매년 다문화 가구 수가 증가하고 있는 추세이다. 특히 2017년을 기점으로 광산구와 북구, 그중에서도 북구의 가파른 증가 추이를 보이고 있는 것이 특징이다. 선행연구의 분석 결과에서는 세계 각국의 다문화 정책사례에 대하여 캐나다의 샐러드 볼 이론, 오스트레일리아의 백호주의와 다문화주의, 독일의 사회통합정책, 일본의 다문화 공생 정책 등을 제시하였다.

둘째, 다문화사회 외국인 유입과 다문화 정책에 대하여 한국사회가 인적 구성변화 등 다문화사회로의 이행이 불가피한 상황에서 이에 따른 사회갈등과 문화충돌을 최소화하기 위하여, 차세대다문화의 사회적 정착을 위한 정책적 방안을 고찰하였다. 이를 위해 한국 내 다문화 현상, 이주민과 주류 한국인사회의 사회통합, 차세대다문화주의 정책 방향을 살펴보았다. 분석 결과, 현재 한국 사회가 다문화 차세대들을 위해 상호문화에 대한 개방의 필요성, 다문화 공생을 위한 이해와 포용의 정신을 확대하는 다문화 정책이 요구되고 있는 것으로 나타났다. 국내 다문화 현상은 취업 목적의 외국인 노동자 뿐만 아니라 귀환 동포, 난민 문제와 같은 새로운 현상에 의해 더욱 강화되고 있다. 외국인 노동자 도입이 언제까지나 일자리 부족에 따른 외국인 노동자의 보완 대체라는 측면으로 접근할 수만은 없는 상황이 전개되고 있다. 따라서, 현재 시점에서 한국 생활이 장기화하면서 한국 사회에 터전을 잡은 외국 출신 이주자들에 대한 존중과 사회 정착을 위한 다문화사회 정책적 전환이 중요한 시점에 와 있음을 시사하였다.

셋째, 광주시 광산구 월곡동에 거주하는 고려인을 중심으로 고려인 마을의 공간 형성과정, 그들의 생활실태에 대한 설문조사 분석을 통해 한국어 능력과 정체성을 분석하여 시사점을 제공하였다. 고려인 마을을 둘러싼 대전환과 변화의 환경 속에서 향후 고려인의 정체성과 더불어 고려인 마을의 성장과 발전은 고려인 남성, 가족 이주와 거주지 정착, 청년의 유입에 크게 좌우될 것으로 추정된다. 또한, 고려인 마을에서 가시적 커뮤니티의 건설과 고려인들 사이의 불가시적 정체성의 확립 형태가 향후 어떤 방식으로 출현할 것인지에 대한 전망을 제시하였다.

넷째, 일본 사회의 다문화 정책과 반다문화 현상에 대하여 살펴보았다. 특히 일본에서 재특회의 등장 배경에 대하여 사회적 정치적 배경을 중심으로 살펴보고, 이를 바탕으로 재특회의 반다문화 현상의 일종인 헤이트 스피치 활동과 법적 대응의 과정, 그리고 재일동포 사회에 미친 영향 등을 고찰하였다. 분석 결과, 재특회의 헤이트 스피치는 반다문화 현상의 일종으로 재일동포 사회에 많은 피해를 주었지만 이에 대항하는 카운터 데모와 마이너리티의 연대활동도 기억할 필요가 있다. 일본의 시민단체들이 참여하는 재특회의 저지(반대운동) 연대, 연대활동, 지방자치단체의 조례제정 등 일본 시민의식이 살아있으며 이들과 한일 간 연대활동을 통해 재특회의 주장에 적극적으로 대응해나가는 시민 연대활동의 중요성도 제시하였다. 주목할만한 것은 일본 내에서 2016년 이후 '헤이트 스피치 차별법이 제정·시행되어 혐오 발언을 규제하고 있고 2018년 국제사회에서나

UN 인권위 등에서도 계속해서 감시하고 있다. 향후 한국 사회에서도 반다문화라는 외국인 혐오 현상이 언제든 발생할 수 있는 소지가 있기 때문에 이에 관한 선제적 연구와 정책적 대응이 시급하다고 할 수 있을 것이다.

다섯째, 한류와 혐한류의 탄생과 등장 배경에 대하여 코리아타운을 방문하거나 거주하고 있는 일본인과 한국인을 대상으로 인터뷰조사를 실시하여 코리아타운과 한류, 한류와 반한류의 작동 기제, 한류와 재일동포의 역할, 한류와 코리아타운 거주 일본인과 공생관계 등에 주목하여 코리아타운 거주 뉴커머와 주변 일본인과의 사회문화적 관계 측면에 미치는 영향 등을 고찰하였다. 연구 결과, 코리아타운의 탄생과 한류와의 관계는 신오쿠보 코리아타운Koreatown이 자연적으로 형성되었다기보다는 뉴커머의 존재가 상당히 중요하며 한류 붐의 형성에도 많은 영향을 미친 것으로 나타났다. 한류와 혐한류의 작동 기제에 대하여 반한류의 중심에 서 있는 일본 보수 세력의 논리는 한류가 한국 정부에 의해 일본에서 의도적으로 조작된 결과라고 주장했는데 민간차원에서 자연스럽게 발생한 한류를 한국 정부가 지원하는 역할을 해왔다는 것이 더 설득력이 있는 것으로 나타났다.

여섯째, 한류와 K-문화콘텐츠의 확산에 대하여 일본에서 한류 문화의 현상, 즉 단계적 성장 과정, 유행과 쇠퇴요인, 한류 문화와 '파친코' 드라마를 통해 본 디아스포라적 서사구조, 파친코 드라마로 촉발된 한일 역사 논쟁 등에 대해 고찰하였다. 일본 내 한류, 즉 K-문화콘텐츠라고 할 수 있는 한국 영화, 드라마, K-POP는 한일 정치적 요인에 의해 유행과 쇠퇴를 거듭하고 있다. 한편 한류는 일본 청년층 수용자들을 대상으로 한국과 한국인에 대한 부정적인 태도를 호의적인 태도로 바꾸어 주는 모멘텀 역할을 했다는 측면에서 시사점을 제시하였다.

일곱째, 한류문화와 BTS 현상에 대하여 한국과 일본의 정치적 관계와 경제 문화적 관계를 고찰하였다. 한일 간 경제 문화적 관계가 정치적 관계를 극복하고 한류와 혐한이 공존할 수 있을 것인지에 대한 물음에 의문을 제기하고 BTS 활동 사례를 통해 개선 방안을 도출하였다. 한류에 대해 세계적인 자유주의 추세에서 한국문화의 글로벌화, 일본 문화의 쇠퇴 현상과 자기반성, 한류와 혐한류의 공존 현상, 그리고 혐한류의 원류로서 일본에서 한국인관의 역사적인 성립 배경, 한국의 문화정책과 한류의 현상, BTS 현상과 한류 혐한류의 공존 가능성과 개선방안 등을 분석하였다. 일본 사회에서 한류와 혐한류는 역사적 갈등과 욕망에 사로잡혀 동시에 출현하는 공존 현상으로 당분간 지속될 것으로 나타났다. 이를 위한 해결책은 지속적인 학계의 관심과 정확한 인식, 공교육에서의 활용과 매스컴의 유통, 시민사회의 수용과 민주시민으로서의 교양화를 위한 노력, 한·일 간의 건전한 민간 교류 확대 등이 필요할 것으로 생각된다.

마지막으로 이 책의 내용이 한국 다문화사회 정책과 일본의 반다문화현상, 한류문화와 K-문화콘텐츠를 연구하는 전문가와 학자, 학문후속세대들에게 조금이라도 도움이 되기를 기대한다.

참고문헌

• 국문

강소영(2020).「'불령선인(不逞鮮人)'의 소환과 문화적 인종주의」,『일본어문학』 84, pp. 261-280.

강태중외(2011).『사회통합을 위한 다문화 교육의 현황과 과제』, 국회입법조사처.

곽재석(2021).「국내 동포 밀집거주지역의 지방자치단체 외국인 주민 정책 현황과 개선방안」,『재외한인연구』 55, pp. 1-31.

권희영(2011).「다문화정책과 한인디아스포라」,『재외한인연구』 23, pp. 77-100.

광주시립박물관(2019).『광주 고려인 마을 사람들』 엔터, p. 28.

김기현(2012).「문화산업 정책의 변동에 관한 소고」,『문화콘텐츠연구』 2, pp. 42-43.

김광열(2017).「21세기 일본의 '헤이트스피치'와 1923년 관동대지진 시 한인 학살범의 논리 고찰」,『한일민족문제연구』 33, pp. 243-271.

김병조·김복수 외(2011).『한국의 다문화 상황과 사회통합』 한국학중앙연구원출판부.

김병학(2019).『고려인은 누구인가?』 도서출판 고려인마을, pp. 4-5.

김여진(2020).「1919년 3·1운동 전후 부정적 조선인 표상과 불령선인 담론의 형성: 일본어 신문미디어를 중심으로」,『일본연구』 34, pp. 143-178.

김영기(1999).「구소련지역 고려인 언론과 민족 정체성」,『전남대학교 사회과학연구소 연구 총서』 5.

김영술(2020).「국내 거주 고려인의 민족 정체성과 국가정체성 형성과 변화 연구」,『재외한인연구』 51, 재외한인학회, pp. 33-35.

김용필·임영상 외(2020).『한국에서 아시아를 찾다』 아시아발전재단, pp. 199-200.

김승경(2013).『다문화 청소년 종단조사 및 정책 방안 연구: 다문화청소년의 학교생활 적응에 관한 연구』, 한국청소년정책연구원 연구보고서.

김재기(2014). 「광주광역시 광산구 지역 귀환 고려인의 이주 배경과 특성」, 『재외한인연구』 32, pp. 139-163.

김판준(2022). 「다문화 정책학교의 외국인·다문화 교육 연구: 서울 대동초, 충무초, 광희초, 구로중 사례를 중심으로」, 『재외한인연구』 56, pp. 57-78.

김휘정(2012). 「문화 다양성 기반의 다문화 정책 방향」, 『이슈와 논점』 552, 국회입법조사처.

노윤선(2018). 「일본지진을 통해 바라본 혐한(Anti-Korea(n) Sentiment)과 혐오 발언(Hate Speech)에 대한 고찰-관동대지진과 동일본대지진을 중심으로」, 『일본근대학연구』 60, pp. 237-250.

류방란(2011). 『중도입국 청소년의 교육 실태 및 교육복지방안연구』, 제71차 여성정책포럼자료집.

반병률(2008). 「러시아 한인사회와 정체성의 변화: 러시아 원동 시기(1863~1937)를 중심으로」, 『한국사 연구』 2008.

박명규 외(1996). 『중앙아시아 한인의 의식과 생활』 서울: 문학과 지성사.

박명희(2018). 「일본 내 혐한 현상과 한국의 대응 방향」, 『NARS 현안 분석』 21, pp. 6-7.

법제처(2020). 「재외동포의 출입국과 법적 지위에 관한 법률」(2020.02.04. 법률 제16917호).

법제처(2020). 「재외동포재단법」 (2020.05.26. 법률 제17307호).

이따가키 류타(2006). 「혐한류의 해부학」, 『창작과 비평』 34(2), pp. 407-416.

이동연(2004). 「문화사회를 준비하는 문화정책의 전망」, 『민주사회와 정책연구』 6.

이수정외(2008). 「다문화사회의 이주여성에 대한 연구: 범죄피해에 대한 취약성을 중심으로」, 『한국심리학회지』 13(1), 한국여성심리학회.

임영언(2006). 『재일코리안 기업가 창업 방법과 민족 네트워크』 한국학술정보, p. 59.

임영언(2022). 「일본에서 K-콘텐츠의 확산과 의미에 관한 고찰」, 『한국과 세계』 4(5), pp. 67-94.

임형백(2009). 「한국의 도시지역과 농촌지역 다문화사회의 차이와 정책 차별화 연구」, 『한국지역개발학회지』 21(1), 한국지역개발학회.

원동연(2007). 「참여정부 문화정책의 의미와 차기 정부의 과제」, 『경제와 사회』 79, pp. 173-174.

오근창(2021).「인종주의란 무엇인가?-하나의 소개」,『철학탐구』 63, p. 20.
오구라 키조(2006).「한류와 혐한류의 공통성」,『창작과 비평』 34(2), pp. 416-423.
오만석·이길상 외(2018).『글로벌시대의 다문화 교육』, 한국학중앙연구원출판부.
오성배(2011).『다문화 교육 정책의 교육사회학적 탐색』, 한국교육사회학회 학술대회 발표문.
오성배(2010).『다문화사회 교육의 현황과 문제점』, 국회입법조사서 교육과학팀.
오성배외(2008).『다문화가정 학생교육지원 중장기 계획수립을 위한 연구』, 교육과학기술부.
유의정·전형진(2011).『다문화 교육의 현황과 과제-현장조사보고서』 21, 국회입법조사처.
유의정 외(2010).『다문화 정책 추진실태와 개선 방향』, 국회입법조사처.
윤인진(2008).「한국적 다문화주의 전개와 특징: 국가와 시민사회의 관계를 중심으로」,『한국사회학』 42(2), 한국사회학회.
외국인정책위원회(2006).『외국인정책기본방향 및 추진체계』, 외국인정책위원회.
염종선(2006).「한류를 바라보는 일본 사회의 두 가지 시각」,『창작과 비평』 34(2), pp. 405-406.
신현준(2012).「포스트 소비에트 공간에서 고려인들의 과국적 이동과 과문화적 실천들-재한 고려인들의 생활세계와 문화적 교섭」,『사이間SAI』 12, pp. 167-168.
선곡유하·이영선(2017).「청소년의 다문화 행동 의도와 다문화 인식, 다문화 자기효능감 다문화 태도의 구조적 관계」,『다문화교육연구』 10(3), pp. 21-49.
설동훈(2006).「선진 외국의 다인종·다문화 정책 사례」,『지방의 국제화』 114.
성상환(2010).『다문화가정 동반, 중도입국 자녀 교육수요 및 지원방안 연구』, 교육과학기술부.
장미혜(2008).「다문화사회의 미래와 정책적 대응방안」,『젠더리뷰』 10, 한국여성정책연구원.
정병진·남빅토르(2011).「고려인의 이주와 정체성」,『관훈저널』 120.

정영태(2009). 「서구 다문화사회의 국제이주민 정책과 실태」, 『한국학 연구』 20, 인하대 한국학연구소.
최한우(1996). 「구소련 해체 후 중앙아시아 형상과 한인의 정체성 문제」, 『한국사회사학회』 48, p. 39.
하야시 나츠오(2008). 「대중문화 교류에 나타난 현대 한일관계: 한국의 '일본 대중문화 개방정책'과 일본에서의 "한류 현상"」 한일공동연구총서』 4, pp. 232-270.
한영균(2023). 「일본 대중문화 개방정책의 현황 및 의의」, 『일본문화연구』 86, pp. 287-288.
한국콘텐츠진흥원(2022). 『KOCCA FOCUS』 138.
한국노동연구원(2014). 『한국의 이민정책 쟁점과 과제』, 한국노동연구원.
황선혜(2023). 『한일 문화산업교류의 전망과 과제』, 2023년 재외한인학회 춘계 공동국제학술회의, p. 75.
황정미(2011). 「다문화 담론의 확산과 '국민'의 경계에 대한 인식 변화: 의식 조사 결과 분석을 중심으로」, 『재외한인연구』 24, pp. 7-41.
황현희(2018). 「다문화 학생의 현황과 시사점」, 『지표로 보는 이슈』 131, 국회입법조사처.
한국통계청(2022). 『KOISS 2020년 12월 말 기준』, 2022.
함정현 외(2008). 「한국의 다문화사회 형성과 지방자치 단체의 역할」, 『동방학』 15.

• 일문

明石書店編集部編(1984). 『朝鮮にかかわる差別表現論』, 明石書店, pp. 36-45.
姜徳相(2003). 『新版関東大震災ー虐殺の記憶』, 青丘文化社.
内海愛子·梶村秀樹、鈴木啓介編(1991). 『朝鮮人差別とことば』, 明石書店, pp. 88-104.
小此木政夫(2009). 「"100年目に訪れた機会ー日韓の「成熟したパートナーシップ」, 『外交フォーラム』, 2009年 9月号.
岡見浩史(2015). 「日韓共同宣言以降の文化·人的分野における交流の進展ー日本における韓国大衆文化を中心に」, 『第一回鶴峰賞受賞作』 7.
関東大震災六〇周年朝鮮人犠牲者調査追悼事業実行委員会編(1987). 『かくされた歴史ー関東大震災と埼玉の朝鮮人虐殺事件増補保存版』.

鞠重鎬編著(2022).『日韓関係のあるべき姿：垂直関係から水平関係へ』, 明石書店.
酒井享(2007).「"台湾における韓流ー韓流の発祥地・台湾」石田佐恵子・木村幹・山中千恵編『ポスト韓流のメディア社会学』,ミネルバ書房.
鄭栄蘭(2014).「日本における「韓国文化受容」と今後の課題ー放送・映画部門での「韓流」受容の過程を中心として」,『日本国際情報学会誌』11(1), 44-48.
鄭栄蘭(2017).「"政治的対立と文化交流による日韓相互認識の変遷ー日韓の文化受容(韓流・日流)が国民意識の変化に与える影響ー」,『プロジェクト研究』12, 85-89.
梁仁寬(2007).「"もう一つの韓流ー韓国映画のなかの「在日」像」,『石田佐恵子・木村幹・山中千恵編『ポスト韓流のメディア社会学』』,ミネルバ書房.
林永彦(2004).『韓国人企業家: ニューカマーの起業過程とエスニック資源』, 長崎出版, p. 76.
安田浩一(2012).『ネットと愛国』 講談社.
安田浩一(2012).『ネットと愛国: 在特会の「闇」を追いかけて』, 講談社, p. 3.
上瀧浩子(2014).「京都朝鮮学校襲撃事件の損害賠償判決」,『日本における外国人・民族的マイノリティ人権白書』, pp. 17-18.
金尚均(2015).「ヘイト・スピーチの害悪」,『コリアンスタディーズ』3, pp. 31-32.
コリアNGOセンター(2014).「「ネットと愛国」の若者が語る日本の排外主義とヘイトスピーチ」,『設立10周年記念誌』, pp. 108-109.
師岡康子(2014).「ゼノフォビアとヘイト・スピーチ」,『日本における外国人・民族的マイノリティ人権白書』, pp. 15-16.
中村一成(2015).「ヘイト・スピーチ問題の現在～被害実態から考える～」,『コリアンスタディーズ』3, pp. 18-19.
樋口直人(2015).「排外主義勢力といかに対峙すべきかー極右への反応をめぐるレビュー」,『コリアンスタディーズ』3, pp. 6-7.
文公輝(2016). 「大阪で成立したヘイトスピーチ対処条例」,『日本における外国人・民族的マイノリティ人権白書』, p. 7.
山田昭次(2004).『朝鮮人虐殺関連新聞報道史料 1～4・別巻』, 緑陰書房.
山田昭次(2003).『関東大震災時の朝鮮人虐殺ーその国家責任と民衆責任』,

創史社.
松尾章一監修(1997).『関東大震災政府陸海軍関係資料Ⅱ巻』, 日本経済評論社.

• 영문

Waldinger, Roger(1986). Through the eye of the Needle: Immigrants and Enterprise in New York's Garment Trades, New York: New York University Press.

• 기타 신문잡지

[김대중 대통령 취임사 전문(全文)] : https://www.korea.kr/news/policyNewsView.do?newsId=148741323 (검색일: 2023.07.21.).
"第4次到来!?データで見る韓流ブーム." https://www.at-s.com/s/business/data/285.html(검색일: 2022.07.24.).
"第4次韓流ブーム」は「ステイホーム」の産物だった." https://r.gnavi.co.jp/g-interview/entry/gohan/5125 (검색일: 2022.07.24.).
BTS 팬클럽 수 일본과 한국: https://idea-noto.com/bts-number-of-fans/(검색일: 2023.07.21.).
K-POP, BTS, K-DRAMA의 관심도 추세: https://trends.google.co.jp/trends/explore?date=2004-08-20%202022-09-20&geo=JP&q=K-POP,BTS,K-DRAMA (검색일: 2023.07.22.).
"'K-드라마 피워' 日서 한국 소주 판매량 급증, 화장품도 열풍." https://view.asiae.co.kr/article/2022080808305363957 (검색일: 2022.08.08.).
"K-콘텐츠 명성 잇는 '파친코'…글로벌 OTT 경쟁 '치열.'" https://biz.sbs.co.kr/article/20000056530(검색일: 2022.07.05.).
일본에서 BTS와 TWICE 관심도 증가 추세: https://trends.google.co.jp/trends/explore?date=2004-08-20%202022-09-20&geo=JP&q=bts.TWICE(검색일: 2023.07.21.).
일본에서 한류와 혐한의 관심도 변화(2004년～현재): https://trends.google.co.jp/trends/explore?date=all&geo=JP&q=%E

9%9F%93%E6%B5%81,%E5%AB%8C%E9%9F%93
(검색일: 2023.07.22.).

연합뉴스. "'파친코'가 남긴 것 디아스포라 소재로 기억해야 할 역사 담아내." https://www.yna.co.kr/view/AKR20220501000900005 (검색일: 2022.07.05.).

중앙일보. 2022년 3월 30일 '한국은 5위에 들어가지도 못하고 BTS 소비국은 의외로 1위가 일본': https://japanese.joins.com/JArticle/289348 (검색일: 2023.07.21.).

한류에 대한 일본에서도 관심도(200년～현재): https://trends.google.co.jp/trends/explore?date=all&geo=JP&q=%ED%95%9C%EB%A5%98,%ED%98%90%ED%95%9C (검색일: 2023.07.22.).

한겨레 신문. "일본의 집요한 역사 왜곡 단숨에 뒤집은 '파친코' 효과." https://www.hani.co.kr/arti/society/society_general/1041899.html (검색일: 2022.07.05.).

활화산. https://farfasan.com/20210513(검색일: 2022.07.24.).

행정안전부 외국인 주민 현황통계. (https://www.mois.go.kr/frt/bbs/type010/commonSelectBoardArticle.do?bbsId=BBSMSTR_000000000008&nttId=88608, 검색일: 2022.10.24.)

법무부. (https://www.moj.go.kr/moj/2412/subview.do, 검색일: 2022.12.25.)

'찐 로컬' 월곡동, 지방 소멸 시대 '뜨는' 이유: 광주드림. (http://www.gjdream.com, 검색일: 2023.1.2.)

인종주의란 무엇인가?-하나의 소개. https://www.kci.go.kr/kciportal/ci/sereArticleSearch/ciSereArtiView.kci?sereArticleSearchBean.artiId=ART002747106 (검색일: 2023.02.02.)

제주일보: 제노포비아(Xenophobia) https://www.jejunews.com/news/articleView.html?idxno=2156581 (검색일: 2023.02.02.).

2ちゃんねる: ja.wikipedia.org/wiki/2ちゃんねる(검색일: 2023.01.24.).

デジタルコンテンツ白書(2022). 『2012年年間の売り上げ動向』 Sound Scan Japan.

찾아보기

ㅇ

기타

저자소개

■ **김일태 (金逸泰)**

미국 조지아대학교 경제학박사
전남대학교 연구석좌교수 겸 명예교수
한국지역경제학회「한국지역경제연구」편집위원장
전) 농림축산식품부 농업유산자문위원회 위원
전) 국토교통부 중앙도시계획위원회 위원

주요 연구실적

『호남인 기업가의 창업과 글로벌 기업가정신』, 전남대학교출판문화원, 2023. (공저)
"기술혁신이 지역경제성장에 미치는 영향 분석: 횡단면 의존성과 지역별 이질성을 고려하여," 한국지역경제연구, 19(2), 2021. (공저)
『사회적경제와 혁신성장』, 전남대학교출판문화원, 2021. (공저)
『Applied Economic Analysis of Information and Risk』, Springer Nature, 2020. (공저)
"Regional Total Factor Productivity and Local Employment Growth : Evidence from Korea," *Asia-Pacific Journal of Regional Science*, 1(2), 2017. (공저) 외 다수

■ **임영언 (林永彦)**

일본 조치대학(上智大學) 경제사회학박사
조선대학교 국제티앤커피문화학과 겸임교수
전남대학교 정책대학원 강사
현) 재외한인학회장
전) 전남대학교 세계한상문화연구단 연구교수

주요 연구실적

『韓国人企業家：ニューカマーの起業過程とエスニック資源』, 長崎出, 2004.
『재일코리안 기업가: 창업방법과 민족네트워크』, 한국학술정보(주), 2006.
『글로벌 디아스포라와 세계의 한민족』, 북코리아, 2014. (공저)
『재일코리안 기업의 형성과 기업가정신』, 북코리아, 2015.
『일계인 디아스포라의 초국가성과 다중정체성』, 북코리아, 2019. (공저)
『사회적경제와 소셜이노베이션』, 전남대학교출판문화원, 2020. (공저)
『사회적경제와 혁신성장』, 전남대학교출판문화원, 2021. (공저)
『재일코리안 기업의 성장과 모국 기여활동』, 도서출판 선인, 2021.
『호남인 기업가의 창업과 글로벌 기업가정신』, 전남대학교출판문화원, 2023. (공저)

■ **박석강 (朴錫强)**

일본 도쿄(東京)대학교 경제학박사
전남대학교 글로벌비지니스학부 교수
현) 한국산업경제학회장

주요 연구실적

"금융시장에서 담보가 기업의 자금조달선택에 미치는 영향에 관한 연구," 국제지역연구, 제22권 제3호, 2018.
"Shadow Banking System과 금융시스템의 안정화에 관한 연구," 한일경상논집, 제80권, 2018 외 다수.
"창업혁신과 글로벌 기업가정신에 관한 연구," 한일경상논집, 제88권, 2020.
『호남인 기업가의 창업과 글로벌 기업가정신』, 전남대학교출판문화원, 2023. (공저)